MASUREN

Andreas Ehrhard · Bernhard Pollmann

MASUREN

Ein Land wie aus einer anderen Zeit

BRUCKMANN

Autor
Bernhard Pollmann

Fotografie
Andreas Ehrhard

Kartografie
Anneli Nau

Producing
Redaktion und Lektorat: Dr. Bettina Gratzki, München
Produktion und Layout: Annegret Wehland, Buch & Konzept,
München
Layoutrealisation und DTP: Catherine Avak, München
Projektleitung: Clemens Hahn

Printed in Germany by Passavia, Passau

Bildnachweis
Alle Fotos von: Andreas Ehrhard,
Dortmund (0231/9122727)
Außer:
o = oben, u = unten, l = links, r = rechts,
M = Mitte
Bildagentur Huber, Garmisch-Partenkirchen:
29u (R. Schmid), 82u (R. Krahmer), 120o
(O. Giel). Bildarchiv Preußischer Kulturbesitz,
Berlin: 65 (Jörg P. Anders). FOOD Promotion,
München: 122 (F. P. Fischer). Foto Styl, BiZ
Chojęta, Lyck: 164. IFA Bilderteam, Otto-
brunn: 83u (R. Breit), 132o (R. Maier), 142u
(NHPA). Jürgens. Ost+Europa-Photo, Berlin:
28, 28/29o, 124, 136, 141o, 152u, 173r + l. Hans
Joachim Kürtz, Kiel: 30/31, 127o, 149o + u, 150,
162o. laif, Agentur für Photos & Reportagen,
Köln: 191u (N. Hilger), 194u (N. Hilger), 197u
(N. Hilger), 200ro (D. Tatlow). LOOK Bild-
agentur, München: 84 (T. Stankiewicz), 146/147
(F. Janner), 163o + u (F. Janner). MAURITIUS,
Die Bildagentur, Mittenwald: 43lo (Pittius),
162lu (Paysan). Helmut Schultheiß, Hersbruck:
154, 155o. Thomas Stankiewicz, Bildarchiv,
München: 137o, 180

Historische Bilder
Bildarchiv der Landsmannschaft Ostpreußen
e.V., Hamburg: 21r, 23M, 24o, 26o + Ml, 37u,
38u, 47o, 52, 61Mr, 66M + o, 68, 92u, 101u,
145o, 151o + M, 153u, 174o, 175o, 189r, 195u,
197o + M, 201l. Archiv des Verlages: 15u, 23o,
35u, 41u, 54o, 69u, 70, 71o, 72u, 73, 99u, 100o,
107u + Mr, 110u, 116, 125Mr, 126M + u, 140M
+ u, 143o, 144, 153or, 167o + u, 174u, 175u,
181u, 201r

Gedruckt auf chlorfrei gebleichtem Papier

Die Deutsche Bibliothek –
CIP-Einheitsaufnahme

Ein Titeldatensatz für diese Publikation ist bei
Der Deutschen Bibliothek erhältlich.

Gesamtverzeichnis gratis:
Bruckmann Verlag GmbH
81664 München
Internet: www.bruckmann.de

2. aktualisierte Auflage 2005
© 2005, 2002 Bruckmann Verlag GmbH,
München
Alle Rechte vorbehalten
ISBN 3-7654-3908-8

Vorwort

Seit Menschengedenken lebten hier die baltischen Prußen. Dann siedelten sich auch Deutsche an und Polen aus dem Herzogtum Masowien. Die Einwanderer lebten als Bauern und Fischer, sie errichteten die bis heute charakteristischen Holzhäuser und gaben dem Land ihren Namen: Masuren.

Gemeinsam machten Masowier, Prußen und Deutsche das Land urbar. So entstand ein Zusammengehörigkeitsgefühl, das nicht nach völkischer Herkunft unterschied, sondern die Verbundenheit der Bewohner zu ihrer Heimat in den Vordergrund stellte, zu einer Heimat, die von allen mit einem gemeinsamen Namen bedacht wurde: Masuren.

Aus dem jahrhundertelangen Miteinander der Völker entstand die kulturelle Vielfalt, die den Reiz dieses Landes ausmacht: Sie reicht von den Kulthügeln der heidnischen Prußen bis zu den Sakralburgen des Deutschen Ordens, von den säulengeschmückten Bauernpalästen der Masuren bis zur barocken Klosterpracht von Heiligelinde und den Schlössern des Adels.

Nationalismus und Weltkriege, Vertreibung und Kalter Krieg zerschlugen im 20. Jahrhundert das Band zwischen den Völkern. Das friedliche Masuren erlebte eine furchtbare Flüchtlingstragödie und einen kulturellen Kahlschlag, der Bauwerke und Kunstschätze von unermesslichem Wert für immer versinken ließ. Masuren, nunmehr im nordöstlichen Eck Polens gelegen, verfiel in einen Dornröschenschlaf.

Mit dem Ende des Kalten Krieges wurde ein neues, hoffnungsfrohes Kapitel aufgeschlagen. Deutsche und Polen haben endgültig Frieden geschlossen. Die in Masuren lebenden polnischen Siedler können Bürger anderer Staaten angstfrei als Gäste willkommen heißen. Der polnische Staat hat sich marktwirtschaftlich orientiert und ist auf dem Weg in die Europäische Union. Die Menschen können nach Jahrzehnten sozialistischer Elendswirtschaft anpacken und aufbauen.

Das Ergebnis dieser Entwicklung ist in Masuren überall zu spüren. Das Land erlebt einen Boom des Tourismus. Besucher erfahren viel zwischenmenschliche Freundlichkeit.

So können wir heute ein altes Paradies neu entdecken: Da sind die stillen Wasserflächen der Masurischen Seenplatte, die sanften Höhen und die schier endlosen Wälder. Natur pur – ursprünglich, unverbraucht und unverbaut! Und da sind auch die Zeugnisse der jahrhundertealten Kultur, denen man auf Schritt und Tritt begegnet. Kirchen und Schlösser, Landhäuser, Windmühlen und Alleen – viele von ihnen bereits liebevoll restauriert.

Unser Buch hat den Zauber und die Schönheit dieses einzigartigen Landes eingefangen – für jene, die Masuren noch aus ihrer Kindheit kennen genauso wie für jene, die Masuren heute neu entdecken wollen.

Inhalt

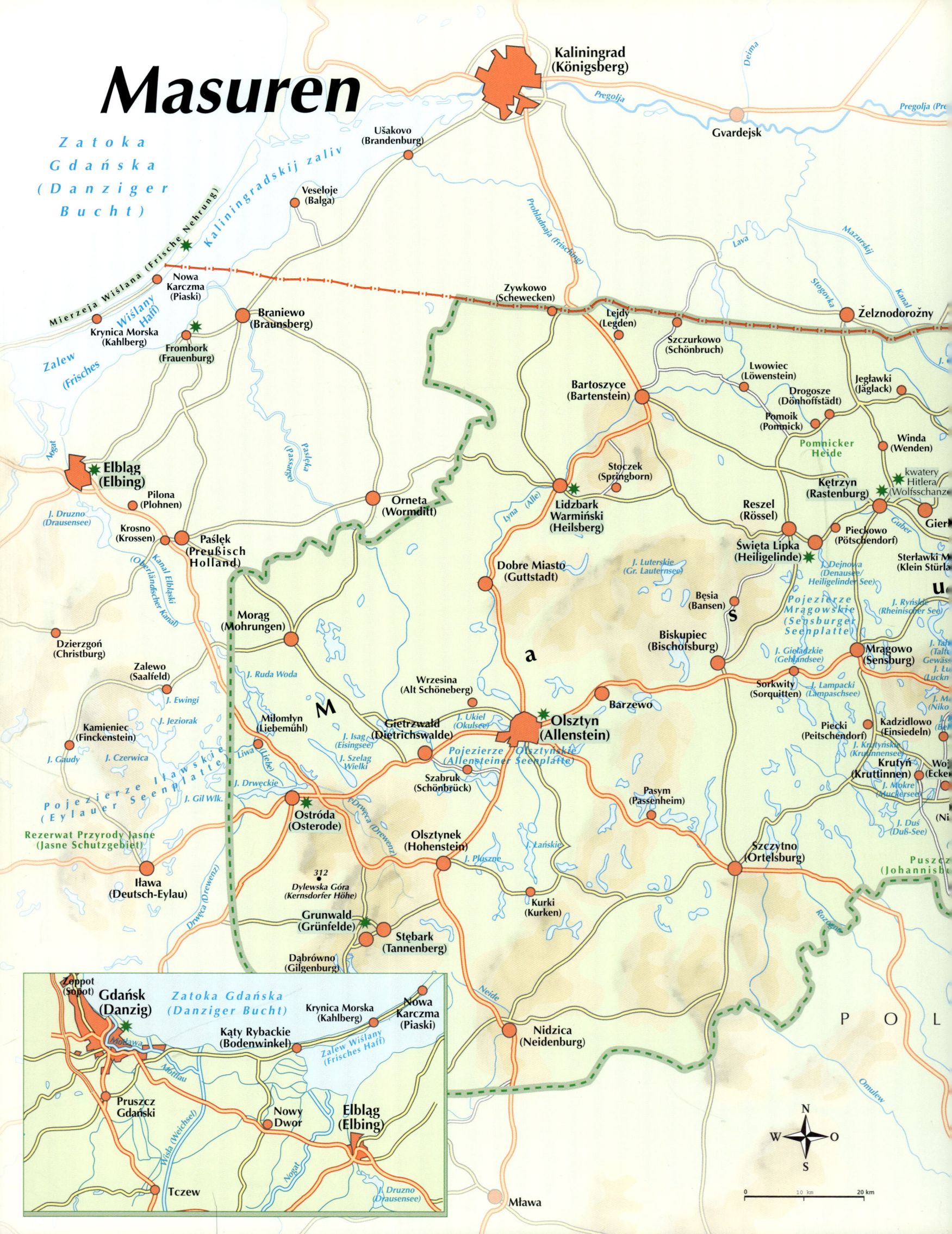

Grenzland fern von Lärm und Trubel

Wie kaum eine andere Landschaft im ehemaligen Ostblock ist das Grenzland Masuren mit seinen Tausenden von Seen, seinen Flüssen, Mooren und Urwäldern, seinen Burgen, Kirchen und reetgedeckten Bauernhäusern, mit seinen Windmühlen und Alleen nach dem Fall des Eisernen Vorhangs zum Inbegriff eines touristischen Traumlands geworden – so sehr, dass Städte und Dörfer kaum nachkommen, eine an westlichen Standards orientierte Infrastruktur bereitzustellen. Doch die wenigsten Reisenden erwarten von Masuren Schnellstraßen und Bettenhochburgen. Sie nehmen Kopfsteinpflaster und das Fehlen von Supermärkten in Kauf, um in ein Land reisen zu können, in dem die Zeit stehen geblieben zu sein scheint. (Im Bild: der Eisingsee zwischen Osterode und Allenstein)

Burgen, Kirchen, Klöster – ein reiches kulturelles Erbe

Benannt ist Masuren nach polnischen Siedlern, die im Mittelalter aus dem Herzogtum Masowien nach Norden zogen. Sie leisteten bei der Kultivierung des damals »Wildnis« genannten Gebiets einen so maßgeblichen Beitrag, dass ihr Name später auf die Landschaft überging. Mit bewundernswerter Zähigkeit machten sie das sumpfige, unwegsame Land urbar. Die bäuerlichen, meist in Armut lebenden Masuren waren jedoch nur eines von vielen Völkern, die dieses Grenzland im Lauf der Jahrtausende geprägt haben. Das reiche kulturelle Erbe macht neben der landschaftlichen Schönheit einen wesentlichen Reiz des heutigen Masuren aus: Von den

Ein Urlaub in Polens beliebtester Ferienregion ist immer auch eine Reise in die Vergangenheit.

Kultstätten und Ringwällen der Prußen spannt sich der Bogen zu den Sakralburgen des Deutschen Ordens, den Kirchen der Backsteingotik und zur barocken Klosterpracht von Heiligelinde. Er reicht von den reetgedeckten Katen und säulengeschmückten Bauernhäusern der Masuren bis zu den Residenzen des preußischen Adels und der Schönheit einst reicher und heute wieder aufblühender Städte. Er umfasst die Auswirkungen der Reformation ebenso wie den polnischen Katholizismus, aber leider auch die Sinnlosigkeiten aus dem Zeitalter der Diktaturen – von Hitlers Wolfsschanze bis zu den Zerstörungen nach 1945.

Heilsberger Bischofsburg
Diese imposante Anlage zählt zu den am besten erhaltenen Deutschordensburgen Masurens.

Bauer beim Heuwenden
Noch heute vertrauen die Landwirte auf altbewährte Hilfsmittel.

Vorlaubenhaus bei Plohnen
Vielerorts trifft man auf diese reetgedeckten Bauernhäuser mit ihren hölzernen Stützbogen.

Eine Landschaft zum Verlieben

Was unabhängig vom besonderen kulturellen und geschichtlichen Werdegang den unverwechselbaren Reiz ausmacht, ist die traumhafte Landschaft. Sie ist »wichtiger und gewiss prägender als alles andere«, resümiert Marion Gräfin Dönhoff im Vorwort ihres Skizzenbuchs »Namen die keiner mehr nennt« und beantwortet die Frage nach dem Besitz dieser Landschaft: »Sie gehört im letzten und höheren Sinne ohnehin niemandem, allenfalls vielleicht dem, der imstande ist zu lieben ohne zu besitzen.«

Das während der Diktaturen zerstörte Land ist wieder zu einem touristischen Paradies geworden. Den rechtlichen Rahmen dafür hat in den 90-er Jahren eine weitsichtige Reformpolitik geschaffen, die auf Nachhaltigkeit, den Erhalt der natürlichen Ressourcen, auf Pflege der Landschaft und ihrer Kulturgüter sowie auf den sanften Tourismus setzt. Die Erfolge, die dieses erst wenige Jahre andauernde Experiment zeitigt, sind erstaunlich: Trotz Armut und trotz aller Relikte aus den Zeiten der Zerstörung ist Masuren ein blühendes Land.

Der Gehlandsee bei Sorquitten
Trotz steigender Touristenzahlen findet der Urlauber überall Orte der Stille und Muße.

Nikolaiker See
Die Schönheit Masurens lässt sich am besten vom Wasser aus erleben. Rund 3000 größere Seen vereinen sich mit Bächen, Flüssen und Kanälen zu einer einzigartigen Wasserlandschaft.

Schwanenparadies
Am Lucknainer See befindet sich das größte europäische Reservat für Wildschwäne.

Wälder und glitzernde Seen

Das Herzstück dieses Landes sind die Wasserflächen der Masurischen Seenplatte. Wie Perlen werden sie zwischen Johannisburger Heide und Angerburg von sanften Höhenrücken und endlosen Wäldern eingefasst. Mehr als 5000 Seen gibt es in diesem von der Eiszeit gestalteten Land, in dem die Natur noch ursprünglich, unverbraucht und unverbaut ist und viele Gewässer Trinkwasserqualität haben. Wassersportler, Reiter, Kanuten, Fuß- und Radwanderer finden ein Paradies vor; auch die Dörfer und Städte

Die von Wäldern umgebenen Seen Masurens sind zwischen sanfte Höhenrücken eingebettet.

liegen am Wasser, und das stabile Sommerwetter – der sprichwörtliche »Ostpreußensommer« – ist verlässlich wie eh und je.

Die Masurische Seenplatte ist Teil der seenreichen Moränenlandschaft des Baltischen Landrückens, der den Ostseeküstenniederungen von Jütland bis Estland vorgelagert ist. Dieser bis zu 200 Kilometer breite Höhenzug hat im Turmberg in der Kaschubischen Schweiz bei Danzig mit 331 Metern seine höchste Erhebung. Der Baltische Landrücken entstand während der letzten Eiszeit aus Ablagerungen der

Westlich von Bischofsburg
Fast jedes masurische Dorf liegt an einem See oder Fluss; hier: am Zufluss zum Daddai-See.

von Norden vordringenden Gletscher und ihrer Schmelzwässer. Die fruchtbaren Böden der sanftwelligen Grundmoränen ermöglichen ertragreichen Ackerbau, während die girlandenartig angeordneten Endmoränengebiete mit ihren Hügeln, Seenketten und Wäldern im 19. Jahrhundert vom Tourismus entdeckt wurden.

Der Masurische Höhenrücken rechts der Weichsel bildet den Ostteil des mitteleuropäischen Baltischen Landrückens. Von der Kernsdorfer Höhe bei Osterode streicht er nordostwärts zu den Seesker Höhen im Goldaper Hochland. Nach Norden zu dacht er in die Küstenniederungen des Frischen Haffs ab, und im Süden bildet das Narew-Flusstal einen markanten Landschaftseinschnitt. Innerhalb dieses Landschaftsraums umfasst der Begriff »Masuren« aus heutiger touristischer Sicht die Seenplatten des Masurischen Landrückens: Sie beginnen im Westen mit der Eylauer Seenplatte und setzen sich fort in der Allensteiner und der Sensburger Seenplatte. Herzstück ist die Große Masurische Seenplatte mit Mauer-, Löwentin- und Spirdingsee, an die sich die Lycker Seenplatte anschließt. Ganz im Nordosten liegt die Suwałki-Seenplatte mit dem Hańczasee, dem tiefsten Binnensee Mitteleuropas, der den Abschluss im polnisch-litauisch-weißrussischen Dreiländereck markiert. Rund 3000 größere Seen vereinen sich mit Bächen, Flüssen und Kanälen zu einem einzigartigen Gewässer-Geflecht.

Bis 1998 verteilte sich der touristische Raum Masuren verwaltungsmäßig auf die drei Woiwodschaften Suwałki, Olsztyn und Elbląg (Woiwodschaften sind deutschen Bundesländern vergleichbar). Am 1. Januar 1999 setzte die polnische Regierung unter Jerzy Buzek die Reorganisation des Verwaltungsaufbaus um und reduzierte die Zahl der Woiwodschaften von 49 auf 16. Die Namen der neuen Woiwodschaf-

ten sollten sich auf die geografische bzw. historische Bezeichnung der jeweiligen Region beziehen. Dabei wurden die drei oben genannten Regionen zur neuen Woiwodschaft Warmia-Mazury (Ermland-Masuren) mit der Hauptstadt Olsztyn zusammengefasst. Sie ist mit 24 202 Quadratkilometern das flächenmäßig größte Bundesland Polens. Dominierende Wirtschaftszweige sind die Nahrungsgüterwirtschaft, der Agrar-Öko-Anbau, die Holzverarbeitung und der Maschinenbau sowie der Fremdenverkehr.

Wasserwanderer
Die Kruttinna, der größte Zufluss der Großen Masurischen Seen, zählt zu den beliebtesten Kanustrecken.

Grenze zwischen Katholiken und Lutheranern

Die Südgrenze Masurens folgt einer jahrhundertealten Staats- und Religionsgrenze. Das Herzogtum Masowien, aus dem die später »Masuren« genannten Siedler kamen, lag in der Gegend um Warschau: Von dort bewegten sich die Siedlertrecks nordwärts, um die vom Deutschen Orden beanspruchte »Wildnis« in Kulturland zu verwandeln. Der Frieden vom Meldensee zwischen dem Deutschen Orden und Polen-Litauen schuf am 27. September 1422 eine Grenze, die bis 1945 Bestand hatte. Als der Deutschordensstaat 1525 in das lutherische Herzogtum Preußen umgewandelt wurde, verlief hier zugleich die Religionsgrenze.

Jahrhundertealter Grenzort
Prostken war Pass- und Zollstation am Weg von Lyck nach Grajewo.

Grüne Lunge Polens

Masuren und Ermland bilden einen Teil der »Grünen Lunge Polens«, eines europaweit einzigartigen ökologischen Projekts, das von den Kommunen, von den Woiwodschaften und vom polnischen Staat ebenso unterstützt wird wie von internationalen Organisationen wie dem Worldwide Fund for Nature (WWF), der Stiftung Europäisches Naturerbe, der UNESCO und der Weltbank. Ziel ist neben dem besonderen Schutz unberührter und naturnaher Landschaften und Lebensräume die Entwicklung eines ökologisch verträglichen Wirtschaftskonzepts für die gesamte Region.

Naturnahe Bewirtschaftungsformen und sanfter Tourismus sollen das reiche bäuerliche Erbe bewahren.

Grundlage ist das Prinzip der nachhaltigen Entwicklung (Sustainable Development), das 1992 auf dem Umweltgipfel in Rio de Janeiro zum umwelt- und entwicklungspolitischen Leitbild erhoben wurde: Nachhaltige Entwicklung müsse Rücksicht darauf nehmen, »dass den Entwicklungs- und Umweltbedürfnissen heutiger und künftiger Generationen in gerechter Weise entsprochen wird«.

Naturnahe Landwirtschaft
Viele Arbeiten können nur per Hand ausgeführt werden, wie das Sammeln von Kräutern und Gräsern auf dieser Wiese südwestlich von Hohenstein.

Unberührte Landschaft
*Nutztiere und wild lebende Tiere finden
in Masuren natürliche Lebensräume vor.*

Zu den Kernzonen der »Grünen Lunge Polens« zählen mehrere Landschaftsparks, von denen für den Raum Ermland-Masuren der Masurische Landschaftspark (Masurski Park Krajobrazowy) der bedeutendste ist. Er umfasst den Süden der Großen Masurischen Seen mit dem Spirdingsee, dem größten See Polens, und mit weiten Teilen der Johannisburger Heide.

In den 90-er Jahren, einer für Polen politisch und wirtschaftlich schwierigen Umbruchzeit nach dem Fall des Eisernen Vorhangs, wurde der mutige Schritt in die Nachhaltigkeit vollzogen: Rund 15 Prozent der Gesamtfläche Polens, darunter große Teile Masurens, stehen seither unter Landschaftsschutz bzw. sind als Naturschutzgebiete ausgewiesen – eine Fläche so groß wie Bayern.

Ökologische Landwirtschaft, sanfter Tourismus und der Verzicht der Forstwirtschaft auf Monokulturen und andere naturschädigende Bewirtschaftungsformen sind neben den zahlreichen Naturschutzgebieten, in denen die Natur sich selbst überlassen bleibt, die wichtigsten Merkmale. Zu den Prinzipien des ökologischen Landbaus zählen unter anderem der Verzicht auf Pestizide und synthetische Dünger sowie der geringstmögliche Verbrauch nicht erneuerbarer Energien und Rohstoffe – Mohnblumen und andere »Unkräuter« blühen an den Feldrändern Masurens wie eh und je.

Stille Wege
*Wie in diesem Birkenwäldchen in der
Umgebung von Lyck bieten sich in
Masuren unzählige Möglichkeiten für
erholsame Spaziergänge und Wanderungen.*

Die Heiden aus der »Wildnis«

Undurchdringliche Wälder, Sümpfe und Seen boten der altpreußischen Bevölkerung jahrhundertelang Schutz vor Eindringlingen.

Vor der Eroberung durch den Deutschen Orden war das spätere Masuren von prußischen Stämmen besiedelt, unter denen die Galinder und Sudauer den flächenmäßig größten Anteil hatten. Ihr Siedlungsraum soll, will man den Berichten des Deutschen Ordens glauben, überwiegend aus menschenleerem Urwald bestanden haben. Nach heutigen Schätzungen lebten rund 220000 Prußen auf dem Gebiet des späteren Ostpreußen.

Nach einem mehr als 50 Jahre dauernden Krieg sah der Orden diesen »menschenleeren« Raum 1283 als unterworfen an. In der Ordenssprache wurde das Gebiet »Wildnis« genannt, ein Begriff, der die Geschichte des Ordensstaats und Masurens wie ein roter Faden durchzieht: Die »Wildnis« war die bedrohliche Urwaldregion im Süden des christlichen Herrschaftsbereichs. Ab dem 14. Jahrhundert wurde diese Urlandschaft die Heimat masurischer Neusiedler. In Nationalparks stehen heute Reste der »Wildnis« unter Schutz – als einige der landschaftlich faszinierendsten Gebiete Europas.

Der alexandrinische Geograf Klaudios Ptolemaios erwähnt in seinem Werk »Geografike« bereits um das Jahr 150 nach Christus die Galinder und Sudauer. Bei der Ankunft der Ordensritter bestand somit eine mehr als 1000 Jahre alte Siedlungstradition der Prußen.

Die Galinder siedelten im Westen des heutigen Ermland-Masuren von der Alle bis zum Mauer- und Spirdingsee im Osten, im Norden etwa bis Rössel und Nordenburg und im Süden bis zum Narew. Die Südgrenze des Ordensstaats und des nachmaligen Preußen entsprach also keineswegs der Südgrenze des galindischen Siedlungsgebiets: Die politische Grenze wurde in Verträgen zwischen dem Orden und Masowien mehrfach geändert. 1340 wurde sie an den Bober verlegt, durch den Frieden am Meldensee 1422 erfolgte die Grenzziehung, wie sie als Südgrenze Ostpreußens bis 1945 bestand.

Östlich an Galinden schloss sich das Siedlungsgebiet der Sudauer an. Der größte Teil des alten Sudauen liegt heute in Weißrussland und Litauen, zu Polen gehört das Gebiet östlich der Großen Masurischen Seen mit der Lycker- und der Suwałki-Seenplatte und dem Wigry-Nationalpark.

Auch Tote brauchen Schätze

Zu den wichtigsten archäologischen Funden aus dem Gebiet der Sudauer zählt der aus dem 12./13. Jahrhundert stammende Silberschatz von Skomentnen bei Lyck. In einem becherartigen Bronzegefäß, das unter einem schweren Deckstein lag, wurden neben Leichenbrandresten eine Halskette, zwei Armspiralen, zwei Hufeisenfibeln und andere Silberschmuckstücke gefunden, die einer hier beigesetzten Sudauerfürstin zugeordnet wurden. Unter den zahlreichen Silberhorten aus den Grabstätten von Sudauerfürstinnen ist der Fund von Skomentnen der bedeutendste. Die reichen Grabbeigaben für die Fürstinnen – Ketten, Diademe, Armspangen, Silberbarren und anderes mehr – stehen im Gegensatz zu der mittelalterlichen Überlieferung, der zufolge die prußischen Frauen rechtlos waren (siehe Seite 19).

Für die heidnischen Prußen schwingt trotz aller Verunglimpfung in den mittelalterlichen Chroniken immer auch ein Stück Achtung mit. Der Domherr Adam von Bremen verfasste etwa im Jahr 1072 eine Chronik über die »barbarischen Heiden« des Nordens – zwei Jahrhunderte vor der weitgehenden Ausrottung der Prußen durch den Deutschen Orden. Er kam zu dem Schluss, dass viele prußische Bräuche für Christen vorbildlich sein könnten, wenn die Barbaren den rechten Glauben hätten.

Auch wenn die alten Prußen, wie in anderen Landschaften Kelten und Germanen, verschwunden sind: Ihr Erbe ist auf

Ungezähmte Natur
In den feuchten Bruchwäldern der Gilwa greift niemand in den natürlichen Kreislauf des Werdens und Vergehens ein.

Am Lucknainer See
Stege führen sicher über den morastigen Untergrund der flachen Verlandungszone.

Galindische Krieger
Gerne erinnert man sich heute in Masuren an die prußische Vergangenheit und setzt den frühen Bewohnern dieses Siedlungsraums Denkmäler – wie hier in Isnothen am Beldahn-See.

subtile Weise allgegenwärtig, denn sie bewohnten über Jahrhunderte hinweg das Land und prägten es. Viele Ordensburgen wurden auf oder in der Nähe prußischer Kult- und Versammlungsplätze gegründet. Zahlreiche polnische Orts- und Flussnamen gehen auf die alten prußischen Bezeichnungen zurück. Die schönste Insel des Spirdingsees war eine prußische Kultstätte, auch der berühmteste Wallfahrtsort in Ermland-Masuren, Heiligelinde, entstand an einem den Prußen heiligen Ort.

Die heutigen Naturschutzgebiete und Nationalparks umfassen viele dieser uralten Kultplätze. Auch der moderne Naturschutz kann sich auf die Prußen berufen: Sie waren die Ersten, die im nachmaligen Ermland-Masuren von menschlicher Nutzung freie »Reservate« einrichteten, wenn auch unter einem völlig anderen Vorzeichen als heute. Wie bei Germanen und Kelten waren es kultische Schutzgebiete, in denen die Natur als Teil des Göttlichen geachtet wurde.

Alte Kultplätze
Wo sich früher Prußen um eine heilige Linde versammelten, steht heute die viel besuchte Wallfahrtskirche Heiligelinde.

Das moderne Eden

Seit dem Ende der kommunistischen Diktaturen ist im polnischen Masuren eine auffällige Rückbesinnung auf die Prußen zu beobachten, wobei die Bezeichnung »Prußen« weder für Polen noch für Preußen, Deutsche oder Litauer stehen soll, sondern für die Gesamtheit der Menschen, die in diesem Raum siedelten: Danach war Nikolaus Kopernikus weder ein polnischer noch ein deutscher, sondern ein prußischer Astronom. Gleiches gilt für den »prußischen« Philosophen Immanuel Kant und viele andere.

Zu den bemerkenswertesten Erscheinungen des heutigen Prußen-Revivals zählt das neogalindische Projekt Galindia Mazurski Eden in der Johannisburger Heide. Der Psychotherapeut und Arzt Cezary Kubacki forschte in den 90-er Jahren nach den schamanischen Wurzeln der Galinder. Er gründete am Beldahnsee an der Mündung der Kruttinna dieses moderne »Eden« auf einer Halbinsel, die zu den schönsten Aussichtspunkten im Masurischen Landschaftspark zählt. Galindische Trachten prägen das Bild, Holzplastiken prußischer Götter und andere Kunstwerke schmücken Haus und Park, zugleich ist der Campingpark am Seeufer mit allem ausgestattet, was moderne Galinder benötigen – einschließlich Verleih von Paddel-, Ruder- und Segelbooten, Surfbrettern und Wintersportgerät.

Prußische »Barbaren« – Vorbilder für die Christenheit?

Der Deutschordenskaplan Nikolaus von Jeroschin berichtete in der »Kronike von Pruzinlant«, die er um 1335 vollendete, über die Sitten und Bräuche der heidnischen Prußen. Es handelt sich um eine Übertragung der lateinischen Ordenschronik »Chronicon terra Prussiae« des Deutschordenspriesters Peter von Dusburg vom Anfang des 14. Jahrhunderts:

Gastfreundschaft, Trinkgelage – und Anbetung von Kröten

»Und so war Gott ihnen unbekannt, daher kam ihr Irrtum, dass sie in ihrer Torheit jegliche Kreatur als Gott anbeteten: Donner, Sonne, Mond und Sterne, Vögel, Tiere und sogar die Kröten. Auch hatten sie Felder, Wälder und Gewässer, die ihnen heilig waren, sodass sie darin weder pflügten, noch fischten, noch Holz schlugen … Die Prußen glaubten auch an eine Auferstehung, aber nicht richtig. Sie meinten, so wie der Mensch hier wäre, edel oder unedel, arm oder reich, mächtig oder nicht, genauso würde er auch nach der Auferstehung sein.

Nach einem Sieg opferten die Heiden gewöhnlich um ihres Heiles willen ihren Götzen den dritten Teil aller Beute, den sie dem Kriwe [Priester] gaben, um ihn für die Götter zu verbrennen. Reichtum und Schmuck der Kleider achten sie sehr gering, so wie sie heute die Felle ausziehen, legen sie sie morgen um. Willig und freigebig teilen sie Speise und Trank. Sie meinen, sie hätten ihre Gäste nicht freundlich und wohl genug verpflegt, wenn diese nicht so voll Trankes sind, dass sie speien. Gewöhnlich bringen sie sich gegenseitig dazu, unendlich oft ein gleiches Maß Trankes zu nehmen.

Land ohne Bettler – doch die Frauen müssen knechten

Wenn sie sich zum Trunk setzen, bringt jeder Hausgenosse dem Wirt ein Gemäß und trinkt ihm damit zu, und der Wirt trinkt dasselbe Gemäß gerne aus. So trinken sie einander zu und lassen den Napf ruhelos kreisen, er läuft hin und her, bald voll, bald leer. So lange treiben sie es, bis Mann und Frau, Wirt und Hausgenossen, Große und Kleine alle trunken sind; das ist ihnen Kurzweil und große Ehre – mich dünkt das keine Ehre zu sein. Nach alter Gewohnheit kaufen sie ihre Weiber um Geld. Der Ehemann hält sie wie eine Magd, sie darf nicht an seinem Tisch essen und muss täglich dem Hausgesinde und den Gästen die Füße waschen. Betteln braucht keiner von ihnen, denn der Arme kann von Haus zu Haus gehen und essen, wo es ihm behagt. Geschieht ein Mord, so findet keine Versöhnung statt, ehe nicht die Freunde des Toten den Schuldigen oder einen seiner nächsten Verwandten erschlagen haben.«

Heilige Haine und Seen
Die Prußen behandelten das Land, das sie ernährte, mit Ehrfurcht, und schützten manche Plätze in der Natur vor dem Zugriff des Menschen.

Prußische Babe
Die Bedeutung dieser vorchristlichen Steinfiguren liegt im Dunkeln. Man vermutet, dass sie kultischen Zwecken dienten.

Geistliche Burgen – die Deutschordensarchitektur

Monumentale Backsteinburgen und prunkvolle Kathedralen zeugen von der Blüte der Deutschordenszeit.

Die Deutschordenskunst prägt wie keine andere das Bild der meisten Städte Masurens. Ihre bedeutendsten Werke sind die Ordensburgen, die Hallenkirchen und die schachbrettmusterartigen Stadtkerne. In der Architektur dominiert der Backsteinbau. Auch in der Malerei und Glasmalerei sowie in der Edelschmiedekunst, im Bronzeguss und in der Sakralplastik entstanden wichtige Werke. Zentren der Deutschordenskunst und ihres Kunsthandwerks waren Danzig, Elbing, Königsberg, Marienburg und Thorn.

Ihre Blüte hatte sie vom ausgehenden 13. Jahrhundert bis um 1450. Träger dieser Kunst, die auch die Sakralkunst auf dem Land umfasste, waren der Deutsche Orden und das städtische Bürgertum. Die weit reichenden politischen und wirtschaftlichen Beziehungen des Ordens begünstigten auch Einflüsse von Kunstrichtungen außerdeutscher Länder.

Die Deutschordensburgen waren äußerlich teils mit Vorburgen versehene Verteidigungsanlagen und im Inneren aufwändige Klöster und Verwaltungszentren. Von zunächst unregelmäßigen Anlagen nach orientalischen und spanisch-maurischen Vorbildern entwickelten sich diese Klosterburgen zu einem streng recht-

eckigen Kastelltyp. Der Hauptturm wurde an der bedrohtesten Ecke errichtet, den Haupthof umzogen meist zweistöckige Arkaden.

Trotz starker Zerstörungen, zuletzt während des Zweiten Weltkriegs, sind in Masuren noch Ordensburgen erhalten: unter anderem in Allenstein, Heilsberg, Neidenburg, Rastenburg und Rössel. Die ersten Burgen wurden oftmals nur als Holz-Erde-Befestigungen angelegt. Neben der Befestigung wurde das Areal für eine Siedlung abgesteckt, die die wirtschaftliche Basis der Burg erweiterte. Die im Umfeld der Burg errichteten Flecken nannte man auf Prußisch »Lischken«. Die Burgen und die in ihrem Schutz gegründeten Städte wurden in einem Abstand von 20 bis 30 Kilometern netzartig über das ganze Land verteilt. Die meisten Städte erhielten die Culmer Handfeste (siehe Seite 54) verliehen und verwalteten sich selbst im Schatten der alles überragenden Burg.

Ein Palast für den Hochmeister

Die bedeutendste Deutschordensburg ist die ab 1280 am Nogat südöstlich von Danzig errichtete Marienburg. Sie war der Sitz des Hochmeisters des Deutschen Ordens. Die aus drei Burgkomplexen in rotem Backstein errichtete Anlage zählt zu den größten Burgen Europas und hatte mit ihren Gewölben wesentlichen Anteil an der Entwicklung des gotischen Gewölbes. Kernstücke sind das Hochschloss (ab 1280), eine Vierflügelanlage um einen Hof, aus deren Flucht die Marienkapelle (1344) hervortritt, sowie das Mittelschloss als Palast des Hochmeisters im Stil der französischen Gotik (1400 vollendet). Turmbewehrte Ringmauern umschließen das Hochschloss, den Palast und die Vorburg.

Ordensschloss in Lötzen
Die Burg aus dem 14. Jahrhundert wurde im Laufe der Geschichte mehrfach umgebaut.

Marienburg – christliches Bollwerk
Turmbewehrte Ringmauern umschließen das Hochschloss, den Palast und die Vorburg der bedeutendsten Deutschordensburg.

Die Masuren – Armut in der Wildnis

Blitzhafte Schläue« und »schwerfällige Tücke«, »tapsige Zärtlichkeit« und »rührende Geduld« – so beschrieb der in Lyck geborene Siegfried Lenz in seinen masurischen Erzählungen »So zärtlich war Suleyken« die Masuren (siehe Seite 37). 1990 charakterisierte sie der polnische Soziologe Andrzej Sakson im Spannungsfeld zwischen Polen und Deutschen: »Ihre polnische Abstammung und Sitten und die deutsche Tradition, die polnischen Nachnamen und die deutschen Vornamen, die polnische Sprache und die deutsche Schrift, die polnischen Sprichwörter und die deutschen Lieder, die slawische Religiosität und die evangelische Konfession« – diese Zwiespältigkeit präge die Masuren. Woher kam dieses Volk, das einer ganzen Landschaft seinen Namen gegeben hat und diese Landschaft ab der Industrialisierung im ausgehenden 19. Jahrhundert wieder verließ?

1283 hatte der Deutsche Orden die Unterwerfung der prußischen Bevölkerung abgeschlossen, die dieses Land als freie Bauern seit Menschengedenken bewohnt hatten. Um das Land nicht veröden zu lassen, förderte der Orden die Einwanderung von Neusiedlern. Zum entscheidenden Migrationsschub aus Masowien kam es nach dem Zweiten Thorner Frieden (1466), der den einst mächtigen Ordensstaat zu einem Zwergstaat schrumpfen ließ: Die Einwanderer ließen sich in einer derartigen Vielzahl im wirtschaftlich zerrütteten Süden des Ordensstaats nieder, dass sie den Großteil der Bevölkerung bildeten.

Im Dienst des Deutschen Ordens begannen Pioniere aus Masowien mit der Kultivierung des Urwalds.

Harte Lebensbedingungen in der Einöde prägten das Leben dieser Siedler, die einen bäuerlichen polnischen Dialekt sprachen. Während die polnische Hochsprache mit der Zeit genormt wurde, behielten die in der »Wildnis« siedelnden Masuren ihr ungenormtes Unterschichtenidiom bei, wie es im ausgehenden 15. Jahrhundert in Masowien gesprochen worden war: Ein Masure, der im 19. Jahrhundert unter Polen Masurisch sprach, gab sich automatisch als »ungebildeter Bauer« zu erkennen.

Hinzu kamen im Lauf der Jahrhunderte zahlreiche deutsche Wörter aus den Bereichen Technik, Wirtschaft und Wissenschaft. Auch modische Neuerungen wurden aus dem Deutschen übernommen: Ein »Unterrock« wurde im Masurischen zum »unterok«.

In Meyers Konversations-Lexikon von 1896 ist zu lesen: »Die Masuren sind ein biederes, von Landwirtschaft und Viehzucht lebendes Völkchen, bei dem noch patriarchalische Familienzustände herrschen. Sie gelten für gesellig, gutmütig und weich, kleiden sich zum Teil noch in selbst gewebtes, graues Wollzeug (Wand), lieben den Branntwein und verzehren meist vegetabilische Nahrung (Kartoffeln, Pastinaken, Rüben und Mehlspeisen); ihre einfachen Häuser sind aus Holz erbaut und mit Stroh gedeckt.«

Schlicht und einfach
Ob beim Heuen, ob beim Hausbau: Nach damaligen Maßstäben war das Leben der Masuren einfach. Heute sind Reetdächer ein Luxus.

Brunnen beim Kloster Wigry
Der dorf- oder hofeigene Brunnen ist wie vor Jahrhunderten bei der Wasserversorgung von zentraler Bedeutung.

Ermländische Bauernstube
Charakteristisch für die bäuerliche Kultur des Ermlands sind der Geschirrschrank mit den hochgestellten Tellern, das Spinnrad und die geräumige Wiege sowie das durch Vorhänge dem Blick entzogene Himmelbett. Der darunter abgebildete Schrank ist ein schönes Beispiel für die einfache, geschmackvolle Handwerkskunst der heimischen Tischler.

Einsame Dörfer, einsame Höfe

Kennzeichnend für masurische Dörfer war ihre Abgeschiedenheit. Auch noch zu Beginn des 20. Jahrhunderts lagen die meisten bis zu 20 Kilometer von der nächsten Bahnstation entfernt. Mit 30 bis 40 Einwohnern je Quadratkilometer war Masuren bei der Volkszählung im Jahr 1910 der dünnstbesiedelte Landstrich im Deutschen Reich. Vielfach waren die masurischen Siedlungen keine Dörfer, sondern einsame Hofstellen in Wäldern, zu denen nur Wegspuren führten.

Alle Siedlungen lagen an Seen oder Fließgewässern. Die Dörfer waren fast ausschließlich Straßendörfer. Ursprünglich bildeten die aus Holz errichteten Häuser eine meist stroh- oder reetgedeckte Einheit aus dem Wohnteil, dem Flur mit der gemauerten Feuerstelle (»schwarze Küche«) und dem Stall. Ab dem 18. Jahrhundert wurden für das Vieh und die Vorratshaltung eigene Gebäude errichtet, sodass sich die Wohn- und Stallgebäude im

Wegkreuz in Eckertsdorf
Diese Zeugnisse lebendiger Volksfrömmigkeit sind weit verbreitet – man findet sie buchstäblich an jeder Kreuzung.

Viereck um den Hofraum gruppierten. Auch der (hölzerne) Ziehbrunnen befand sich auf dem Hofraum.

Die straßenseitigen Fronten der giebelständigen Holzhäuser waren reich verziert: Der Giebel kragte um 70 bis 80 Zentimeter vor und wurde von zwei oder drei Holzsäulen abgestützt. Die Giebelverschalung war in wechselnden Richtungen gemustert, im oberen Giebeldreieck befand sich eine verzierte Firststange. Reiche Ausschmückungen zeigten auch die Fensterrahmen sowie die Tür, die sich nicht an der Straße, sondern auf der Traufseite befand.

Charakteristisch für die Feldarbeit waren hohe Getreide- und Heuschober. Sie trugen ein Schutzdach, das sich zwischen den vier Pfählen, je nach der Menge des vorhandenen Ernteguts, höher oder tiefer stellen ließ. In der Umgebung von Lyck haben sich einige solcher Hofanlagen, meist aus dem 19. Jahrhundert, ganz oder teilweise erhalten. Auch in der Umgebung

von Johannisburg finden sich noch Gebäude im typischen Stil der Masuren.

In der Abgeschiedenheit der »Wildnis« entstand eine Vielzahl an lyrischen Volksliedern, die sich fast durchweg durch Fröhlichkeit und Wärme auszeichnen – ganz im Gegensatz zu den oft schwermütigen Volksweisen anderer Landschaften auf dem Baltikum. Tod und Leben lagen in diesem Grenzland dicht beieinander. Es war üblich, sich schon zu Lebzeiten den Sarg zu kaufen. In manchen Familien stand er auf dem Hausboden und diente als Vorratskiste für Äpfel oder Roggen. Man wusste um die Vergänglichkeit des Lebens und nahm das Getreide für das Brot oder den Apfel für die Kinder zum fröhlichen Fest getrost aus jener letzten Behausung, die man für seinen Leib bereitgestellt hatte. Meist waren die Särge jedoch auf dem Bodenraum der Kirche aufgestellt; auf jedem standen Name und Wohnort des Besitzers.

Multikulturelle Einheit: Masuren, Prußen, Deutsche

Zwar stellten die Masuren den größten Bevölkerungsanteil in der »Wildnis«, doch durch die gemeinsame Urbarmachung entwickelte sich zwischen Masuren, Prußen und Deutschen ein Zusammengehörigkeitsgefühl, das nicht nach völkischen Aspekten unterschied, sondern die Zugehörigkeit der Bewohner zum Land in den Vordergrund stellte.

Als der römisch-katholische Ordensstaat 1525 in das lutherische Herzogtum Preußen umgewandelt wurde, mussten auch die im Herzogtum lebenden Masuren das neue Bekenntnis annehmen. Dies führte einerseits zu einer Entfremdung zu den im katholischen Polen lebenden Masowiern. Andererseits knüpfte der Religionswechsel das Band zwischen Masuren und Prußen noch enger.

Generell spielten bis zum Aufkommen des Nationalismus im 19. Jahrhundert völkische Aspekte kaum eine Rolle. Viel wichtiger war die Religionszugehörigkeit. Auch die preußischen Könige riefen im

18. Jahrhundert keine »Deutschen« ins Land, sondern Glaubensflüchtlinge, vor allem Hugenotten und lutherische »Salzburger«. Dieses friedliche, konstruktive, multiethnische Miteinander von Europäern gleichen Glaubens – auch viele Schweden waren im Land geblieben – wird immer wieder als vorbildhaft gerühmt. Erst die nationalistischen Bewegungen im 19. Jahrhundert störten das harmonische Bild.

Freilichtmuseum in Hohenstein
Masurisches Holzhaus mit vorspringendem Giebel im Freilichtmuseum von Hohenstein. Es ist das bedeutendste Museum zur masurischen Volksarchitektur und Volkskunst.

Volkstanz Mazurka – vom Sehnsuchtslied zur Nationalhymne

So wie der Name Masuren auf masowische Einwanderer zurückgeht, ist auch der Volkstanz Mazurka nach den Masowiern benannt. Dieser masowische Spring- und Drehtanz wurde unter dem polnischen König August III., der von 1733 bis zu seinem Tod im Jahr 1763 zugleich Kurfürst von Sachsen war, in höfisch angepasster Form gesellschaftsfähig. Der aus dem Volkstanz hervorgegangene Gesellschaftstanz ist ein Rundtanz, der ungeachtet seines markanten Dreivierteltakts viel von seiner ursprünglichen Vitalität eingebüßt hat. Er besteht aus dem gemeinsamen, polonaiseartigen Tanz (»Mazur«) mehrerer Paare, der von Einzeltänzen und besonderen Figuren unterbrochen wird. Zu den Charakteristika zählen ferner das Zusammenschlagen der Hacken und das Aufstampfen der Füße.

Die polnischen Teilungen im ausgehenden 18. Jahrhundert (siehe Seite 67) und die Liquidierung der polnischen Eigenstaatlichkeit durch Preußen, Russland und Österreich ließen die Mazurka zum polnischen Nationaltanz avancieren. Für die auf dem Gebiet der Besatzungsmächte und im Exil lebenden Polen war die »Mazurka« ein Symbol. Sie stand für den Traum, dereinst wieder in einem eigenen Staat vereint zu sein.

Ein Ohrwurm begeistert Millionen

Die polnischen Emigranten, die nach der zweiten Teilung Polens (1795) meist in Westeuropa lebten, verknüpften ihre Hoffnung auf die Wiederherstellung Polens mit der revolutionären Republik Frankreich. Der polnische General Henryk Dąbrowski stellte im Juli 1797 im italienischen Exil die polnischen Legionen auf, die im Dienst Napoleon Bonapartes für die Wiedererlangung der staatlichen Souveränität Polens kämpfen wollten.

Für diese Legionen schrieb der Dichter Józef Wybicki 1797 das patriotische Lied »Mazurek Dąbrowskiego«. Die »Dąbrowski-Mazurka« beginnt mit den Worten »Noch ist Polen nicht verloren«. Sie wurde zur Melodie einer bekannten Mazurka gesungen und avancierte quasi von einem Tag auf den anderen zur Hymne der polnischen Legionen in Italien.

Augen- und Ohrenweide
Heutzutage sorgen Folkloregruppen dafür, dass alte Tanztraditionen nicht in Vergessenheit geraten.

Drehtanz
*Typisch sind die schwungvollen Dreh-
bewegungen, bei denen der Mann die
Taille der Frau umfasst.*

Das nötige Fundament
*Unabhängig davon, ob die schnelle
(Oberek) oder die langsame Variante
(Kujawiak) der Mazurka erklingt:
Der Mann am Kontrabass darf nicht fehlen.*

Das Lied wurde immer bekannter, verbreitete sich unter allen Polen in Europa
und symbolisierte bis zur Wiedererlangung der staatlichen Souveränität
im 20. Jahrhundert die ersehnte Befreiung der Heimat. Auch die virtuosen
Kompositionen und Interpretationen des
meist in Paris lebenden polnischen
Romantikers Fryderyk Chopin trugen
wesentlich zur Verbreitung der Mazurka
bei. 1926 wurde die »Dąbrowski-Mazurka« offiziell zur polnischen Nationalhymne erhoben.

In einem ländlichen pommerschen
Gutshaus in Będomin bei Danzig befindet sich das Museum der polnischen
Nationalhymne. Es dokumentiert die Entwicklung der Mazurka zur Hymne.

29

Paläste des Adels

Die Entstehung des Königreichs Preußen zur Zeit des Absolutismus ging mit einer gigantischen Prachtentfaltung des Adels einher.

Während zur Zeit des Barock bedeutende Sakralbauten wie in Heiligelinde entstanden, ließ sich der Adel noch pompösere Residenzen errichten: Dönhoffstädt und Steinort sind die wichtigsten erhaltenen Schlösser in Masuren. Sie waren nicht nur in ihrer Architektur und wegen der umgebenden Parkanlagen Juwelen. Viele ihrer Herren legten bedeutende Sammlungen an, auch die Innenausstattung einschließlich der Bibliotheken war vom Erlesensten. Die Zerstörung der Schlösser bedeutete meist die Vernichtung der wertvollen Ausstattung.

Palais Dönhoffstädt – das ostpreußische Versailles

Die besterhaltene Anlage ist das von einem Landschaftspark umgebene Palais Dönhoffstädt nordöstlich von Rastenburg: Der Prunkbau mit 52 Zimmern und 365 Fenstern galt als das »ostpreußische Versailles«. Nach dem Brand des Vorgängerbaus wurde die jetzige Barockanlage in den Jahren 1710 bis 1714 von dem Architekten John de Collas für Bogislav Graf von Dönhoff errichtet: ein zweigeschossiger Bau mit 27 Achsen und einer Frontlänge von 100 Metern. Bis 1766 kamen die Seitenflügel hinzu; etwa gleichzeitig wurde ein riesiger geometrisierender Park angelegt.

Bereits um 1690 hatte der König von Polen den Dönhoffs eine kleine Herde Damwild aus Kleinasien geschenkt. Die Tiere wurden in der Pomnicker Heide hinter Gattern gehegt, der Damwildwald wurde in den 76 Hektar großen Schlosspark einbezogen. 1954 bis 1991 bildeten die Räume von Schloss Dönhoffstädt den Rahmen für eine Traktorenfahrschule bzw. ein Landwirtschaftsinstitut. Teile der prachtvollen

Jagdgebiet
Zum Palais Dönhoffstädt gehörte früher auch eine Damwildherde.

Ausstattung wurden ausgelagert. Allein für den Abtransport der Bibliothek – darunter zwei ägyptische Papyri und ein Gästebuch mit Eintragungen von Napoleon I. und Kaiser Wilhelm II. – wurden zwei Lastwagen benötigt. Während die Bibliothek der Universität in Thorn überlassen wurde, sind Möbel und Gemälde im Schlösschen von Mohrungen untergebracht. 1975 wurde die Anlage restauriert, derzeit ist sie wegen ungeklärter Besitzverhältnisse ungenutzt. Die bekannteste Persönlichkeit der Dönhoff-Dynastie ist die Journalistin Marion Gräfin Dönhoff, Autorin des Bestsellers »Namen die keiner mehr nennt«.

Monumentaler Wohnsitz
1816 gelangte Palais Dönhoffstädt, das größte Schloss Ostpreußens, in den Besitz der Familie Stolberg-Wernigerode.

Kulturtempel in Mohrungen

Mohrungen, der Geburtsort Johann Gottfried Herders, liegt zwar nicht in Masuren,
lohnt jedoch wegen des Herdermuseums
einen Abstecher. Untergebracht ist das
Museum in einem weiteren Barockschloss
der Region, dem so genannten Dohna-
Schlösschen. Diese Stadtresidenz der
Grafen zu Dohna entstand bereits
im Jahr 1595. Nach einem Brand erhielt sie 1717 bis 1719 unter der Leitung von Johann Caspar Hindersin
ihre heutige Form: ein lang gestreckter,
zweigeschossiger Putzbau mit Rund-
turm an der Stadtmauer. In den Jahren
1964 bis 1986 fungierte das Schlösschen als

Herder-Museum in Mohrungen
*Das barocke Dohna-Schlösschen in Mohrungen
beherbergt ein Museum mit Erinnerungsstücken
an den berühmtesten Sohn der Stadt: den
Schriftsteller, Philosophen und Theologen Johann
Gottfried Herder (1744–1803).*

Rathaus, heute beherbergt es neben dem Herdermuseum eine Galerie mit zahlreichen Ahnenbildern der Dohna und Dönhoff sowie – wie bereits erwähnt – Teile der reichen Mobiliarausstattung aus Schloss Dönhoffstädt.

Steinorts Zukunft ist ungewiss

Das Barockschloss Steinort liegt auf einem großen, halbinselartigen Landvorsprung im Westen von Mauer-, Kissain- und Dargainensee und ist von ausgedehnten Wäldern und einem Landschaftspark umgeben, der mit seinen alten Baumbeständen und Eichenalleen zu den berühmtesten in Masuren zählt. Nachdem ein österreichischer Investor davon Abstand genommen hat, hier ein Hotel einzurichten, befinden sich das unzerstörte Schloss, das nach 1945 lange Zeit als Staatsgut diente, und der Park noch im Zustand des Verfalls und der Verwilderung.

Errichtet wurde der zweigeschossige, verputzte Backsteinbau 1689 bis 1691 für Reichsgräfin Marie Eleonore von Lehndorff, geborene Dönhoff. Er entstand auf den Grundmauern eines Vorgängerbaus, der während des Tatareneinfalls von 1656

und 1657 ein Raub der Flammen wurde. Im Park, in dem die gräfliche Familie bei der Geburt eines Kindes stets eine Eiche pflanzte, sind ein klassizistischer Gartenpavillon, errichtet um 1800 von Carl Friedrich Langhans, sowie einige Nebengebäude erhalten, darunter das Brauhaus von 1693. Der letzte Besitzer des Schlosses, Heinrich Graf von Lehndorff, schloss sich im Zweiten Weltkrieg der Widerstandsbewegung gegen Hitler an. Nach dem Scheitern des Attentats vom 20. Juli 1944 wurden er und seine Familie verhaftet und am 4. September wurde er in Plötzensee hingerichtet, Schloss Steinort wurde als Feldquartier für Reichsaußenminister Ribbentrop (NSDAP) requiriert. 1945 wurde die Inneneinrichtung geplündert und zerstört.

Monument der Zerstörung
Von der ehemaligen Schlosskapelle in Steinort sind nur noch Ruinen übrig geblieben.

Relikt einstiger Pracht
Die Parkanlagen von Schloss Steinort sind berühmt für ihre mehrere hundert Jahre alten Eichen.

Die Ortsnamen Masurens

Jahrhundertealte masurische Ortsnamenstraditionen wurden im 20. Jahrhundert ausradiert.

Die Entstehung und Entwicklung der Ortsnamen in Masuren und den angrenzenden Gebieten ist eines der schwierigsten Kapitel in der Geschichte dieser Landschaft, da sie im 20. Jahrhundert eine politische war. Viele Orte tragen drei Namen: Der alte masurische Name wurde zwischen den Weltkriegen germanisiert, nach dem Zweiten Weltkrieg wurden alle Ortsnamen polonisiert.

Mobil mit Panjepferdchen
Die von kleinen Pferden gezogenen Panjewagen gehören zum Erscheinungsbild der Dörfer und Städte. Die Bezeichnung kommt vom polnischen »panie«, der Anredeform von »pan« (Herr).

Viele Ortsnamen haben eine jahrhundertealte Tradition: Königsberg, Danzig, Allenstein oder Johannisburger Heide sind Begriffe, die tief in der deutschen Sprache und Kultur verwurzelt sind. In Masuren stellt sich die Ortsnamensgeschichte insofern anders dar, als ein Großteil der Besiedler Masuren waren. Ihre masurischen Ortsnamen – oftmals eine Mischung aus masurischem Hauptwort/Eigennamen und deutscher Endung – bildeten einen wesentlichen Bestandteil der

Kulturlandschaft. Als Herzog Albrecht 1560 in der »Wildnis« im masurischen Sibirien eine Stadt gründete, verlieh er ihr keinen deutschen, sondern einen masurischen Namen: Marggrabowa. Der masurische Stadtname Marggrabowa symbolisierte das Vereintsein von Masuren und Deutschen. Kein Deutscher nahm Anstoß an diesem masurischen Namen.

Ähnlich verhielt es sich mit Siedlungen anderer Volksgruppen. Als die Mitglieder der aus Russland geflohenen Sekte der Philipponen in den 20-er und 30-er Jahren des 19. Jahrhunderts Aufnahme im Gebiet der Johannisburger Heide fanden, wollten sie ihren Siedlungen russische Namen geben, während der Regierungspräsident deutsche Namen vorschlug. Die Auseinandersetzung endete mit einem Kompromiss: Die neuen Siedlungen erhielten Namen, deren erster Teil auf den masurischen Flurnamen bzw. auf den Namen des ersten Siedlers zurückging; an diesen Namen wurde eine preußische Endung angefügt. Auf diese Weise entstanden Ortsnamen wie Onufrigowen, Piasken, Galkowen und Kadzidlowen. Die deutsche Verniedlichungsendung »-ken« (= »-chen«) war vielfach in Masuren anzutreffen (Nikolaiken). Der masurisch-deutsche Namenspluralismus war bis in die 20-er Jahre des vergangenen Jahrhunderts prägend für Masuren.

Deutsche Umbenennungen

Nach der Volksabstimmung im Jahr 1920, bei der auch fast alle Masuren für den Verbleib des Gebiets beim Deutschen Reich gestimmt hatten, wurden nach und nach viele masurische Ortsnamen germanisiert. Zum Zeichen ihrer deutschen Treue erhielt die Stadt Marggrabowa 1928 den Namen »Treuburg«. Wie Marggrabowa trennten sich auch viele andere masurische Orte von ihrem Namen: Aus masurischen wur-

Groß Gardienen bei Hohenstein
Bei vielen Umbenennungen blieb der alte Name noch erkennbar: Aus Groß Gardienen wurde das polnische Gardyny.

den deutsche Dörfer. Formal stellten die Gemeinden den Antrag auf Umbenennung selbst; nur in wenigen Fällen ist bekannt, dass die Regierung Druck ausübte. Umbenennungen waren zu dieser Zeit auch außerhalb Masurens nichts Ungewöhnliches: So legte die norwegische Hauptstadt Kristiania 1925 ihren dänischen Namen ab und gab sich wieder den alten nordischen Namen Oslo. Bei den masurischen Ortsumbenennungen verhielt es sich genau anders: Die Orte trennten sich von einer jahrhundertealten masurischen Tradition. Diese Umbenennungen gipfelten 1938 in der Zwangsumbenennung von mehr als 1670 masurischen Orten durch das NS-Regime: Das Land sollte seine Eigenart als Masuren verlieren, es sollte »deutsch« sein.

Polnische Umbenennungen

Nach dem Zweiten Weltkrieg schlug das Pendel zurück. Die deutschen Ortsnamen wurden nun polonisiert bzw. in den von der UdSSR annektierten Gebieten sowjetisiert. Die meisten alten Ortsnamen Masurens wurden ins Polnische übersetzt: Kruttinnen = Krutyń. Bei anderen Orten wurde ein polnischer Name geschaffen, der bei näherem Hinsehen sensibel auf die Landschaft Bezug nimmt: So wurde der deutschordenschristliche Name Johannisburg aufgrund der sumpfigen Umgebung in »Pisz« (prußisch »Sumpf«) geändert.

Beim Reisen in Masuren lernt man, auch wenn man des Polnischen nicht mächtig ist, schnell die neuen Ortsnamen. Um das Land jedoch richtig zu verstehen, sollte man auch die jahrhundertealten masurischen und deutschen Ortsnamen kennen. Um den Sprachfluss nicht unnötig durch Doppelschreibungen zu unterbrechen (Johannisburg/Pisz), sind im Register alle Ortsnamen zweisprachig aufgeführt.

Alte Zeiten
Die Lycker Straße in Johannisburg vor dem Zweiten Weltkrieg

Land der Erinnerung

Masuren ist ein Land, wie es auch bei uns nur noch die Älteren aus Kindheitserinnerungen kennen.

Die deutschsprachige Literatur über das heimatliche Masuren zählt zu den bemerkenswertesten und ergreifendsten Kulturleistungen dieses Landstrichs, wenn man die Flut an nationalistischen Ergüssen aus den 20-er und 30-er Jahren des 20. Jahrhunderts außer Acht lässt. Wer nach Masuren reist, sollte nicht versäumen, sich von einigen dieser Bücher inspirieren und einstimmen zu lassen. Für diejenigen, die gern in freier Natur unterwegs sind, ist Marion Gräfin Dönhoffs kurzer, sensibler Reisebericht »Ritt durch Masuren« zu empfehlen. Zu den bekanntesten masurischen Autoren zählen Arno Holz, Siegfried Lenz und Arno Surminski.

Populär wurden auch die Romane »Gott
schläft in Masuren« (1957) und »Die
Wölfe« (1962) von Hans Hellmut Kirst.

»Heimat ist nur eine Erfindung der
Melancholie«, meint Siegfried Lenz in
dem Masurenroman »Heimatmuseum«
(1978). Demnach wäre Lenz ein Melan-
choliker, denn die malerische Schönheit,
die Geschichte und die Menschen Masurens sind das zentrale Thema vieler seiner
Werke. Eine Liebeserklärung an die Heimat nannte Lenz die Geschichten und
Skizzen, die 1955 unter dem Titel »So
zärtlich war Suleyken« erschienen.

Wo die Zeit stehen blieb

Sie sind bis heute das populärste Erzähl-
werk über Masuren, auch wenn der Titel
irreführend ist: In diesen witzig prägnan-
ten, wirklichkeitsnahen Kurzgeschichten
gibt es keine liebende und geliebte Suleika
wie in Goethes »West-östlichem Divan« –
in der einzigen Liebesgeschichte wirbt ein
tölpelhafter Holzfäller um ein Mädchen
namens Katharina Knack. Auch das erfun-
dene masurische Dorf Suleyken ist eher
ein masurisches Seldwyla als ein Ort der
Zärtlichkeit.

Während Gott-
fried Kellers Seldwyla
im bürgerlichen Mi-
lieu angesiedelt ist,
entwirft Lenz das Bild
einer fast zeitlosen
agrarischen Gesell-
schaft »zwischen
Torfmooren und san-
diger Öde, zwischen
verborgenen Seen und
Kiefernwäldern«. Su-
leyken liegt »im Rü-
cken der Geschichte«
und hat weder be-
rühmte Physiker noch

Präsidenten hervorgebracht, dafür findet
man hier »das unschätzbare Gold der
menschlichen Gesellschaft«: Holzarbeiter
und Kleinbauern, Fischer, Handwerker
und Besenbinder. Diese kauzigen Typen
präsentiert Lenz in humoristischen Skizzen und Schelmengeschichten, die »gleich-
sam kleine Erkundungen der masurischen
Seele« sein sollen – eine »zwinkernde
Liebeserklärung an mein Land«.

Auffällig ist die Zeitlosigkeit, in der die
geschilderten Masuren leben. Lediglich
die Einweihung der Eisenbahn, der
»Kleinbahn namens Popp«, gibt einen
Hinweis, dass auch in Masuren das indus-
trielle Zeitalter Fuß fasst. Die Bewohner
Suleykens reagieren auf diesen technischen Fortschritt mit Unverständnis und
Ablehnung.

Ein Heimatmuseum geht in Flammen auf

In ein ganz anderes Verhältnis zur Geschichte setzt Lenz Masuren in dem Roman »Heimatmuseum« (1978), der zu den bedeutendsten deutschen Heimatromanen zählt. Er deckt die wichtigen Ereignisse vom Kaiserreich bis zur Nachkriegszeit am Beispiel der imaginären masurischen Kleinstadt Lucknow ab. Deren Name erinnert deutlich an Lyck, den Geburtsort des Autors. Der Roman ist ein leiden-

Volkskunst
Dieses aufwändig verzierte Wegkreuz steht heute im Freilichtmuseum von Hohenstein.

Blick zurück
Gehöft am Oberländischen Kanal mit der für das Ermland und das Oberland typischen hölzernen Vorlaube

schaftliches Plädoyer für einen unideologischen Heimatbegriff, dargestellt am Schicksal des aus Masuren vertriebenen Zygmunt Rogalla.

Schwer verletzt nach einem selbst gelegten Brand in seinem eigenen Heimatmuseum, erzählt Rogalla auf dem Krankenbett die Geschichte seines Lebens: von der Kindheit in der masurischen Kleinstadtidylle, der Armut und der Schönheit des Landes, der Willkür von Domänenverwaltern, den Beziehungen zwischen Masuren und Polen, zwei Weltkriegen, dem Dritten Reich, der Flucht und dem Leben als »Vertriebener«. Diese vesunkene masurische Welt kristallisiert sich in dem Heimatmuseum, das Rogalla in Lucknow aufgebaut hat: ein Museum mit Dolchen, Jagdwaffen und Trachten, mit Schmuckstücken, Teppichen, Chroniken und Urkunden.

Bewährtes bleibt in Gebrauch
*Auf einigen Höfen haben historische Landwirt-
schaftsmaschinen bis heute überlebt – wie hier
bei Nattern in der Umgebung von Allenstein.*

Als die Lucknower Nationalsozialisten
dieses Heimatmuseum zum »Vorposten
des Deutschtums« erklären, erwägt Rogalla die Zerstörung des Museums. Die
Kriegsereignisse überrollen Masuren. Zu
den Höhepunkten des Romans zählt die
als »Protokoll eines Verlusts« beschriebene Vertreibung: Das Gejagtwerden der
Flüchtlingstrecks durch die Winterland-
schaft Masurens auf Wegen, die von Trüm-
mern und Leichen gesäumt sind, das
Chaos der Ankunft an der Ostsee und die
unmenschliche Bombardierung der letzten auslaufenden Schiffe. Nach der Vertreibung aus Masuren baut Rogalla in
Schleswig-Holstein erneut ein masurisches Heimatmuseum auf. Er zündet es an,
als ihn revanchistische Heimatverbände
politisch zu vereinnahmen versuchen.

»Heimatmuseum«, 1988 verfilmt, zählt
zu den bedeutendsten deutschen Heimatromanen. »Heimat« erscheint als eine
landschaftsgebundene Kultur, die nichts
zu tun hat mit einem »borniertem Dünkel
der Sesshaftigkeit« oder dem verbohrten
Gefühl von »Erwähltheit«.

Bäuerliche Kunst
*Während das Mähen von Hand bei uns fast
in Vergessenheit geraten ist, gehört
diese Kunst in Masuren zum Standard.*

Aufbruch und Rückkehr
Am Schwenzaitsee bei Angerburg im
Norden der Großen Masurischen Seen

Ausreißer in Amerika – sie kehren zurück

Die masurische Heimatliteratur endet keineswegs bei der Generation, die die Vertreibung aus Masuren miterlebt hat. Zu den bemerkenswertesten Masurenromanen der heutigen Generation zählen »Der Dadajsee« (1997) und »Onkel Jimmy, die Indianer und ich« (2001) von Artur Becker.

Becker wurde 1968 in Bartenstein als Sohn deutsch-polnischer Eltern geboren: »Der eine Großvater war in der Wehrmacht, der andere war in der polnischen Armee. Das ist ein Unzustand, eine Merkwürdigkeit, die gleichzeitig zeigt, wie wahnsinnig Menschen sein können.« Eine Gemeinsamkeit mit Lenz und anderen Masurenautoren ist das zwiespältige Verhältnis zur Heimat, die zwischen realer und Sehnsuchtsgeografie angesiedelt ist: »Manchmal denke ich, das Land, aus dem ich komme, gibt es überhaupt nicht mehr. Und manchmal ist es so nah, dadurch dass ich über dieses Land schreibe, dass es gleichzeitig surrealistisch wirkt.«

In dem Roman »Der Dadajsee« schildert Becker die Rückkehr des in Deutschland lebenden Polen Jurek zum Dadajsee bei Rothfließ in seiner Heimat Masuren. Jurek hat sich durch die Scheinehe mit einer im Bremer Stadtteil Steintor wohnenden Schauspielerin das Bleiberecht für Deutschland gesichert. Das Studium hat der exzentrische Masure längst aufgegeben. Er arbeitet als Erzieher in einem Jugendheim und verdient sich ein Zubrot durch den Verkauf von Medikamenten an ein Krankenhaus in Polen: Es sind Medikamente, die kurz vor dem Verfallsdatum stehen.

Die Reise nach Masuren wird zu einer Reise in die Vergangenheit und zur Konfrontation mit der eigenen Kindheit und Jugend: »Ich werde nie vergessen, wie wir in unserem ersten gemeinsamen Sommer zu der ›Liebesinsel‹ im See von Rothfließ ruderten und dort barfuß durch Silberdisteln, Brennnesseln und Schilf spazierten. Ich war gerade 16 Jahre alt geworden und sehr stolz darauf, dass ich endlich verliebt war in ein älteres, in das schönste Mädchen der ganzen Welt. Ich war der König der Löwen von Warmia und Masuren, der einzige wahre Held.«

In dem Roman »Onkel Jimmy, die Indianer und ich« erzählt Becker temporeich und melancholisch die Geschichte einer modernen masurisch-westlichen Odyssee, die die Protagonisten wieder zurück in die Heimat führt: ein Buch über Fernweh und Heimweh, ein masurischer Blues. Ausgangs- und Endpunkt ist wiederum das Dorf Rothfließ in der Region Rössel. Der 16-jährige Teofil Baker träumt von einer Rockmusikerkarriere in Winnipeg, seine Freundin Agnes, das »schönste Mädchen in Masuren«, erhofft sich in Kanada eine glücklichere Existenz als im sozialistischen Polen, und Teofils chaotischer Onkel Jimmy Koronko ist auf der Flucht vor der polnischen Polizei.

1984 verlässt das Trio Masuren und begibt sich nach Kanada, in das vermeintlich »gelobte Land, den Himmel auf Erden«. Doch die drei stellen bald fest, dass sie vom Regen in die Traufe geraten sind. Wegen ihrer Mietschulden müssen sie in das Indianerviertel von Winnipeg ziehen, und Agnes verlässt Teofil.

Nach neun abenteuerlichen Jahren kehren Teofil und Jimmy zurück in ihr masurisches Heimatdorf, zur Begrüßung gibt es Hecht und Pellkartoffeln. Der Roman endet, wo alles begann: »Der rote ostpreußische Bahnhof hat zwei Namen, er heißt Rothfließ oder Czerwonka. Nein, wir sitzen nicht im Warteraum und suchen in unserem Gepäck nach Nadel und Faden, um einen Knopf am Sakko anzunähen. Wir besitzen nur einen Koffer und kommen von weit her – mein Onkel Jimmy und ich. Aber der Bahnhof gehört uns, genauso wie der See, der im Tal von Rothfließ liegt wie ein Fass französischen Tafelweins in einem modrigen, uralten Gemäuer, und gut schmeckt dieser Wein, gut riecht der See, unser See.«

Ufervegetation
Rohrkolben zählen zu den Charakterpflanzen an den flachen, verlandenden Ufern vieler masurischer Seen.

Sehnsucht nach der Zukunft
Der Niedersee in der Johannisburger Heide in der Vorkriegszeit

Windmühlenzeit – Nostalgie-Denkmäler werden wieder gepflegt

Von den mehreren hundert Windmühlen, die im 19. Jahrhundert ein landschaftsprägendes Element in Masuren bildeten, haben nur wenige die Industrialisierung überdauert. Seit den 90-er Jahren werden die übrig gebliebenen mit viel Liebe restauriert und in kleine Museen oder in Cafés umgewandelt.

Die verbreitetsten Mühlentypen in Masuren waren der Holländer, die Bockwindmühle und die Paltrockmühle. Bei den rechteckigen Bockwindmühlen wurde das gesamte Mühlengehäuse (mitsamt Räderwerk und Mahlgang) um einen senkrecht stehenden »Hausbaum« oder »Ständer« gedreht. Dieser mächtige Ständer ruht unten im Zentrum eines aus schweren Eichenbalken gefertigten Kreuzgestells (»Bock«), dessen Querbalken auf kurzen Pfeilern aus Feld- oder Ziegelsteinen liegen.

Die Bock- oder Ständermühle verlor ab dem ausgehenden 18. Jahrhundert zunehmend an Bedeutung, da die Holländerwindmühlen technisch überlegen waren. Bei der Paltrockwindmühle musste wie bei der Bockwindmühle das ganze Gehäuse in den Wind gedreht werden. Der hölzerne Mühlenkörper war nicht kastenförmig wie bei der Bockwindmühle, sondern reichte fast bis auf die Erde und hatte Ähnlichkeit mit einem bis auf die Füße reichenden Rockmantel, dem so genannten Paltrock. Die Paltrockwindmühlen drehten sich nicht auf einem

Museumsmühlen
Im Freilichtmuseum in Hohenstein bei Allenstein können vier Windmühlen aus dem 18. und 19. Jahrhundert besichtigt werden.

Bock, sondern auf einem Rollenlager. Die letzte Paltrockwindmühle in Masuren wurde 1922 in Hammerbruch gebaut. Sie ist nicht mehr vorhanden. Zwei Windmühlen dieses Typs befinden sich jedoch im Freilichtmuseum von Hohenstein.

Nur die Kappe drehen – Revolution in der Windmühlentechnik

Der meistgebaute Windmühlentyp in Masuren war der Holländer. 1573 erfand Andries van Moerbecke die Windmühle mit Drehhaube: Die Haube mit den Flügeln wurde per Hand in den Wind ge-

Bockwindmühle
Bei diesem Mühlentyp wird das gesamte Gehäuse in den Wind gedreht.

dreht. Da sich diese Kappenwindmühle von Holland aus verbreitete, wurde sie als Holländermühle bezeichnet.

Die Erfindung der Drehkappe bedeutete einen wesentlichen Fortschritt in der Windmühlentechnik. Während bei Vorgängern wie der Bockwindmühle das ganze Mühlengehäuse in den Wind gedreht werden musste und deshalb aus Holz war, konnte bei den Holländerwindmühlen der Unterbau in Stein errichtet werden. Auf dem massiven, meist in (Ziegel-)Stein errichteten Mühlenraum lag ein hölzerner Achtkant, und auf diesen war auf Rollen die drehbare Haube mit den Mühlenflügeln aufgesetzt. Durch den steinernen Unterbau stand im Mühleninneren weitaus mehr Arbeitsfläche und Lagerraum zur Verfügung als bei den anderen Windmühlen-Typen. Da sich die Höhe des Unterbaus variieren ließ, konnten die Mühlen nun auch innerhalb von Städten

Mahlwerk
*Die Holländertech-
nik ermöglichte den
Einbau schwerer
Mahlsteine.*

oder in Waldge-
bieten errichtet
werden: Gebäu-
de und Bäume
beeinträchtigten
nicht mehr die
Kraft des Windes.

Der einfachste Typ der Holländer-
windmühle ist der auf ebener Erde errichtete »Erdholländer«: Die Kappe wird
vom Erdboden aus in den Wind gedreht.
Die »Wallholländer« hingegen wurden
auf Wällen und anderen künstlichen Auf-
schüttungen errichtet.

Bei mehrstöckigen Holländern konnte die Bedienung der Schwenkrichtung
der Kappe nicht mehr von unten erfol-
gen. Sie wurden daher mit einer umlau-
fenden Bedienungsbühne, der Galerie,
versehen (»Galerieholländer«): Von der
Galerie aus konnten die mit Segeltuch
bespannten Mühlenflügel umgerüstet
und die Bremse festgestellt oder gelöst
werden. Am hinteren Ende der abge-
walmten Kappen befindet sich jeweils
eine kleine Windrose, mit deren Hilfe die
Kappe samt Flügelkreuz selbsttätig in
den Wind gestellt wird.

Ein kleines Mühlenmuseum mit Café
wurde in der Windmühle von Bansen bei
Rössel eingerichtet. Die Holländermühle
wurde Anfang des 19. Jahrhunderts auf
einem Bruchsteinsockel errichtet, auf der
kuppelförmigen Haube dreht sich die
Wetterfahne.

Zahlreiche Holländerwindmühlen,
zum Teil restauriert, finden sich in der
Umgebung von Lötzen: in Allenbruch,
Kleszowen, Erlenau, Klein Stürlack und
Talken. Neben dem Holländer von Klein

Holländer
*Diese Mühle weist eine fast barock
geschwungene Drehkappe auf.*

Stürlack befindet sich im ehemaligen
Stall des Mühlenhofs der empfehlens-
werte »Gasthof zur Windmühle«. Von
außen besichtigt werden kann der 1873
errichtete Holländer nördlich von Rhein.
Weitere Windmühlen stehen in Rostken
und Seegutten bei Johannisburg sowie in
Jäglack und Wenden im Raum Rastenburg.

Das »Mühlensterben« begann in den
20-er Jahren des letzten Jahrhunderts
und verstärkte sich noch nach dem Zweiten Weltkrieg. Die Ursachen waren viel-
fältig. Das Grundnahrungsmittel Getreide wurde mehr und mehr von der
Kartoffel verdrängt, auch die Verbreitung
der Kleinschrotmühlen verringerte die

Aufträge der Müller. Durch den Einbau
von Motoren wurden die Mühlen unabhängig von der Windkraft, was dazu
führte, dass der Windbetrieb immer mehr
zurückgefahren wurde. Die Produktion
wurde in Großbetriebe verlagert, not-
wendige Reparaturen unterblieben und
immer mehr Mühlen verfielen.

Heute gewinnen die Windmühlen in
Masuren wieder zunehmend an Bedeutung als dekorative Nostalgierelikte vorindustriellen Wirtschaftens: als Zeugen
der »guten alten Zeit«.

Das Bernsteinland im Norden

Das Gold des Nordens ist seit Jahrtausenden einer der begehrtesten Handelsartikel der Ostsee.

In Geschäften und auf jedem Straßenmarkt in Masuren ist Bernstein allgegenwärtig. Das »Gold des Nordens« ist der bedeutendste Souvenirartikel, auch wenn er nicht aus der Landschaft selbst stammt, sondern von den Küsten. Wer einen Abstecher in die alte Bernsteinkapitale Königsberg unternimmt, sollte sich vor jedem Schmuggelversuch hüten, denn die Strafen sind drakonisch. Zwar ist die Ausfuhr geringer Mengen, die man am Strand gefunden und aufgelesen hat, prinzipiell erlaubt, eine exakte Regelung jedoch fehlt, sodass man der Willkür der kontrollierenden Beamten, die jedes Versteck kennen, ausgeliefert ist.

2001 wartete die polnische Nationalbank mit einer Bernsteinpremiere auf: Sie emittierte eine 20-Złoty-Silbermünze, in die ein echtes Stück Bernstein eingelassen war. Die Auflage von 30000 Stück war schon am Ausgabetag fast restlos ausverkauft. Auf der Rückseite der Münze ist die uralte Bernsteinstraße mit Sternen markiert: Von Aquileia an der Adriaküste verlief sie über Linz und Wien durch Mähren ins Gebiet des heutigen Polen, längs der Oder in das Gebiet des heutigen Breslau, danach die Weichsel entlang bis zur Danziger Bucht und weiter in das Samland.

Bernstein ist das fossile (»versteinerte«) Harz von Koniferen. Der deutsche Name leitet sich von der Brennbarkeit (»Brennstein«) dieses verfestigten Stoffs ab, der seit der Altsteinzeit in Form von Amuletten, Votivanhängern und Perlen für kultische Zwecke Verwendung fand und dessen weltweit bedeutendste Lagerstätte sich an der Bernsteinküste im Gebiet von Königsberg befindet.

Die deutsche Bezeichnung Bernstein gibt es erst seit dem 13. Jahrhundert. Der von lateinischen Autoren überlieferte germanische Name lautete schlicht »Glas«. Den Germanen war Glas in seiner heutigen Bedeutung fremd, erst Jahrhunderte

Im Bernsteinmuseum
Wie vielseitig und kunstvoll Bernstein bearbeitet werden kann, zeigt eine Ausstellung im Königsberger Dohnaturm.

später kam es zu dem Bedeutungswandel. Die Römer wiederum nannten den Bernstein »succinum« (»Saft«) – in der richtigen Vermutung, er sei aus Baumsaft entstanden. Die magnetische Anziehungskraft des Bernsteins war schon Thales von Milet bekannt; auf das griechische Wort für Bernstein, »elektron«, geht unser Fremdwort »Elektrizität« zurück.

Der baltische Bernstein stammt vor allem von Kiefern und Zedern aus dem osteuropäischen und skandinavischen Raum. Das von den Bäumen subtropischer oder tropischer Wälder herabgetropfte oder -geflossene Harz verhärtete, wurde im Boden angereichert und durch Flüsse dem Meer zugeführt. Durch den Anstieg des Meeresspiegels und die quartäre Inlandvereisung wurde er mehrfach aufgearbeitet und in der »blauen Erde« (tonige Glaukonitsande) abgelagert. Weitere Umlagerungen bewirkte das nordische Inlandeis im Pleistozän. Dabei wurde Bernstein bis nach England, in die Niederlande, nach Westfalen, Brandenburg, Sachsen-Anhalt sowie bis in die Ukraine und nach Sibirien verfrachtet.

Todesstrafe für Bernsteinraub

In der keltischen und germanischen Eisenzeit war Bernstein ein wichtiges Handelsgut. Baltischer Rohbernstein wurde wahrscheinlich bereits im fünften und sechsten Jahrhundert vor Christus auf mutmaßlichen »Bernsteinstraßen« über die Salzhandelszentren Hallstatt und Dürrnberg zu italischen Verarbeitungsstätten, die über Drehbänke verfügten, gebracht. Von dort kamen die veredelten Produkte zurück in den keltogermanischen Raum.

Die prunkvolle Lebensführung der römischen Oberschicht führte im Kaiserreich ab dem 1. Jahrhundert zu umfangreichen Luxusimporten nicht nur aus dem Osten, sondern auch aus Germanien, wo sich neben Fellen der Bernstein als Exportschlager etablierte. Neben der Skiz-

zierung der Bernsteinstraße findet sich auf der Rückseite der Złotymünze die Abbildung eines römischen Denars aus der Zeit von Kaiser Nero: Der römische Imperator organisierte die größte Bernstein-Beschaffungsexpedition der Geschichte, da er von der Vorstellung besessen war, eine Gladiatoren-Arena mit dem fossilen Harz auszuschmücken – eine »Bernsteinarena«.

Nach den Aktivitäten Neros, der sich im Jahr 68 das Leben nahm, berichtete der römische Schriftsteller Plinius Secundus 77 in seiner »Historia naturalis« als Erster vom Bernstein: »Sicher ist, dass Bernstein auf den Inseln des Nordmeers erzeugt und von den Germanen ›glaesum‹ genannt wird; als Drusus dort mit einer Flotte Krieg führte, wurde deshalb eine der Inseln auch von uns Glaesaria, von den Barbaren aber Austeravia genannt. Bernstein aber entsteht, wenn das Mark von Bäumen der Fichte herabfließt, wie das Gummi bei Kirschbäumen und das Harz bei Fichten durch den Überfluss an Feuchtigkeit hervorbricht. Durch die Kälte oder die Einwirkung von Zeit und See verdichtet er sich. Die steigende Flut reißt ihn von den Inseln fort und spült ihn an die Küsten und dabei ist er so beweglich, dass er in seichtem Wasser zu schweben und nicht zu sinken scheint.«

Zwei Jahrzehnte später, im Jahr 98, lokalisierte der römische Geschichts-

Wertvolles Treibgut
Wer Glück hat, wird am Strand der Frischen Nehrung fündig.

Fliegende Händler
Überall in Masuren und in Königsberg werden Schmuckstücke und Andenken aus Bernstein angeboten.

schreiber Publius Cornelius Tacitus in seiner geografisch-ethnografischen Schrift »Über Ursprung und Wohnsitz der Germanen« den Ursprung des Bernsteinhandels bei den Ästiern, den Ur-Prußen an der Küste der Ostsee: »Auch das Meer suchen sie ab, und als Einzige von allen [germanischen Stämmen] sammeln sie Bernstein, den sie selbst ›glesum‹ nennen, im seichten Wasser und direkt am Strand. Aber woraus er besteht und wie er sich bildet, haben sie als Barbaren weder erforscht noch erkannt. Lange lag er sogar unter den übrigen Gegenständen, die das Meer auswirft, bis unsere Luxussucht ihm Wert verlieh. Sie selbst können mit ihm nichts anfangen; roh wird er gesammelt, unbearbeitet weitergegeben, und voller Staunen nehmen sie dafür Bezahlung entgegen. Dass es sich um den Saft von Bäumen handelt, kann man daran erkennen, dass oft kriechende und sogar geflügelte Tierchen durchschimmern, die an der Flüssigkeit kleben blieben und dann von der fest werdenden Masse eingeschlossen wurden. Ich möchte glauben, dass es wie in den abgelegenen Gegenden des Orients, wo Weihrauch und Balsam ausgeschwitzt werden, auch auf den Inseln und in den Ländern des Westens besonders fruchtbare Haine und Wälder gibt, deren Säfte durch die Strahlen der nahen Sonne ausgepresst werden, flüssig in das angrenzende Meer rinnen und durch gewaltige Stürme an die gegenüberliegenden Küsten gespült werden. Prüft

man die Beschaffenheit des Bernsteins, indem man Feuer an ihn hält, so nährt er eine fette und stark riechende Flamme; danach wird er zäh wie Pech oder Harz.«

Abbau und Vermarktung des »samländischen Golds«

Die Nachricht des Tacitus lässt darauf schließen, dass bei den Germanen die Verarbeitung des Bernsteins unbekannt war. Sie fungierten als Sammler und Händler. Während ursprünglich nur der vom Meer an den Küsten angespülte Bernstein gesammelt oder aus dem Wasser geschöpft wurde (»Seebernstein«), wird er an der Bernsteinküste seit dem 18. Jahrhundert systematisch abgebaut. Der Abbau erfolgte zunächst im Tiefbau (Stollen), seit Mitte des 19. Jahrhunderts im Tagebau.

In den ältesten Zeiten war das Sammeln des Bernsteins, wie von Tacitus geschildert, jedermann erlaubt. Erst die christlichen Bischöfe nutzten das Vermarktungspotenzial. Das Bernsteinregal, das Recht zur Vermarktung, zählte zu den wirtschaftlichen Säulen des Deutschordensstaats. Die älteste Urkunde datiert aus dem Jahr 1264, als der Deutsche Orden die Ausübung des Regals dem Bischof von Samland übertrug. Der Orden nahm für sich das alleinige Recht in Anspruch, das »samländische Gold« zu vermarkten, und legte den Küstenbewohnern unter Androhung der Todesstrafe die Pflicht auf, den aufgesammelten Bernstein aus-

Bernsteinkrater
Auch dieses Prunkstück, ganz aus dem Gold des Nordens gefertigt, kann im Königsberger Bernsteinmuseum besichtigt werden.

»Baggerstein«
Bei Königsberg wird Bernstein seit dem 19. Jahrhundert großindustriell im Tagebau gewonnen, das Bild zeigt die Grube bei Kraxtepellen.

Bunte Vielfalt
Von hellem Gelb bis Rötlichbraun reicht die Farbpalette des Bernsteins.

schließlich an den Bernsteinmeister des Ordens abzuliefern. Wer gegen diese Vorschrift verstieß, wurde dem Galgen anheimgegeben. Die Lübecker Bernsteindreherzunft verbot ihren Mitgliedern 1385 sogar die Wanderschaft, um Produktionsgeheimnisse zu bewahren.

Der Deutsche Orden lieferte den kostbaren Rohstoff an Bernsteindreher-Innungen, die sich um 1300 in Lübeck und Brügge, um 1450 in Stolp, Kolberg und Danzig, um 1500 in Elbing und 1640 in Königsberg bildeten. Frankfurt am Main, Köln, Nürnberg und Venedig wurden im 15. Jahrhundert Hauptumschlagplätze für Bernstein. Es wurden Bernsteingerichte eingesetzt, um Unterschlagungen gezielter zu ahnden, die Küstenbewohner mussten den »Bernsteineid« schwören. Als Entschädigung für die gefährliche und anstrengende Arbeit des Bernsteinschöpfens erhielten sie nur das Salz für ihr Fischereigewerbe.

Diese sklavenähnlichen Arbeitsverhältnisse änderten sich vorübergehend, als die Bernsteinnutzung an Danziger Kaufleute verpachtet wurde, die den Bernsteinhandel bis nach Persien und Indien ausdehnten. Der Erfolg dieser privaten Investoren führte dazu, dass die Regierung den Bernsteinhandel wieder selbst in die Hand nahm. Verpachtung und Selbstverwaltung wechselten danach noch öfter, und erst Ende des 18. Jahrhunderts wurde der Bernsteineid abgeschafft. 1811 wurde das Recht der Bernsteingewinnung in Generalpacht vergeben und ab 1837 meistbietend verpachtet.

Leidvolle Vergangenheit – hoffnungsfroher Ausblick

Die Geschichte Masurens ist die Geschichte einer mit großer natürlicher Schönheit gesegneten Grenzlandschaft, deren Bewohner einst überwiegend in Armut lebten. Im Hochmittelalter nahm der Deutsche Orden den Kampf um dieses damals »Wildnis« genannte Naturland auf, das bäuerliche Kolonisten in den folgenden Jahrhunderten kultivierten. Im 19. Jahrhundert begannen völkische Aspekte die Politik zu dominieren; der Nationalismus gipfelte in den Infernen von Zweitem Weltkrieg und Vertreibung. Die Politik, die in den letzten zehn Jahren betrieben wurde, bricht radikal mit der Vergangenheit und bietet dem Land die Chance, Wohlstand aufzubauen und sein Naturerbe zu bewahren. (Das Foto zeigt die Ruine von Schloss Finckenstein, das 1945 vollständig ausbrannte.)

Die ersten Missionare

Das nachmalige Masuren blieb lange Zeit eine heidnische Insel, ehe es in einem jahrzehntelangen Krieg in das Machtsystem des christlichen Abendlands integriert wurde.

Nach den Jahrhunderten, in denen die Prußen unbehelligt von der abendländischen Politik als Bernsteinsammler, Jäger und Bauern an den Küsten der Ostsee und in den Wäldern des späteren Masuren gelebt hatten, rückte dieses Gebiet im ausgehenden 10. Jahrhundert in den Blickwinkel der Mächtigen.

Der Missionsbischof Adalbert von Prag erhielt 996 vom Papst den Auftrag zur Bekehrung der Prußen. Unterstützt vom polnischen Piastenherzog Boleslaw I. Chrobry reiste Adalbert weichselabwärts und traf am 27. März 997 an der Mündung in die Ostsee auf die slawische Fischer- und Handwerkersiedlung »urbs Gyddanzyc« (Danzig), wo es ihm gelang, eine »große Menge Menschen« zu taufen.

Von Danzig aus reiste Adalbert ostwärts und wurde am 23. April 997 am Frischen Haff von Prußen erschlagen, nachdem er offenbar einen heiligen Hain (kultisches Naturschutzgebiet) entweiht hatte. Der Legende zufolge bewachte ein Adler seinen Leichnam, bis ihn Boleslaw mit Gold aufwiegen ließ und loskaufte und die Reliquien nach Gnesen überführen ließ. Als »Apostel der Prußen« wurde Adalbert bereits im Jahr 999 von Papst Silvester II. heilig gesprochen.

Polen: christliches Bollwerk

Die europäische Politik stand damals im Zeichen der von Kaiser Otto III. propagierten »Renovatio Imperii Romani«, der Erneuerung des Römischen Reichs im Sinn einer christlichen Theokratie. Dieses komplexe Staatengebilde wurde Heiliges Römisches Reich genannt.

Um das Reich zu erweitern, gründete Otto III. im Jahr 1000 in der polnischen Hauptstadt das Erzbistum Gnesen und ernannte den polnischen Herzog Boleslaw I. Chrobry zum »Bruder und Mithelfer des Reichs«. Ziel der Maßnahme war die Einbindung Polens: Der polnische Herzog erhielt eine Stellung, die ihn gegenüber anderen slawischen Fürsten wesentlich heraushob, im Gegenzug wurde das Christentum fest in Polen verankert.

Damit entstand im Westen des prußischen Siedlungsgebiets ein mächtiger christlicher Staat. Doch auch ihm war bei der Missionierung kein Erfolg beschieden: Am 9. März 1009 wurde der sächsische Missionar Brun von Querfurt im Gebiet der Sudauer zusammen mit 18 Gefährten erschlagen. Den angeblichen Ort des Mar-

Heroen der Christianisierung
Mit Unterstützung des christlichen Herzogs Boleslaw von Polen versuchten Missionare – zunächst erfolglos – die Prußen zu bekehren.

Weite See, endloser Wald
Während die Möwen an der Frischen Nehrung ihren Lebensraum behielten, wurden durch die Kultivierung viele Urwälder in Forste umgewandelt.

tyriums markiert das Brun- oder Bruno-kreuz auf dem Lötzener Tafelberg am Löwentinsee. Der polnische Herzog Bo-leslaw kaufte die Leichname und ließ sie nach Polen bringen.

Gold, Sümpfe, exotische Pelze

Mit dem gewaltsamen Tod Bruns von Querfurt endeten für fast 200 Jahre die Missionierungsversuche in Prußen. Zu den außergewöhnlichsten Dokumenten dieser Zeit zählen die »Gesta Hamma-burgensis«, die Adam von Bremen um 1072 verfasste.

In diesem Quellenwerk über die Völker des Nordens bescheinigt der Leiter der Bremer Domschule den »hinter Sümpfen« wohnenden Prußen einen Lebensstil, der sogar für Christen vorbildlich sein könnte,

wenn sie sich nicht dem Christentum ver-schließen würden: »Gold und Silber gilt ihnen gar nichts; auch besitzen sie massen-haft exotische Pelze, deren Duft das tod-bringende Gift der Prunksucht in die Welt gebracht hat. Sie jedoch achten das alles nicht höher als Mist und sprechen damit uns, wie ich glaube, das Urteil, denn wir gieren um jeden Preis nach einem Marder-pelz wie nach der ewigen Seligkeit. Des-halb bieten sie für die bei uns ›Falte‹ genannten Wollstoffe so kostbare Marder-felle. Über die Sitten dieser Völker ließe sich noch viel Erfreuliches sagen, hätten sie nur den Glauben an Christus, dessen Verkünder sie wild verfolgen.«

Lebensquell am Wasser
Eine der wichtigsten Voraussetzungen für die Gründung einer Siedlung oder eines Hauses war das Wasser: gleichgültig ob Quelle, Bach oder Teich.

Der große Krieg: Kreuzritter gegen Prußen

Ab dem 13. Jahrhundert prägte der zur Zeit der Kreuzzüge ins Leben gerufene Deutsche Orden fast 300 Jahre entscheidend die Geschicke des nachmaligen Masuren. Er unterwarf die Prußen und christianisierte das Land. Siedler wurden ins Land gerufen, die die »Wildnis« urbar machen sollten. Die Kontakte des Ordens zu den Hansestädten bildeten eine Voraussetzung für das Aufblühen von Städten, die später ebenfalls der Hanse angehörten.

Die Allianz zwischen dem Deutschen Orden und der Hanse beflügelte Städtebau und Handel.

Als im Jahr 1525 der letzte Deutschordenshochmeister zum lutherischen Glauben übertrat und das Ordensgebiet in einen weltlichen Staat umwandelte, war der Grundstein für einen neuen Staat gelegt: Preußen – aus dem Land der heidnischen Prußen wurde das christliche Preußen.

Kaufleute aus den nachmaligen Hansestädten Lübeck und Bremen gründeten während des Dritten Kreuzzugs im Jahr 1190 bei der Belagerung der arabischen Feste Akko im Heiligen Land ein Feldhospital und einen Krankenpflegerorden. Es war die Geburtsstunde des Deutschen Ordens, der 1191 von Papst Clemens III. bestätigt wurde und zunächst der Aufsicht der Johanniter unterstand.

1198 wurde er von deutschen Fürsten in einen geistlichen Ritterorden umgewandelt. Die Brüder, bei denen man zwischen Ritter- und Priesterbrüdern unterschied, erhielten eine den Templern und Johannitern vergleichbare Ordensregel und als Tracht den weißen Mantel mit dem schwarzen Kreuz, weswegen sie auch »Kreuzritter« genannt wurden.

Machtzentrale Marienwerder
Rechts erhebt sich der Domturm, daneben die Burg, ein Pfeilergang führt zum Danzker, der als Wehrturm und öffentliche Bedürfnisanstalt fungierte.

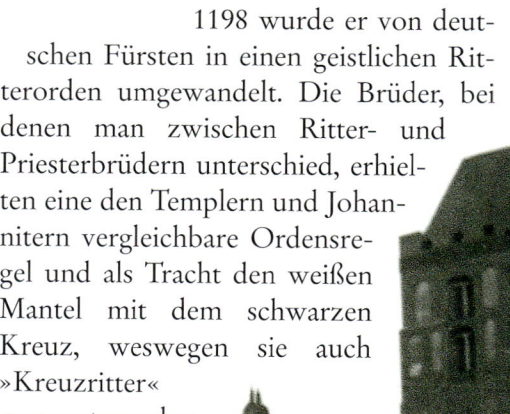

Kloster in Culm
Culm war die erste Hauptstadt des Ordensstaats.
Die ihr eingeräumten Rechte wurden prägend für
die Städte und Dörfer auf dem Gebiet des Ordens.

Im Jahr 1199 privilegierte Papst Inno-
zenz III. den Deutschen Orden als selbstständigen Orden. Nach der Privilegierung
widmete sich dieser geistliche Ritterorden
vorwiegend dem Kampf gegen die Heiden. Von Kaisern und Fürsten verliehene
Rechte und Landschenkungen brachten
ihn zu Reichtum und Ansehen und ließen
sein Gebiet vorübergehend zu einem der
mächtigsten europäischen Staaten des
Hochmittelalters werden. Sein Aufstieg
begann unter dem Hochmeister Hermann
von Salza (1210–1239).

Geschenktes Land

In der Goldenen Bulle von Rimini übertrug der staufische römische Kaiser Friedrich II. im März 1226 dem Deutschen Orden das Culmer Land rechts der Weichsel
und alle zu erobernden Gebiete im Land
der heidnischen Prußen.

Das Dokument nahm ausdrücklich Bezug auf Kontakte zwischen dem polnischen Herzog Konrad von Masowien und
dem Deutschen Orden: Konrad, der
sich der prußischen Angriffe auf sein
Territorium beidseits der Weichsel
nicht hatte erwehren können, hatte
den Deutschen Orden zu Hilfe gerufen. Die Verhandlungen zogen sich über mehrere Jahre
hin. Dann wurde im Sep-
tember 1230 der Krusch-
witzer Vertrag unter-
zeichnet: Konrad von
Masowien verzichtete
zugunsten des Deut-
schen Ordens auf alle
Rechte im Culmer Land
und im Land der Prußen.

An der Spitze von
Deutschordensrittern
wurde Hermann Balk
zur Eroberung des heid-
nischen Landes im Os-
ten ausgesandt. Im Frühjahr 1231
überschritten die Ordensritter und
Kreuzfahrer die Weichsel und
errichteten mit Alt-Thorn
die erste Ordensburg auf
prußischem Boden. Bis
1233 besetzten sie das
südwestliche Culmer
Land und errichteten
eine neue Burg in
Thorn sowie Bur-
gen in Culm (1232)
und Marienwerder
(1233). Im Schutz der
Burgen ließen sich
schon bald deutsche
Siedler nieder.

Deutschordensburg Brandenburg
Markgraf Otto III. von Brandenburg gründete
diesen strategischen Stützpunkt am Haff während
eines Kreuzzugs im Jahr 1266.

Klirrende Kettenhemden
Die Marienburg ist neben anderen Deutschordensburgen alljährlich Schauplatz von
Ritterspielen, in denen Pracht, Schlachten-
getümmel und Leid des Mittelalters »live«
erlebt werden können.

Königsberger Schloss
1255 gründete König Ottokar II. von Böhmen auf dem »Königsberg« eine Burg. Die Reste des nachmaligen Schlosses wurden 1969 gesprengt.

Unter dem Eindruck der Erfolge des Deutschen Ordens nahm Papst Gregor IX. am 3. August 1234 das dem Orden geschenkte Culmer Land sowie alles zu erobernde prußische Land als Eigentum des heiligen Petrus in den Schutz des apostolischen Stuhls und verlieh dem Orden den Besitz. Der Papst behielt sich die Errichtung und Dotierung von Bistümern vor und bedingte für die römische Kirche einen jährlichen Zins zur Anerkennung des päpstlichen Lehens.

Die päpstliche Verleihung war aus der Sicht des Ordens das wichtigste unter den drei Schlüsseldokumenten über den Besitz Prußens: Die Goldbulle von Rimini machte das prußische Ordensgebiet abhängig vom Heiligen Römischen Reich (Kaiser), der Kruschwitzer Vertrag sicherte das Ordensgebiet vor polnischen Ansprüchen, die Verleihung durch den Papst hingegen schuf einen exterritorialen Staat, der nicht mehr dem Kaiser unterstand.

Prußische Freiheitskrieger

Während der ersten Phase des Kriegs gegen die Prußen bildeten Weichsel und Frisches Haff die Ausgangsbasen des Deutschen Ordens. Diese erste Phase begann 1242 und fand ihren Abschluss 1255 mit der Gründung der Burg Königsberg. 1273 erlosch in Natangen der letzte prußische Widerstand, 1274/75 unterwarf der Orden die letzten aufständischen Stämme in Pogesanien und Barten und eroberte die Heilsburg zurück.

Ab 1281 konzentrierte sich der Deutsche Orden auf die Eroberung von Sudauen. Die Sudauer, von den Warägern als Jadwinger bezeichnet und von den Polen auch Oszczepnicy (Speerträger) genannt, hielten als letzter prußischer Stamm den Widerstand aufrecht. Als 1283 ihr Fürst Skumant kapitulierte und den christlichen

Culmer Handfeste – Grundgesetz der Siedler

Am 18. Dezember 1233 erließ Landmeister Balk als »Magister Slavonie et Prussie« im Namen des Hochmeisters Hermann von Salza für die Siedlungen bei den Ordensburgen Culm und Thorn die Culmer Handfeste. Dieses Rechtsdokument führte im Wesentlichen das Magdeburger Stadtrecht ein, verlieh den Bürgern Selbstverwaltung und Gerichtsbarkeit und wurde eines der Grundgesetze des Ordensstaats, da ihr Geltungsbereich in der Folgezeit auf den größten Teil des Ordens-

lands ausgedehnt wurde. Abweichend vom magdeburgischen Recht waren Männer und Frauen in der Erbfolge gleichberechtigt; damit wurde ein wichtiger Faktor für die Förderung der Siedlungspolitik geschaffen. In Neufassungen galt die Culmer Handfeste in Ostpreußen bis 1620, in Westpreußen bis 1794 und in Danzig bis 1857.

Fassade mit Stadtgrundriss
Dieser Jugendstilgiebel in Culm zeigt im unteren Teil den historischen Grundriss der Stadt.

Glauben annahm, war die Unterwerfung der Prußen beendet. 1600 Sudauer wurden im Samland angesiedelt, wo sie ihre Sitten und Gebräuche bis ins 16. Jahrhundert beibehielten. Ihre neue Heimstatt wurde als »sudauischer Winkel« bezeichnet. Diejenigen, die sich nicht ergaben, zogen sich nach Litauen in die Gegend von Grodno zurück.

Wehrhafte Bauten
Der Deutsche Orden überzog das Land mit einem Netz von Burgen, in deren Schatten sich Siedler niederließen (oben: Marienburg, rechts: Elbing).

Starker Staat – freie Siedler

Mit der Unterwerfung des letzten prußischen Fürsten endeten 1283 die seit mehr als 50 Jahren andauernden Kriege des Deutschen Ordens gegen die Prußen. Die prußischen Gaue waren nun zwar erobert, aber sie waren auch weitgehend menschenleer, da die Prußen während dieses halben Jahrhunderts der Kriege nahezu ausgerottet worden waren.

Um das Land nicht veröden zu lassen, förderte der Deutsche Orden die Wiederbesiedelung durch christliche Kolonisten. Ab Mitte der 80-er Jahre des 13. Jahrhunderts begannen die Trecks aus dem Wes-

Das gemeinsame Werk der Urbarmachung verband die multiethnischen Siedler in Masuren.

ten: Überwiegend aus Sachsen und Schlesien, später auch aus Pomerellen und Masowien trafen neue Siedler ein, die das in der Ordenssprache als »Wildnis« bezeichnete Land urbar machen sollten.

Für das Land mussten die Neusiedler keinen Kaufpreis entrichten, besaßen jedoch nur ein eingeschränktes Besitzrecht an ihren Höfen, während das Obereigentum dem Orden gehörte. Die von den Neusiedlern zu entrichtenden Zinsen und Abgaben waren vergleichsweise niedrig, erbrachten dem Orden wegen der Vielzahl der Hofgründungen jedoch eine stattliche Summe.

Lebendige Geschichte
An vielen Orten im ehemaligen Deutschordens-land finden jedes Jahr im Sommer Ritterspiele statt. Sie werden von Vereinen organisiert, die neben den Schaukämpfen auch für mittelalterliche Volks-feststimmung sorgen.

Bischofsburg Heilsberg
Die ehemalige Burg der Bischöfe von Ermland – im Bild der Innenhof – ist nach der Marienburg der bedeutendste Profanbau aus der Zeit des mittelalterlichen Preußen.

Die ersten Burgen und Siedlungen

Gilgenburg wurde 1316 als erste Siedlung in der »Wildnis« im nachmaligen Masuren erstmals erwähnt. Die Erschließung der »Wildnis« erfolgte von Westen und Norden aus. In rascher Folge entstanden Burgen und Siedlungen in Rössel (1341) und in Lötzen (die Leczenburg). 1345 ließ der Orden am Austritt des Pissekflusses aus dem Roschsee das nach Johannes dem Täufer benannte »feste Haus Johanspurgk« (Johannisburg) errichten, 1346 wurde das Gebiet der oberen Alle dem ermländischen Domkapitel als weltliches Territorium zugesprochen, um das Jahr 1350 folgte die Gründung der Ortelsburg, am 7. Dezember 1381 erhielt die bei der Neidenburg entstandene Siedlung Stadtrechte verliehen.

Insgesamt wurden auf dem Gebiet des Deutschordensstaats bis zum Jahr 1525 rund 400 000 Hektar Land – meist durch

Mittelalter hautnah erlebt
Die Ritterspiel-Vereine haben sich jeweils auf ein bestimmtes Gebiet spezialisiert – seien es historische Kostüme, ritterliche Kampfszenen, Marktstände oder die Vorführung traditionellen Handwerks.

Rodung – urbar gemacht. Es entstanden 660 christliche Dörfer und sieben christliche Städte. Neben der planmäßigen Besiedlung und Kultivierung des den Prußen abgerungenen Landes bestand die nachhaltigste Leistung des Ordensstaats in der Zusammenführung der bunt zusammengesetzten Bevölkerung: Die, wenn auch überwiegend deutschen, insgesamt jedoch ethnisch heterogenen Neusiedler verschmolzen untereinander sowie mit den Resten der Prußen. Unter dem Hochmeister Winrich von Kniprode (1351–1382) erreichte der Ordensstaat seine höchste Wirtschafts- und Kulturblüte. Die langwierigen Kriege mit Polen ruinierten jedoch wenig später das Land.

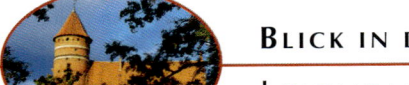

Nach langem Fußmarsch …
Ob Bettelmönch, Bauer oder Edelmann: Alle finden sich innerhalb der Burgmauern ein.

Vorkämpfer gegen den Orden
In heutigen Ritterspielen wird die Rolle Polens als Hauptverbündeter der gegen den Orden kämpfenden Stände hervorgehoben.

Stolzer Orden – rasches Ende

Trotz seines Wohlstands und seiner scheinbar unermesslichen Macht zerbrach der Deutschordensstaat innerhalb weniger Jahrzehnte. Die Zerschlagung erfolgte innenpolitisch durch die nach Freiheit strebenden Städte und Ritterschaften, die eine Allianz mit dem vergleichsweise liberalen polnischen König eingingen. Hinzu kam die außenpolitische Gegnerschaft zwischen dem Deutschen Orden und dem Königreich Polen-Litauen.

In der Schlacht bei Tannenberg besiegte König Władysław II. Jagiełło von Polen-Litauen am 15. Juli 1410 vernichtend das Deutschordensheer unter Hochmeister Ulrich von Jungingen. Durch das diplomatische Geschick des neuen Deutschordenshochmeisters Heinrich von Plauen fiel der am 1. Februar 1411 in Marienburg unterzeichnete Erste Thorner Frieden zwischen Polen-Litauen und dem Deutschen Orden für letzteren glimpflich aus. Der Orden konnte mit wenigen Ausnahmen sein Territorium behaupten. Zu einer

schweren Belastung führten jedoch die astronomischen Geldzahlungen zur Auslösung der Gefangenen. Der Versuch Heinrich von Plauens, höhere Steuern durchzusetzen, provozierte Konflikte mit den aufstrebenden Handelsstädten.

Eine weitere Schwächung des Ordens brachte 1415 das Konstanzer Konzil, auf dem sich die Ordensführung den Vorwurf gefallen lassen musste, eine Schaukelpolitik zwischen Kaiser und Papst zu betreiben: »Lädt man euch vor den Kaiser, so sprecht ihr, ihr gehört der Kirche an und dem Papst«, warf König Sigmund dem Orden vor, »werdet ihr beschuldigt vor dem Papst, so sprecht ihr, das ihr zum Reich gehört, also kann keinem von euch Recht geschehen.«

Wegen dieser zwiespältigen Haltung konnte der Orden beim Kampf gegen die Städte weder beim Papst noch beim Kaiser auf Hilfe zählen. Die Ordensführung stand nicht mehr nur dem außenpolitischen Gegner, sondern auch den Städten und Ritterschaften gegenüber.

Chorea Antiqua
Die Gruppe für historische Tänze sorgt für Kurzweil zwischen den Kämpfen.

Deutsche und Polen: gemeinsam gegen den Orden

Die Unzufriedenheit von Adel und Städten mit der Ordensherrschaft führte 1440 zur Gründung des Preußischen Bunds. Ihm schlossen sich nahezu alle Städte Masurens an. Danzig und Thorn traten an die Spitze dieses Bunds, der trotz Verbots durch den Deutschen Orden zunehmend an Einfluss gewann.

Am 4. Februar 1454 unterstellte sich der Preußische Bund der Landesherrschaft des polnischen Königs und löste damit den »Städtekrieg« aus, der den Untergang des Ordensstaats einleitete. Durch die vom polnischen König verliehenen Privilegien erhielten die Stände wesentliche Freiheiten. Danzig wurde faktisch ein selbstständiger Staat.

Der Zweite Thorner Frieden beendete am 19. Oktober 1466 den »Städtekrieg« und brach endgültig die Macht des Ordens. Dieser trat Pommerellen, das Culmer Land und das Ermland, die Städte Danzig, Elbing und Thorn sowie die Gebiete Elbing, Marienburg, Christburg und Stuhm an Polen ab. Für das verbleibende Ordensgebiet musste der Hochmeister die Oberhoheit Polens anerkennen und sich zur Heerfolge verpflichten.

Damit war aus dem einst mächtigen Ordensstaat ein von Polen abhängiger Zwergstaat in der Zange des Großreichs Polen-Litauen geworden. Die Städte wurden zu Hauptgestaltern von Wirtschaft und Politik. Der Restordensstaat umfasste das Gebiet des nachmaligen Ostpreußen mit Ausnahme des ermländischen Territoriums, das als ärmelartiger Korridor bis einschließlich Rössel in das Ordensgebiet hineinragte: Der spätere Kreis Neidenburg (ganz im Süden) gehörte zum Ordensstaat, der spätere Kreis Allenstein zum Ermland und damit zu Polen. Residenz dieses agrarisch geprägten Kleinstaats wurde Königsberg.

Masowier füllen die Lücken

Nach 1466 wanderten verstärkt Masowier in den Süden des Ordensstaats. Unter den Einwanderern befanden sich viele Angehörige des Kleinadels, die mit Erlaubnis des Ordens günstig Güter erwerben konnten. Der Zuzug von Masowiern nahm ein derartiges Ausmaß an, dass sich eine Dreiteilung des Landes vollzog: Im Norden des Ordensstaats, wo sich die Residenz Königsberg befand, assimilierten sich die Prußen den Deutschen. Südlich an dieses deutsche Gebiet schloss sich der zu Polen gehörende, ebenfalls überwiegend von Deutschen bewohnte ermländische Korridor an. Im Einwanderungsgebiet südlich und südwestlich des ermländischen Korridors bildeten die Masowier den größten Teil der Bevölkerung. Die Deutschen in diesem Gebiet assimilierten sich den masowischen Einwanderern.

Schwarzes Kreuz auf weißem Grund
Mit diesem Schild gibt sich der kleine Junge eindeutig als Parteigänger des Ordensstaats zu erkennen.

Fernab vom Weltgeschehen
Zwischen Grünland, Feldmark, Wäldern und sanft geschwungenen Höhenrücken liegt der Weiler Ridbach bei Bischofsburg.

Masuren wird preußisch

Mit der Umwandlung des Deutschordensstaats in das polnische Herzogtum Preußen nahmen 1525 die seit der Ankunft des Deutschen Ordens andauernden Kriege und Verwüstungen ein Ende. Für Masuren als Teil des neuen Staats begann eine weit über 100 Jahre andauernde Zeit des äußeren Friedens.

Als Teil des polnischen Herzogtums Preußen erlebte Masuren ein Jahrhundert des Friedens.

Der Frieden von Krakau beendete am 8. April 1525 den neuerlichen Kriegszustand zwischen dem Deutschen Orden und dem Königreich Polen: Albrecht von Brandenburg-Ansbach, der letzte Hochmeister des Deutschen Ordens, wandelte den Ordensstaat in das weltliche Herzogtum Preußen um und nahm es vom polnischen König Zygmunt I. Stary zu Lehen. Als polnischer »Herzog in Preußen« trat er zum lutherischen Glauben über und führte die Reformation ein. Die bisherige Deutschordenshauptstadt Königsberg wurde Residenz des Herzogtums Preußen, das nicht zum Staatenverbund des Heiligen Römischen Reichs gehörte.

Zu diesem Zeitpunkt lebten in Masuren schätzungsweise 40000 Menschen, darunter mindestens 20000 bis 25000 Einwanderer aus Masowien, deren Zuzug nach der Reformation drastisch abnahm, ohne jedoch ganz zu versiegen. Erst während der Gegenreformation stoppte die Wanderungswelle.

Ruhe vor der Weltpolitik

Nach der Umwandlung in das lutherische weltliche Herzogtum Preußen geriet Masuren außenpolitisch weitgehend in Vergessenheit. Durch die Lubliner Union gingen das Königreich Polen und das Großfürstentum Litauen 1569 eine Realunion ein. Der Doppelstaat Polen-Litauen reichte weit bis in die Ukraine hinein und umfasste das gesamte heutige Weißrussland. Landseitig umschloss Polen-Litauen fast völlig das vergleichsweise kleine Herzogtum Preußen.

Während diese Situation zur Zeit des Deutschen Ordens eine Bedrohung bedeutet hätte, herrscht nun Frieden: Der 1545 gesetzte Grenzstein von Prostken erinnert bis heute an das friedliche Miteinander Polen-Litauens und des polnischen Herzogtums Preußen.

Ungeachtet der Personalunion Brandenburg-Preußen ab 1618 blieb die Lehnsabhängigkeit Preußens von Polen bestehen, sodass der Hohenzollernbesitz aus zwei Staaten bestand: aus dem Kurfürstentum, das zum Heiligen Römischen Reich gehörte, und aus dem Herzogtum Preußen, das lehnsabhängig von Polen war, aber nicht zum Heiligen Römischen Reich gehörte. Der geschichtslose Zustand, in dem in Masuren eine Fülle von Dörfern gegründet wurde, dauerte prinzipiell auch während des Dreißigjährigen Kriegs an.

Neue Universität in Königsberg
Immanuel Kant und Simon Dach lehrten noch an der alten Universität, ab 1844 errichtete der Schinkel-Schüler Friedrich August Stüler den Neorenaissance-Bau der Neuen Universität.

Adler am Danziger Neptunbrunnen
Der Adler war das Wappentier der Provinz Ostpreußen, und er stand (und steht noch heute) im polnischen Staatswappen.

Kirchen, Wallfahrten, Gebete: im Bann der himmlischen Königin

Mit Heiligelinde und Dietrichswalde (siehe Seite 108 und 178) finden sich in Ermland-Masuren gleich zwei der bedeutendsten vier Marienwallfahrtsorte Polens (neben Tschenstochau und Krakau). Weitere Wallfahrtsorte der Woiwodschaft sind Krossen, wenige Kilometer östlich des Drausensees, mit der barocken Wallfahrtskirche Mariä Heimsuchung (1715–1720) sowie Springborn, östlich von Heilsberg, mit der Wallfahrts- und Klosterkirche Regina Pacis (1639–1641 und 1708–1717). Im äußersten Nordosten lohnt der Abstecher von der Suwałki-Seenplatte zur Schutzmantelmadonna in der barocken Wallfahrtskirche Sejny.

Als der römisch-katholische Deutschordensstaat 1525 in das lutherische Herzogtum Preußen umgewandelt wurde, mussten auch die im Süden des Herzogtums lebenden Masuren das neue Bekenntnis annehmen. Anders als in weiten Teilen Deutschlands oder in den Niederlanden war die Reformation in Preußen und Masuren vergleichsweise wenig von Bilderstürmen und ähnlichen Ausschreitungen begleitet. Ein Beispiel für blindwütigen Religionshass ist Heiligelinde: 1524 zog ein Pöbelhaufen an die schon in prußischen Zeiten als segensreich gedachte Stätte, zerstörte die Wallfahrtskapelle bis auf die Grundmauern, fällte die als heilig angesehene Linde und warf die Marienfigur in den Wirbelsee.

Wunderbild
Ziel der Wallfahrer ist ein Bild der Muttergottes mit ihrem Kind.

Maria als Symbol der Freiheit

Ihre Wiederauferstehung erlebte die Madonna der heiligen Linde während der Gegenreformation um die Mitte des 17. Jahrhunderts. Dies geschah etwa zeitgleich mit den beiden für die Geschichte des polnischen Katholizismus wichtigsten Ereignissen: 1646 wurde Maria in Tschenstochau, dem meistbesuchten polnischen Wallfahrtsort, zur Königin Polens (Regina Poloniae) gekrönt. Als 1655 die lutherischen Schweden eine Belagerung Tschenstochaus aus unersichtlichen Gründen abbrachen, führte man diesen plötzlichen Rückzug auf die wundertätige Kraft der Schwarzen Madonna zurück. Spätestens ab diesem Ereignis wurde Maria als Garantin der Freiheit angesehen.

Die Marienfrömmigkeit war in Polen ein sozial übergreifendes Phänomen: Sie erfasste sowohl den Adel als auch die bäuerliche Bevölkerung und schuf eine Wertegemeinschaft, deren zentrales Symbol Maria war. Begünstigt wurde der Siegeszug des Katholizismus und der Madonna zudem von außenpolitischen Konstellationen: Neben dem orthodoxen Zarenreich waren die Hauptgegner des Doppelreichs Polen-Litauen das lutherische Schweden und das islamische Osmanische Reich (Türkei).

Die Häufigkeit von Marienwallfahrtsorten in Ermland-Masuren ist umso bemerkenswerter, als bis auf Sejny alle Orte auf dem ehemaligen Territorium des preußischen Staats liegen, der sich durch den Kulturkampf im ausgehenden 19. Jahrhundert als protestantisches Bollwerk gegen den politischen Katholizismus profiliert hatte.

Auch während der kommunistischen Diktatur erwies sich der Katholizismus als Sprengkraft. Die Wahl des Kardinals Wojtyla zum Papst als Johannes Paul II.

Wallfahrtskirche in Krossen
Die Kirche Mariä Heimsuchung wurde 1715 bis 1720 errichtet und ab 1990 umfassend restauriert.

Marienverehrung
Maria mit Kind am Hochaltar in der Wallfahrtskirche von Krossen

im Jahr 1978 stärkte entscheidend das Ansehen der katholischen Kirche in Polen und führte zu einer religiösen Erneuerungsbewegung, in der sich die katholische Kirche als Trägerin der Forderungen nach Reformen und Einhaltung der Menschenrechte profilierte. Der triumphale Besuch Johannes Pauls II. in Polen 1979, der erste Besuch eines Papstes in einem kommunistischen Staat, geriet zu einer Demonstration für Freiheit und Menschenrechte mit weit reichenden innenpolitischen Auswirkungen.

Nach dem Sturz des kommunistischen Regimes wurde Wałęsa 1990 zum Staatspräsidenten gewählt – ein Mann, der eine Abbildung der Schwarzen Madonna am Revers zu tragen pflegte. Damit hatte die Gottesmutter über Jahrhunderte nicht nur als religiöses und spirituelles, sondern zugleich als politisches Symbol der Freiheit überdauert. Auch in Masuren, wo die meisten Kirchen katholisch sind bzw. rekatholisiert wurden, ist die Marienverehrung ein prägendes Element.

Alt Schöneberg
Mädchen beim Säubern der Marienfigur in der Pfarrkirche Maria Magdalena

Zeit des Absolutismus

Als der 20-jährige Friedrich Wilhelm 1640 während des Dreißigjährigen Kriegs Kurfürst von Brandenburg und Herzog in Preußen wurde, versuchte er die Landstände davon zu überzeugen, dass nur eine kostspielige Strukturreform mit zentraler Verwaltung und stehendem Heer aus Brandenburg-Preußen einen modernen Staat machen könne. Bei den preußischen Landständen biss der Monarch mit seinen Geldforderungen auf Granit: Da das Herzogtum Preußen der polnischen Krone unterstand, war Friedrich Wilhelm, der Große Kurfürst, machtlos, was die ständischen Rechte und die Verwendung der von den Ständen verwalteten Gelder betraf.

Um dennoch auch aus Preußen und Masuren so viel Geld wie möglich abschöpfen zu können, ließ Friedrich Wilhelm die »Schatulle« aufleben: Das Schatullgut, darunter alles an Siedler ausgegebene Land, wurde wieder zum Privateigentum des Monarchen deklariert. Die Abgaben flossen in die kurfürstliche »Schatulle«, die ausschließlich für die Bedürfnisse des Herrschers bestimmt war.

Der Absolutismus führte zu einer außenpolitischen Aufwertung Preußens – auf Kosten des Friedens.

Die so genannte Schatullisierung im 17. Jahrhundert bildete den letzten großen Abschnitt in der Besiedlung Masurens: Den Schatullbauern wurde das Land meistbietend zur Kultivierung überlassen. In Masuren waren die meisten Neusiedler Waldarbeiter sowie »Wildnisbewohner« oder »Wildnisnutzer«, das heißt Beutner (Imker), Teerbrenner, Aschbrenner und Glaser mit guter Geländekenntnis und großer Vertrautheit mit dem Leben am und im Urwald. Teer- und Aschbrenner hatten schon durch ihre Arbeit potenzielle Siedlungsflächen gerodet und neben ihren Öfen Hütten gebaut. Nun bot sich ihnen die Möglichkeit, per Berahmungskontrakt Neuland zu erhalten und sesshafte Ackerbauern zu werden. Rechtlich führten die Schatullsassen ein Sonderdasein, da sie nicht den Ämtern, also der staatlichen Gerichtsbarkeit, sondern einzig der Gerichtsbarkeit der Forstbehörde und damit des Kurfürsten unterstellt waren.

Heide-Biener
Die Bauern, die sich in den Heidegebieten auf Wildbienen spezialisiert hatten, wurden »Biener« genannt. Das Foto zeigt Bienenkästen im Freilichtmuseum Hohenstein.

Hölle der Tataren

Als der Große Kurfürst während des Ersten Nordischen Kriegs 1656 eine Allianz mit Schweden einging, um die Unabhängigkeit seines Herzogtums Preußen von Polen zu erreichen, führte dies zu einem

Der Große Kurfürst
In einer Darstellung von Adriaen Hannemann, um 1650, Öl auf Leinwand

Holztrift

Das in den masurischen Wäldern geschlagene Holz wurde auf dem Wasserweg transportiert: Die behauenen Baumstämme wurden den Abhang hinuntergerollt, in Seen (Bild unten: Niedersee) zu Flößen verbunden und nach Norden getriftet, nach Lyck (Bild oben) und in andere Orte, wo das Holz weiterverarbeitet wurde.

der schlimmsten Ereignisse in der Geschichte Masurens: dem Tatareneinfall von 1656 und 1657.

Bei Prostken wurden die schwedisch-preußischen Einheiten im Herbst 1656 von einer 20 000 Mann starken polnisch-litauisch-tatarischen Übermacht vernichtend geschlagen, 7000 der 12 000 der schwedisch-preußischen Soldaten verloren ihr Leben.

Nach dem Sieg bahnten sich die Tataren ihren Weg durch die »Wildnis« nach Lyck und verheerten 1656/57 Masuren westwärts bis Passenheim in der Gegend von Allenstein und stießen nordwärts über Masuren hinaus bis Ragnit vor. Am 10. Februar 1657 brannten sie Lötzen nieder, wo mehr als 1000 Menschen ermordet bzw. in die Sklaverei geführt wurden. Zwischen Passenheim und Ragnit wurden 13 Städte, fast 250 kleinere Ortschaften und 37 Kirchen von Tataren zerstört, 23 000 Menschen fanden den Tod, 34 000 Menschen gerieten in Gefangenschaft und/oder in die Sklaverei. Der Weg von Prostken nach Lyck wurde danach »Tatarenweg« genannt.

Preußens Griff nach der Krone

Der Frieden von Oliva beendete am 3. Mai 1660 den Ersten Nordischen Krieg zwischen Schweden, Polen-Litauen, Brandenburg-Preußen und Österreich. Friedrich Wilhelm von Brandenburg, der Große Kurfürst, setzte die lehnsrechtliche Unabhängigkeit des Herzogtums Preußen von der polnischen Krone durch. Damit geriet das Herzogtum Preußen einschließ-

lich Masurens in völlige Abhängigkeit von einem absolutistisch herrschenden Monarchen.

Die preußischen Stände (Städte und Ritterschaften) weigerten sich zunächst, die Souveränität des Großen Kurfürsten anzuerkennen, da diese Anerkennung mit einer drastischen Einschränkung ihrer politischen und wirtschaftlichen Freiheiten verbunden gewesen wäre. Abgelehnt wurde der Hohenzoller auch aus religiösen Gründen: Er gehörte nicht der lutherischen Kirche an, sondern war ein Reformierter. Die calvinistischen Reformierten galten aus lutherischer Sicht als Ketzer.

Nach mehr als zwei Jahren endloser Verhandlungen rückte der Große Kurfürst an der Spitze eines Heers in Preußen ein, ließ die Führer der freiheitlichen Opposition verhaften und erzwang die Huldigung der Stände. Seine Macht auf den Militärapparat stützend, erstickte er von nun an jedes Aufbegehren im Keim.

Die Situation verschlimmerte sich, als nach dem Tod des Großen Kurfürsten im Jahr 1688 Friedrich III. Kurfürst von Brandenburg und Herzog in Preußen wurde. Die Zurschaustellung eines pompösen Lebensstils steigerte der neue Monarch ins Maßlose. Ungeheure Summen wurden für den Hofstaat und prunkvolle Feste verschleudert, während sich seine Gemahlin darin gefiel, bei philosophischen Teekränzchen mit Gelehrten zu plaudern.

Als der Kurfürst am 18. Januar 1701 in Königsberg sich selbst den Titel »König in Preußen« verlieh, den Namen Friedrich I. annahm und sich von dem reformierten Bischof Ursinus zum König salben ließ, hatte diese Zeremonie keinerlei politische Bedeutung. Sie war nicht Ausdruck eines wie auch immer gearteten Machtzuwachses, sondern eine absolutistische Prunkveranstaltung, die selbst der Gemahlin dieses »Theaterkönigs« peinlich war. Friedrich hatte sich ein Königreich auf einem Territorium erfunden, das außerhalb des Heiligen Römischen Reichs lag, und war zufrieden mit dem rauschenden Krönungsfest, für das er sechs Millionen Taler ausgegeben hatte. Die jährlichen Einnahmen des Staates lagen bei nur vier Millionen Talern.

Pest, Verfall, Wiederaufbau: Soldatenkönig ruft Vertriebene

Im Land selbst herrschte außer bei den Höflingen Armut. Fast wie ein Symbol wirkte es, als das neue »Königreich« 1709 von der Pest erfasst wurde: Das Land verlor mit 241000 Menschen mindestens ein Drittel seiner Bevölkerung. Als König Friedrich I. am 25. Februar 1713 starb, war das einst wohlhabende Land zugrunde gerichtet. Auch Masuren war wieder weitgehend entvölkert.

Sein Nachfolger wurde Friedrich Wilhelm I., genannt der »Soldatenkönig«. Dieser Monarch begann ein umfassendes »Rétablissement« (Strukturreform zum Wiederaufbau des Landes), füllte den preußischen Königstitel mit Inhalt und erleichterte auch das Los der Bauern. Er hob die Sonderstellung der Schatullsassen im Rahmen seiner Verwaltungsreform durch das Edikt von 1713 auf und unterstellte sie wirtschaftlich und rechtlich den zuständigen Ämtern.

Während der gewaltsamen Vertreibung der Lutheraner aus ihren Religions-»Reservaten« im katholischen Erzstift Salzburg erließ Friedrich Wilhelm I. im Jahre 1732 ein Einwanderungspatent, das rund 14000 der mehr als 20000 Vertriebenen die Ansiedlung in Preußen ermöglichte. Die meist bäuerlichen Immigranten tragen wesentlich zur Wiederbesiedlung und zum wirtschaftlichen Aufschwung bei, viele ließen sich in Masuren nieder.

Nachdem die Wälder des Samlands unter russischer Besatzung (1758–1762) weitflächig abgeholzt worden waren, wurden die Großen Masurischen Seen zum Zweck der Holztrift durch ein komplexes System von Kanälen miteinander verbunden. Dadurch entstand unter der Herrschaft Friedrichs des Großen vorübergehend eine Vielzahl neuer Arbeitsplätze in Masuren.

Ende des 18. Jahrhunderts annektierten Preußen, Russland und Österreich das Königreich Polen-Litauen, teilten das Territorium in den Jahren 1772, 1793 und 1795 unter sich auf und liquidierten das Doppelreich Polen-Litauen. Fast das gesamte Gebiet des heutigen Ermland-Masuren wurde infolge der Teilungen preußisch. Der äußerste Osten – das Gebiet um Suwałki und Augustów – wurde russisches Staatsgebiet.

Fridericus Rex
Die ineinander verschlungenen Initialen FR für »Fridericus Rex«, d. h. »König Friedrich« den Großen, wurden Bestandteil des Wappens der preußischen Provinz Ostpreußen, zu der auch Masuren gehörte – hier als Teil der Wandtäfelung im Bernsteinzimmer, dessen Nachbildung im Bernsteinmuseum in Königsberg zu sehen ist.

Bauernland
Die Seele Masurens waren seine Bauern, die der Wildnis Acker- und Bauland abrungen und es erst lebenswert machten.

Armut und Auswanderung im 19. Jahrhundert

Das 19. Jahrhundert verstärkte in Masuren die Armut. Viele erblickten in der Auswanderung die einzig lohnende Alternative.

Der Frieden von Tilsit beendete am 9. Juli 1807 den Krieg zwischen Preußen und dem siegreichen napoleonischen Frankreich. Preußen verlor alle Annexionen aus der zweiten und dritten polnischen Teilung, Danzig wurde Freistaat unter französischem Schutz. Aus den von Preußen wieder abgetretenen polnischen Gebieten »Südpreußen«, »Neuostpreußen« und »Neuschlesien« bildet Kaiser Napoleon I. das Herzogtum Warschau.

Der Frieden von Tilsit bedeutet das Ende des absolutistisch beherrschten Militärstaats Preußen. Er bedeutete auch das Ende der absolutistisch-diktatorischen Herrschaftsform und markierte den Beginn einer Reformära, die trotz ihrer Kürze einige Fortschritte auf dem Gebiet der wirtschaftlichen und politischen Freiheit und der Menschenrechte bewirkte.

Das Steinsche Edikt zur Bauernbefreiung vom 9. Oktober 1807 hob als erstes preußisches Reformedikt die Gutsuntertänigkeit der Bauern auf und regelte die Ablösungen der auf den Höfen liegenden Lasten. Jeder Bauer wurde steuerpflichtiger Staatsuntertan und erhielt als solcher die Möglichkeit zum Grunderwerb.

Von der überstürzten Bauernbefreiung profitierten vor allem die Großgrundbesitzer, da die wenigsten der befreiten Bauern über die finanziellen Ressourcen verfügten, einen Hof halten oder erwerben zu können. Rund 100 000 Kleinbauern mussten sich nach ihrer »Befreiung« als Tagelöhner, Gesinde, Erntearbeiter oder Heimarbeiter verdingen. Die Bauernbefreiung führte zum »Pauperismus«, der vorindustriellen Form der Massenarmut: Losgelöst von der Scholle ebenso wie von den Unterhaltsansprüchen gegenüber der Grundherrschaft, konnten diese Menschen kaum den nötigsten Lebensunterhalt verdienen.

Diejenigen, die als Erste auf die schwierige Lage der Masuren aufmerksam machten, waren die Pastoren Christoph Coelestin Mrongovius in Danzig und Gustav Gisevius in Osterode. Postum wurde beiden ein ehrenvolles Denkmal gesetzt, indem nach dem Zweiten Weltkrieg die Stadt Sensburg nach Mrongovius in Mrągowo und die Stadt Lötzen nach Gisevius in Giżycko umbenannt wurde.

Luisenbrücke in Tilsit
Der 416 Meter lange Bau ersetzte 1907 eine seit 1767 bestehende Schiffsbrücke über die Memel.

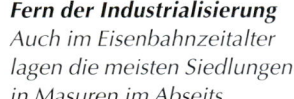

Auf in den goldenen Ruhrpott!

Die Industrialisierung, die in geringem Maße Masuren ab den 70-er Jahren des 19. Jahrhunderts erfasste, wurde begleitet von einer starken Abwanderung der Masuren nach Berlin und in die rheinischen Industriereviere. Im vermeintlich goldenen Westen erhofften sich diese sozial und bildungsmäßig deklassierten Volksgruppen ein besseres Schicksal.

Von der Gründung des Deutschen Kaiserreichs im Jahre 1871 bis 1908 wanderten rund 200000 Masuren aus. Auch danach ebbte die Auswanderungswelle nicht ab. Bei der Volkszählung von 1910 lebten im preußischen Regierungsbezirk Allenstein (er entspricht in etwa dem heutigen Ermland-Masuren) und im Kreis Oletzko des Regierungsbezirks Gumbinnen (heute in der russischen Enklave Kaliningrad) 172080 Masuren. 1925 wurden nur noch 41375 Personen mit masurischer Muttersprache gezählt.

Fern der Industrialisierung
Auch im Eisenbahnzeitalter lagen die meisten Siedlungen in Masuren im Abseits.

»Enfin un château!«
Von der Pracht des 1945 ausgebrannten Schlosses Finckenstein zeugen nur noch Ruinen. Als sich 1807 Napoleon Bonaparte auf Schloss Finckenstein aufhielt, soll er ausgerufen haben: »Enfin un château« – endlich ein Schloss!

Tragödie des Nationalismus: Krieg, Tod, Vertreibung

Völkische Verblendung und skrupellose Gewaltpolitik führten zu einem Inferno, das auch die Schuldlosen nicht verschonte.

Der Sieg der Hindenburgschen Armee über die Russen in der Schlacht bei Tannenberg zu Beginn des Ersten Weltkriegs rückte den Landschaftsbegriff Masuren zum ersten Mal in der Geschichte in das Bewusstsein der gesamten deutschen Öffentlichkeit. Nach der Niederlage Deutschlands und dem Ende des Kaiserreichs 1918 wurden die Schlacht bei Tannenberg und Hindenburg, der »Retter Ostpreußens«, zur Legende.

Als der Versailler Vertrag 1919 für die masurischen Gebiete, auf die der neu entstandene polnische Staat Anspruch erhob, eine Volksabstimmung über die Staatszugehörigkeit festschrieb, wurden neben der Landschaft Masuren auch die Masuren als Volksgruppe entdeckt. Sie gerieten zum Brennpunkt nationalistischer Propaganda in Polen und Deutschland. Tannenberg, die Volksabstimmung und die territorialen Bestimmungen des Versailler Vertrags bestimmten maßgeblich die Geschichte Masurens zwischen den beiden Weltkriegen.

Die den Ersten Weltkrieg beendenden Pariser Vorortverträge führten den Begriff »Umsiedlung« – Veränderung des Wohnsitzes von Personen, Völkern und Volksgruppen – in das Völkerrecht ein. Auf der Grundlage dieses Begriffs teilten die Siegermächte multinationale und -kulturelle »Vielvölkerstaaten« (Österreich-Ungarn, Osmanisches Reich) in »Nationalstaaten« auf mit dem Ziel einer Flurbereinigung der Nationalitäten.

Dies löste die bis dahin umfassendsten Vertreibungen und Fluchtbewegungen von Minderheiten und ethnischen Säuberungen der Geschichte aus. Die vom Nationalismus geprägten Pariser Vorortverträge provozierten Bürgerkriege, Revisionsdenken und neue Kriege und legten die Basis für die Entstehung totalitärer Systeme.

Das nationalistische Denken, das durch die Pariser Vorortverträge seine völkerrechtliche Legitimation erhielt, war nach dem Ersten Weltkrieg ein Leitmotiv bei den Siegermächten ebenso wie bei den Verliererstaaten. Masuren stand insofern im Brennpunkt, als Polen vorgab, die im Süden Ostpreußens lebenden Masuren seien Polen, dementsprechend müsse Masuren zum polnischen Staat gehören.

Durch den Versailler Vertrag (1919), der am 10. Januar 1920 in Kraft trat, erhielt Polen den Hauptteil der preußischen Provinz Posen sowie Westpreußen. Danzig wurde vom Deutschen Reich abgetrennt und als Freie Stadt dem Schutz des Völkerbunds unterstellt. Die außenpolitische Vertretung und die infrastrukturelle (Strom, Eisenbahn) Kontrolle von Danzig wurde Polen übertragen. Zudem wurde die Freie Stadt dem polnischen Zollgebiet eingegliedert.

Damit Polen einen Zugang zur Ostsee erhielt, musste Deutschland den so genannten Polnischen Korridor an Polen abtreten. Dieser 15 865 Quadratkilometer große, von 330 000 Deutschen bewohnte Gebietsstreifen trennte das weiterhin deutsche Ostpreußen und die Freie Stadt

Ende des Aufschwungs
1885 erhielt Biała Piska (Gehlenburg) Anschluss an die Eisenbahnlinie Johannisburg – Lyck. Im Ersten Weltkrieg wurde die Stadt von Russen zerstört.

Danzig vom deutschen Reichsgebiet. Diese räumliche Abtrennung bewirkte einen wirtschaftlichen Niedergang in Ostpreußen und Masuren, wo die Armut nun noch größer wurde.

Volksabstimmungen sah der Versailler Vertrag unter anderem für Masuren vor. Am 11. Juli 1920 fand sie unter Aufsicht einer Kommission der alliierten Siegermächte in den Kreisen Osterode, Neidenburg, Ortelsburg, Johannisburg, Lyck, Sensburg, Lötzen und Oletzko statt: Für die staatliche Zugehörigkeit zu Polen stimmten 0,68 Prozent der Bevölkerung. Die polnische Auffassung vom Fortbestand des masurischen Kulturraums als Teil der polnischen Nation hatte sich als Fiktion erwiesen, Masuren verblieb beim Deutschen Reich.

Friedhofsmauer
1914 und 1945 flüchtete die masurische Bevölkerung vor den russischen Truppen – 1945 ohne Wiederkehr. Viele starben auf der Flucht.

Markt vor Ruinen
Hunger und der Kampf ums Überleben beherrschte die Menschen nach dem Ersten Weltkrieg.

Kriegsschauplätze als Touristenziele

In dieser Zeit eines aufgeputschten Nationalismus und des wirtschaftlichen Niedergangs wurde Masuren auch zunehmend als Reiseziel entdeckt. Einerseits hatten sich die Masuren bei der Abstimmung als »treue Deutsche« erwiesen, andererseits lockte das Land mit Naturschönheiten. Zudem lag hier Tannenberg, die zur Legende verklärte Triumphstätte des Ersten Weltkriegs.

In dem 1925 in Lötzen erschienenen Reiseführer »Die Masurischen Seen« von Max Simoneit wurde das Land im Vorwort mit folgenden Worten angepriesen: »Darf doch der zu Herzen unseres Vaterlands gerichtete Ruf, Masuren zu besuchen, nicht mehr allein auf dessen einzigartiger Schönheit und sonderbarer Eigenart begründet werden – sondern muss doch der Ruf erschallen, weil das deutscheste Land der Wälder und Seen als Grabstätte großartigsten deutschen Heldentums wichtigstes deutsches Wallfahrtsziel werden muss.«

Hermann von Boyen
Der preußische Kriegsminister und spätere Generalfeldmarschall Hermann von Boyen ließ ab 1844 die Feste Boyen als Sperrfeste errichten. Im Ersten Weltkrieg konnte sie erfolgreich verteidigt werden und wurden so, ähnlich wie Tannenberg, zu einem Symbol des Sieges.

Immer mehr Ortsnamen wurden germanisiert. Als vom Deutschen Reich abgeschnittenes Grenzland verstand sich die Mehrheit der Bevölkerung als deutscher Grenzposten, ein neuer »Geist« entstand: der deutsche Grenzlandgeist. Die 1929 beginnende Weltwirtschaftskrise verschärfte die angespannte wirtschaftliche Situation im agrarisch geprägten Masuren noch mehr. Die NSDAP verzeichnete in Masuren einen Zulauf wie in keiner anderen deutschen Landschaft. 1932 erreichte sie im Kreis Lyck mit 70,6 Prozent ihr reichsweit bestes Resultat, gefolgt von Neidenburg mit 69,0 Prozent und Johannisburg mit 68,1 Prozent.

Die Hitler-Hysterie in Masuren war mit derart messianischen Heilsvorstellungen verbunden, dass selbst die NSDAP und ihr Führer staunten. Die Wahlkampfreise Hitlers durch Masuren 1932 wurde von der Partei zur »Masurischen Offenbarung« stilisiert. Die Begeisterung der jubelnden und vor Glück weinenden Menschen war grenzenlos. Auf der Schlusskundgebung kürte der Führer die Masuren zu den treuesten aller Deutschen: »Ich glaube nicht, dass es in Deutschland ein Land gibt mit der Treue wie das Masurenland.« Die treudeutschen Masuren hatten sich getäuscht. Auch wenn die Machtergreifung in Masuren ab 1933 zu einem vorübergehenden Wirtschaftsaufschwung führte: Indem sie Hitler die Macht gaben, verloren sie am Ende alles.

Hitler – Stalin: der Untergang

Die fünfte Teilung Polens durch Hitler und Stalin 1939 sowie die wechselnden Allianzen während des Zweiten Weltkriegs schufen bis 1945 eine dramatisch veränderte Situation, wobei das russische Massaker von Nemmersdorf bereits 1944 ein Vorbote dessen war, was noch kommen sollte: die Vertreibung der Deutschen.

Als noch Frieden war
Der Dampfer »Löwentin« im Wendehafen am Schloss in Lötzen

Niedersee in alten Zeiten
Das Kurhaus Rudczanny am Niedersee in der Johannisburger Heide. Wie ein Urwelt-strom liegt der Niedersee in den endlosen Wäldern des größten zusammenhängenden Waldgebietes in Masuren.

Am 16. August 1945 wurde in Moskau ein Grenzvertrag unterzeichnet, der die Curzon-Linie mit geringfügigen Abweichungen als Grenze zwischen Polen und der UdSSR festlegte. Die Curzon-Linie, die in etwa den heutigen Grenzen entspricht, geht auf einen Vorschlag des britischen Außenministers George Curzon aus dem Jahr 1920 zurück. Ostpreußen wurde in diesem Vertrag von 1945 geteilt: Den nördlichen Teil, den Raum Königsberg, sicherte sich Stalin; der südliche Teil Ostpreußens und damit das gesamte Masuren fiel an Polen.

Folge dieser Teilung waren in Masuren Massenvertreibungen und ethnische Säuberungen, wie sie das Land seit der Vertreibung der Prußen nicht mehr erlebt hat-te. Millionen von Deutschen wurden vertrieben, starben auf den Flüchtlingstrecks oder wurden ermordet. Auch die meisten Masuren verließen ihre Heimat und retteten sich in den Westen. In den frei werdenden Gebieten wurden so genannte Altpolen angesiedelt sowie Polen aus den nunmehr zur UdSSR gehörenden Territorien jenseits der Curzon-Linie.

Zugleich erlebte das Land einen kulturellen Kahlschlag, der Bauwerke und Kunstschätze von unermesslichem materiellem und ideellem Wert versinken ließ. Schlösser, Adelssitze, Museen, Ortskerne und andere »deutsche« Einrichtungen, die den Zweiten Weltkrieg überstanden hatten, wurden zum Zeichen der »Befreiung« zerstört.

Ende des Kalten Kriegs: hoffnungsfroher Neuanfang

Polens Zukunft liegt in der Zugehörigkeit zur Europäischen Union.

Nach dem Ende des Kalten Kriegs und der Unterzeichnung des Deutsch-Polnischen Grenzvertrags am 14. November 1990 – die wiedervereinigte Bundesrepublik Deutschland verzichtete auf seine ehemaligen Ostgebiete und damit auch auf Masuren – wurde das hoff-nungsfrohe Kapitel aufgeschlagen, das Reisende zu Beginn des dritten Jahrtausends in Masuren erleben.

Der Grenzvertrag, der am 16. Januar 1992 in Kraft trat, schuf einen völkerrecht-lich bindenden Rechtssicherheitsrahmen, der es den in Masuren lebenden polni-

schen Neusiedlern ermöglicht, Bürger anderer Staaten angstfrei als Gäste willkommen zu heißen.

Die marktwirtschaftliche Neuorientie-
rung des polnischen Staats schuf eine weitere Voraussetzung, dass die Neusiedler
nach Jahrzehnten sozialistischer Elendswirtschaft Aufbauarbeit leisten konnten.
Dies betrifft nicht zuletzt die Bauern:
Immerhin lebt ein Viertel der polnischen
Bevölkerung von der Landwirtschaft – ein
Berufsstand, der wesentlich am Erscheinungsbild der Landschaft beteiligt ist.

Anschluss an den Westen

Seit 1991 ist Polen Vollmitglied des Euro-
parates, 1994 wurde die Aufnahme in die
Europäische Union beantragt. Nach dem
anvisierten EU-Beitritt Polens wird Masuren Teil des europäischen Staatenverbunds
sein. Für einige Jahre sollen nach dem
Beitritt noch Übergangs-
bestimmungen gelten, die
unter anderem den
Grundstückserwerb von
nichtpolnischen EU-Bür-
gern ausschließen.

Ministerpräsident
Leszek Miller ließ im
Oktober 2001 die Forde-
rung der Vorgängerregie-
rung nach einer 18-jähri-
gen Übergangsfrist fallen.
Um die Verhandlungen
über den EU-Beitritt zu
beschleunigen, brachte er
eine Übergangsfrist von
sieben bis zehn Jahren ins
Gespräch. Danach könn-
ten ausländische Staats-
bürger wieder Grund in
Polen erwerben.

Das vorläufige Ergeb-
nis des Neuaufbaus ist
ein Boom des Tourismus,

der überwiegend auf
deutschsprachige
Gäste abzielt. Pro-
spekte, Werbeschil-
der, Speisekarten und
Websites: Die deut-
sche Kundschaft steht
seit der Unterzeich-
nung des Grenzver-
trags im Mittelpunkt des Werbens, da
Deutsche nicht länger als »Feinde« angesehen werden. Das Deutsche hat sich fast
zu einer Art inoffiziellen Verkehrssprache
entwickelt. Dieses Klima zwischen-
menschlicher Freundlichkeit und sogar
Herzlichkeit ist ein weiterer Vorzug des
heutigen Masuren. Während das Auswär-
tige Amt vor bewaffneten Banden in Warschau und Breslau warnt, bleibt Masuren
ein angstfrei zu erlebendes Grenzland fern
der lauten, hektischen Welt.

Wachsender Tourismus
Neben den einheimischen Gästen, die im Sommer
die Naturschönheiten Masurens genießen (hier:
Bootssteg am Wigrysee) kommen auch wieder
vermehrt ausländische Touristen ins Land.

Neuanfang
Die Jugend kann sich unbefangener den Heraus-
forderungen der Zukunft stellen; hier: spielende
Kinder in einem Dorf am Niedersee.

Zeittafel zur masurischen Geschichte

Um 150: Der alexandrinische Geograf Klaudios Ptolemaios erwähnt in seinem Werk »Geografike Hyphegesis« die Galinder und Sudauer.

890: Der Seefahrer Wulfstan der Wikinger segelt im Auftrag des angelsächsischen Königs Alfred des Großen zur Mündung des Elbing, wo er in der prußischen Handelssiedlung Truso am Drausensee, dem »Meer der Ästier«, gastliche Aufnahme findet.

997: Der vom Papst zum »Apostel der Prußen« ernannte und vom christlichen polnischen Herzog Boleslaw I. Chrobry unterstützte Missionsbischof Adalbert von Prag zieht weichselabwärts zur Missionierung der Prußen. An der Weichselmündung trifft er auf die Fischer- und Handwerkersiedlung »urbs Gyddanyzc« (Danzig), wo er Heiden tauft. Das Jahr 997 gilt als Gründungsjahr Danzigs. Von Danzig aus reist er ostwärts und wird von Prußen am Frischen Haff erschlagen.

1009: Mit der Ermordung des Missionars Brun von Querfurt im Gebiet der Sudauer – angeblich bei Lötzen am Löwentinsee – kommen für zwei Jahrhunderte die christlichen Missionierungsversuche zum Erliegen.

1226: Der Stauferkaiser Friedrich II. überträgt in der Goldbulle von Rimini dem Deutschen Orden unter Hochmeister Hermann von Salza das Culmer Land und alle zu erobernden Prußengebiete.

1230: Papst Gregor IX. ruft zum Kreuzzug gegen die Prußen auf. An der Spitze von Deutschordensrittern wird Hermann Balk, der erste Landmeister des Deutschen Ordens in Prußen, zur Unterwer-

Christusfigur bei Graudenz

fung der Prußen ausgesandt.

1233: Die Culmer Handfeste führt im Wesentlichen das Magdeburger Stadtrecht ein, verleiht den Bürgern Selbstverwaltung und Gerichtsbarkeit und wird eines der Grundgesetze des Ordensstaats.

1234: Unter dem Eindruck der Erfolge des Deutschen Ordens nimmt Papst Gregor IX. das dem Deutschen Orden geschenkte Culmer Land sowie alles zu erobernde prußische Land als Eigentum des heiligen Petrus in den Schutz des apostolischen Stuhls und verleiht dem Orden den Besitz.

1283: Mit der Unterwerfung des letzten prußischen Fürsten, des Sudauerführers Skumant, enden die seit mehr als 50 Jahre andauernden Kriege des Deutschen Ordens gegen die Prußen. Nun beginnt die Neubesiedlung durch deutsche Kolonisten und später durch Siedler aus dem polnischen Herzogtum Masowien.

1308: Nach dem Aussterben der Herzöge von Pommerellen besetzt der Deutsche Orden gegen den Widerstand Polens und Brandenburgs das vakante Herzogtum einschließlich Danzigs. Mit der Besetzung des überwiegend polnisch besiedelten Pommerellen ist die territoriale Bildung des Ordensstaats abgeschlossen, im Jahr 1309 verlegt der

Ritterspiele in Marienburg

Hochmeister die Residenz von Venedig auf die Marienburg.

1316: Gilgenburg wird als erste Siedlung in der »Wildnis« im nachmaligen Masuren erstmals erwähnt.

1410: In der Schlacht bei Grunwald (Tannenberg) besiegen König Władysław II. Jagiełło von Polen und Großfürst Witold von Litauen mit Unterstützung russisch-tatarischer Hilfstruppen das Deutschordensheer unter Hochmeister Ulrich von Jungingen. Mit diesem Sieg steigt das polnisch-litauische Großreich zur Führungsmacht in Ostseeraum auf.

![Schlacht bei Grunwald relief]()

Schlacht bei Grunwald, 1410

1422: Der Frieden vom Meldensee zwischen dem Deutschen Orden und Polen-Litauen legt die das Mittelalter und die Neuzeit bis 1945 überdauernde Südgrenze Masurens fest.

1440: Die Unzufriedenheit von Adel und Städten mit der Ordensherrschaft führt zur Gründung des Preußischen Bunds, der für eine Stärkung der ständischen Rechte eintritt.

1454: Der Preußische Bund unterstellt sich der Herrschaft des polnischen Königs und löst damit den »Städtekrieg« aus, der den Untergang des Ordensstaats einleitet.

1466: Der Zweite Thorner Frieden beendet den Städtekrieg zwischen dem Deutschen Orden und dem Preußischen Bund, der sich dem polnischen König als Lehnsherrn unterstellt hat, und bricht endgültig die Macht des Ordens.

1525: Albrecht von Brandenburg-Ansbach, der letzte Hochmeister des Deutschen Ordens, tritt zum lutherischen Glauben über, wandelt den Ordensstaat in das weltliche Herzogtum Preußen um und erhält es vom polnischen König Zygmunt I. Stary zu Lehen. Auch die in Preußen lebenden Masuren müssen den neuen Glauben annehmen.

1618: Das polnische Herzogtum Preußen fällt nach dem Tod des geistesgestörten Herzogs Albrecht Friedrich an die brandenburgische Linie der Hohenzollern. Ungeachtet der Personalunion Brandenburg-Preußen bleibt die Lehnsabhängigkeit Preußens von Polen bestehen (bis 1660).

1656–1660: Masuren erleidet während des Ersten Nordischen Kriegs schwere Verwüstungen (Tatareneinfall).

1660: Der Frieden von Oliva beendet den Ersten Nordischen Krieg zwischen Schweden, Polen-Litauen, Brandenburg-Preußen und Österreich. Friedrich Wilhelm von Brandenburg, der Große Kurfürst, setzt die Lehnsunabhängigkeit des Herzogtums Preußen von Polen durch.

1663: Unter Androhung von Waffengewalt zwingt der an der Spitze eines Heeres in Preußen eingefallene Große Kurfürst Friedrich Wilhelm von Brandenburg die Stände, ihn als Herzog in Preußen anzuerkennen.

1709–1711: Von der letzten großen Pestepidemie werden Masuren und die Städ-

Panjewagen (Freilichtmuseum Hohenstein)

te Königsberg und Danzig hart getroffen, Ostpreußen verliert mindestens ein Drittel seiner Bevölkerung.

1713: Tod des Luxuskönigs Friedrich I., der ein ausgeplündertes und entvölkertes Land hinterlässt. Sein Nachfolger Friedrich Wilhelm I., genannt der Soldatenkönig, beginnt mit einem umfassenden »Rétablissement«, einer Strukturreform zur Wiederbesiedlung und zum Wiederaufbau des Landes. Bis 1726 lässt er zwölf Städte und 325 Dörfer neu gründen bzw. wieder anlegen.

1758–1762: Während des Siebenjährigen Kriegs erobert Russland unter Kaiserin Elisabeth Königsberg und besetzt Preußen. Auch in Masuren müssen die Städte und Dörfer große Mengen an Getreide, Heu und Schlachtvieh zur Verproviantierung der Besatzer aufbringen.

1772, 1793 und 1795: Erste Teilung Polens-Litauens: Preußen, Russland und Österreich annektieren ein Drittel des polnisch-litauischen Staatsgebiets. Die zweite und dritte Teilung Polen-Litauens bewirken seine Aufhebung.

1807, 9. Juli: Der Frieden von Tilsit beendet den Krieg zwischen Preußen und dem siegreichen napoleonischen Frankreich. Er bedeutet das Ende des absolutistisch beherrschten Militärstaats Preußen.

1812: Die Grande Armée Napoleons zieht quer durch das Land gen Moskau. Ihre Reste kehren geschlagen ein Jahr später zurück. Es folgen die antinapoleonische Befreiungskriege (1813–1815).

1815: Auf dem Wiener Kongress muss Preußen endgültig auf »Neuostpreußen« – das direkt an Masuren südlich anschließende Gebiet einschließlich des Bereichs von Suwałki und Augustów – zugunsten Russlands verzichten.

1910: Die 500-Jahr-Feier der Schlacht von Grunwald (Tannenberg) ist die größte Demonstration für die Wiedererrichtung eines polnischen Staats.

Mahnmal im KZ Stutthof

1914–1918: Erster Weltkrieg. Der Doppelsieg Hindenburgs 1914 über die Russen bei Tannenberg und an den Masurischen Seen hat eine ungeheure psychologische Wirkung in Deutschland, wo weite Teile der Bevölkerung unbegrenztes Vertrauen zu Hindenburg fassen.

1919: Der Versailler Friedensvertrag sieht für Masuren, auf das der neu entstehende polnische Staat Anspruch erhebt, Volksabstimmungen über die Staatszugehörigkeit vor. Bei der Volksabstimmung in den Kreisen Osterode, Neidenburg, Ortelsburg, Johannisburg, Lyck, Sensburg, Lötzen und Oletzko votieren 1920 rund 99 Prozent der Stimmberechtigten für den Verbleib beim Deutschen Reich.

1933: Nach der Machtergreifung Hitlers verzeichnet Masuren vorübergehend einen Wirtschaftsaufschwung, der später als »Goldene Zeit« verklärt wird.

1939–1945: Zweiter Weltkrieg

1944: Das Massaker von Nemmersdorf wird zum Symbol für die Gräueltaten der Roten Armee bei der »Befreiung« Masurens und Ostpreußens.

1945: Beginn der Vertreibung der Deutschen und Abwanderung der meisten Masuren.

1990: Im Deutsch-Polnischen Grenzvertrag erkennen beide Staaten völkerrechtlich verbindlich die bestehenden Grenzen als unverletzlich an.

Von der Eylauer Seenplatte bis Neidenburg

W assersportfreunde zieht es zur Eylauer und zur Allensteiner Seenplatte im Westen Masurens. Städtisches Zentrum ist der Erzbischofssitz Allenstein mit einer der besterhaltenen Deutschordensburgen. Der Oberländische Kanal – ein Technikdenkmal von europäischem Rang – verbindet die Stadt Osterode mit dem Drausensee und Elbing. Der Hauptsiedlungsraum der Masuren lag jedoch weiter südlich: Hier befindet sich mit dem Freilichtmuseum von Hohenstein eines der bedeutendsten Freilichtmuseen, während die Namen Grunwald und Tannenberg für zwei der blutigsten Schlachten in der Geschichte Masurens stehen. Das verträumte Grenzlandstädtchen Neidenburg wartet mit einer eigenwilligen Höhenburg auf. (Im Bild: Blick auf Groß Gardienen)

Ermland und Oberland

Das Ermland war bis zur ersten Teilung Polens eine katholische Insel im evangelischen Preußen.

Den Westen des Masurischen Höhenrückens durchzog die politische und religiöse Grenze zwischen dem lutherischen Herzogtum Preußen und dem katholischen Polen – eine Grenze, die auch in den Landschaftsbezeichnungen fortlebt:

Während der Süden des Gebiets mit der alten Grenzfeste Neidenburg zum Herzogtum gehörte, bildete der Norden einen Teil des katholischen Ermlands. »Ermland«, polnisch Warmia, leitet sich vom Namen des prußischen Gaus Warmien ab, der zwischen Frischem Haff und Masurischer Seenplatte lag. 1992 wurde das katholische Bistum Warmia zum Erzbistum mit den Suffraganbistümern Elbing und Lyck erhoben. Sitz des Erzbischofs ist Allenstein inmitten der Allensteiner Seenplatte.

Das bedeutendste Sakralbauwerk aus den historischen Zeiten der ermländischen Bischöfe befindet sich ein Stück weiter flussabwärts in Heilsberg: Die um 1400 vollendete Domburg mit dem ehemaligen Dom zur Himmelfahrt Mariens ist in Ermland-Masuren das großartigste Bauwerk aus der Deutschordenszeit. Von Allenstein ist es eine knappe Stunde Autofahrt durch das Alletal, das zudem durch einen der schönsten Wanderwege erschlossen ist: den etwa 70 Kilometer langen Kopernikus-Wanderweg.

Zwischen Hockerland und Niederung

Unterschieden wurde im Ermland ab dem 14. Jahrhundert zwischen dem »Oberland« und der Niederung, wobei das Gebiet westlich des Flusses Passarge als Oberland bezeichnet wurde. Der Name des Oberländischen Kanals zwischen Osterode und Elbing erinnert an diese alte Landschaftsbezeichnung. Für das hügelige Gebiet zwischen Passarge und Geserichsee findet sich auch der treffende Name »Hockerland«.

Der Niedergang des Deutschordensstaats bewirkte, dass Ermland im Zweiten Thorner Frieden (1466) an das Königreich Polen fiel, sodass hier die katholische Tradition fortbestand, während der Ordensstaat im Jahr 1525 in das lutherische Herzogtum Preußen umgewandelt wurde. Bei der ersten Teilung Polen-Litauens im Jahr 1772 annektierte Preußen unter Friedrich dem Großen das Ermland. Innerhalb des Königreichs Preußen umfasste es die vier

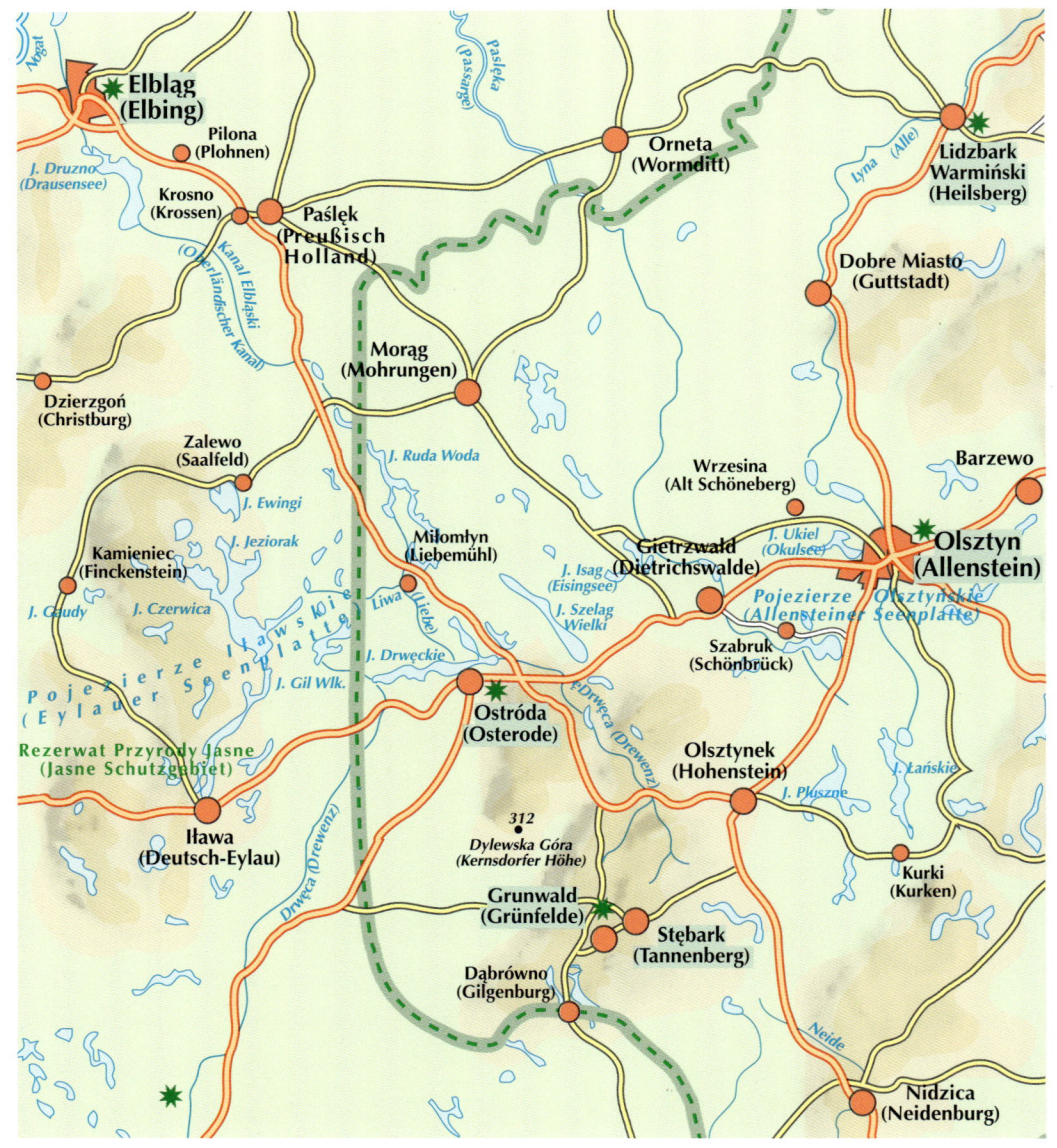

Natur und Kunst
Felder, Seen und kleine Gehöfte prägen die Landschaft im Ermland. Das Machtzentrum befand sich in Heilsberg: Hier stand die Burg der Bischöfe von Ermland. Heute beherbergt die Burg ein sehenswertes Museum.

Kreise Braunsberg, Heilsberg, Rössel und Allenstein im Regierungsbezirk Königsberg. »Nirgends in Ostpreußen gibt es so wenig große Güter wie hier, desto mehr Bauerndörfer«, stellt im ausgehenden 19. Jahrhundert Meyers Konversations-Lexikon fest; und weiter: »Von besonderer Wichtigkeit ist der Flachsbau. Die Bewohner sprechen eine eigentümliche deutsche Mundart.« Da das Ermland jahrhundertelang zu Polen gehörte hatte, gab es hier auch unter preußischer Herrschaft bis ins 20. Jahrhundert hinein einen hohen Anteil von 30 bis 40 Prozent Polen.

Gut geschützt
Ein Wassergraben sicherte die Vorburg der Bischofsburg in Heilsberg. Die 1945 teilweise zerstörte Burg wurde bis 1973 wieder aufgebaut.

Eylauer Seenplatte

Die Eylauer Seenplatte ist ein Vogelschutzgebiet von internationaler Bedeutung.

Die Eylauer Seenplatte im Westen des Masurischen Landrückens ist für Reisende aus dem Westen die erste Station in Ermland-Masuren. Neben den Großen Masurischen Seen zählt sie zu den naturschönsten Regionen Polens.

Das von eiszeitlichen Gletschern geprägte Gebiet mit seinen zahlreichen Schmelzwasserrinnen, Schluchten und teilweise riesigen, bis zu 40 Meter tiefen, wassergefüllten bzw. von Mooren erfüllten Toteislöchern erstreckt sich zwischen dem unteren Lauf der Weichsel und dem mittleren Lauf der Passarge im Osten.

Der größte unter den zahlreichen Seen ist der durch Halbinseln, Inseln und Buchten gegliederte Geserichsee im Herzen der Eylauer Seenplatte: Auf einer Länge von 27 Kilometern erstreckt sich dieser längste See Polens von Nord nach Süd bis vor die Tore der Stadt Deutsch-Eylau. Mit einer Fläche von rund 35 Quadratkilometern ist er der sechstgrößte See Polens. Im nordwestlichen Teil liegt die Kraga-Bucht, die durch

Nachmittagsausflug
Ein Kormoran zieht auf dem Tromnitzsee seine Runden.

Über allen Wassern ist Ruh'
Stimmungsvoller Ausklang des Tages:
Sonnenuntergang am Geserichsee

den Oberländischen Kanal mit dem Gaudensee verbunden ist. Im Geserichsee finden sich 16 Inseln, darunter Groß-Werder, die mit rund 86 Hektar größte Binneninsel Europas.

Die Eylauer Seenplatte bildet ein Vogelreservat von europäischer Bedeutung. Um die wertvollsten Bestandteile der Tier- und Pflanzenwelt zu schützen, wurde 1993 das Landschaftsschutzgebiet Eylauer Seenplatte mit einer Fläche von 2580 Hektar eingerichtet. Hier wurden zahlreiche Naturschutzgebiete ausgewiesen, darunter das 54 Hektar große Czerwica-Naturschutzgebiet mit dem Tromnitzsee, auf dessen Inseln Kormorane und Graureiher ein Rückzugsgebiet in einer urtümlichen Vegetation mit uralten Eichen, Buchen, Kiefern und Fichten gefunden haben.

Auch der Gaudensee mit seinen Brutstellen von Wasservögeln und seiner Hochmoorflora wurde zur Schutzzone.

Das Jasne-Schutzgebiet umfasst den Jasne- und den Lubasee mit ihren mächtigen Torfmoorkörpern und den umgebenden Wäldern. Der 15 Meter tiefe Jasnesee besticht durch eine unvorstellbare Klarheit und Durchsichtigkeit des reinen Wassers.

Toteislöcher entstanden, als bewegungslos liegen gebliebene Eismassen am Ende des Glazials auftauten; die Hohlformen füllten sich mit Wasser.

Fette Beute
Eine Rohrdommel nach erfolgreicher Jagd

Deutsch-Eylau am Geserichsee

Die im Jahr 1305 auf einer Halbinsel am Ufer des Geserichsees gegründete Stadt Deutsch-Eylau war über Jahrhunderte hinweg ein gewerbliches Zentrum und eine wichtige Schnittstelle am Übergang des Masurischen Landrückens zum Weichseltal. Die spätgotische Pfarrkirche dieses Ortes zählte zu den schönsten der Umgebung. Als hart umkämpfter Verkehrsknotenpunkt wurde Deutsch-Eylau am Ende des Zweiten Weltkriegs zu 75 Prozent zerstört und war jahrzehntelang eine der tristesten Städte Polens, ehe in den 90-er Jahren der Wiederaufbau begann: Gepflegte Promenaden mit Straßencafés, Parkanlagen und üppiges Grün, das renovierte Rathaus und ein Freilichttheater locken heute Zehntausende von Gästen wieder in die »westlichste Stadt Masurens«.

Deutsch-Eylau und der Geserichsee bilden ein ideales Ziel für einen Zwischenstopp auf der Reise nach Masuren – vor allem für Menschen, die den Kontakt mit der Natur zu schätzen wissen. Die moderaten Preise der inzwischen guten touristischen Infrastruktur belasten das Budget kaum. Auf Segler, Angler, Wasserskifahrer und Surfer wartet der längste See Polens mit seinen verträumten Buchten und zahllosen Inseln. Kajaksportler können zusätzlich den malerischen Wasserweg des Flusses Drewenz erkunden.

Wanderer und Radwanderer finden zahlreiche markierte Routen vor, darunter vor allem im südlichen und nördlichen Teil des Sees viele Waldwege.

Inzwischen locken auch Sport- und Kulturveranstaltungen von nationalem und internationalem Rang viele Gäste an. Alljährlich im Juli ist die Louis-Armstrong-Freilichtbühne am Geserichsee Schauplatz des Seemannsliedfestivals »Jeziorak Shanties Meeting Iława«. Im August strömen Jazzfreunde aus ganz Polen zum Internationalen Festival »Old Jazz Meeting«, das ebenfalls auf der Freilichtbühne veranstaltet wird. Wenn im September die Segelsaison endet, ist der Geserichsee Schauplatz einer Regatta, bei der Segler aus ganz Polen um das Blaue Band kämpfen.

Entlang der Drewenz

Ein weiteres Schutzgebiet im Bereich der Eylauer Seenplatte ist das Tal der Drewenz. Sie entspringt auf 165 Metern über Normalnull auf der Ostabdachung der Kernsdorfer Höhe bei Hohenstein, durchfließt den Drewenzsee bei Osterode und durchströmt dann ein stattliches Erosionstal, ehe sie nach 207 Kilometern oberhalb von Thorn in die Weichsel mündet. Das 1287 Hektar große Drwęca-Wasserschutzgebiet umfasst die Drewenz von der Quelle bis zur Mündung. Das

Schutzgebiet dient neben dem Trinkwasserschutz dem Schutz der Forellen, Lachse und Lachsforellen. Zu den imposantesten Stätten an der oberen Drewenz zählt die bis zu 70 Meter tiefe Teufelsschlucht im Quellgebiet.

Rathaus in Rosa
Das neubarocke »rosa« Rathaus von Deutsch-Eylau, zwischenzeitlich zum Kaufhaus umgebaut, erfüllt heute wieder seine alte Bestimmung als »ratusz«.

Sommer, Sonne, Badefreuden
Der Deutsche Orden gründete Deutsch-Eylau im Jahr 1305 am Ufer des Geserichsees. Die Verbindung mit dem See prägt bis heute die Stadt.

Eisangler am Drewenzsee
Wo sich im Sommer Ausflügler abkühlen, hofft man im Winter bei klirrender Kälte auf einen guten Fang.

Osterode –
Perle des Oberlands

Das malerisch zwischen mehreren Seen und ausgedehnten Wäldern gelegene Osterode ist eine der ältesten Städte im Bereich der Masurischen Seen und die größte Stadt im äußersten Westen. Bis zur Zerstörung nach dem Ende der Kampfhandlungen im Zweiten Weltkrieg war sie auch eine der schönsten Städte Masurens. Nach Jahrzehnten der Tristesse präsentiert sich die »Perle des Oberlands« heute wieder mit restaurierter Altstadt und ist nicht mehr nur als Ausgangspunkt des Oberländischen Kanals sehenswert – eine ostpreußisch-masurisch-polnische

Osterode wartet mit einer schönen Altstadt auf und ist Standort einer der größten Yachtwerften.

Stadt mit roten Backsteintürmen, die zwischen Bäumen über dem Wasser des Drewenzsees aufragen.

Die gotische Kirche am Neuen Markt wurde ebenso wiederhergestellt wie die ehemalige Burg des Deutschen Ordens, die hier um 1270 in strategisch günstiger Lage auf einer Insel im Mündungsdelta des Drewenzflusses in den Drewenzsee entstand und im Volksmund »das Alte Schloss« genannt wurde. Eine zweite Kirche ist die neugotische katholische Pfarrkirche. Auch die Methodistenkirche wurde als schlichter neugotischer Bau errichtet. Zum Gelände des Park-Hotels gehört der das Stadtbild wesentlich prägende Bismarckturm.

Ein abwechslungsreiches Programm

Seit der Stadterneuerung hat sich Osterode zu einem viel besuchten Standquartier für Ausflüge nach Pommern, in das Ermland und zu den Masurischen Seen sowie in die Weichselniederung entwickelt. Zum Marienwallfahrtsort Gietrzwałd sind es nur 30 Minuten mit dem Auto, zwei Stunden braucht man zu Adolf Hitlers ehemaligem Hauptquartier, der Wolfsschanze, und in

Vielfältiger Wassersport
Surfer, Paddler und Segler beleben den Drewenzsee.

etwa derselben Zeit ist die Ostsee-
küste zu erreichen. Auch
Wassersportler kommen
am Drewenzsee voll auf
ihre Kosten. Zudem ist
die Stadt mit 30 000 Ein-
wohnern Standort der
größten und moderns-
ten Jachtwerft Polens.
Die Ostróda-Jacht pro-
duziert bis zu 150 000 Euro
teure Luxusboote – ein
für die meisten uner-
schwinglicher Preis,
weshalb 95 Prozent

der Produktion in den
Export gehen. Jährlich
werden 2000 Jachten
nach Westeuropa ex-
portiert. Im betriebs-
eigenen Hafen liegt
eine ganze Regatta-
flotte mit 24 Segelrenn-
booten, die zur Image-
pflege regelmäßig in
Wettbewerben eingesetzt
werden und seit 1994
auf allen nationalen
Rennen vertreten
sind.

Start zur großen Fahrt
*Die Seebrücke am Drewenzsee in Osterode:
Von hier starten die Ausflugsschiffe der Weißen
Flotte.*

Skulptur in der Innenstadt
*Zu den Haupterwerbszweigen in Osterode
zählte über Jahrhunderte hinweg die Fischerei.*

Märchen, Mythen, Moorgespenster: sagenhaftes Masuren

Geheimnisvolle Kreise
Wasser – zugleich Lebensspender und -vernichter – ist das Motiv unzähliger Sagen in aller Welt.

Legenden, Märchen und Sagen zählen mit zum schönsten und bizarrsten Erbe Masurens. Die Volksfantasie hat das Land der Seen, Wälder und Moore mit den vielfältigsten Wasser- und Waldgeistern bevölkert: mit holden ebenso wie mit unholden Wesen, die ihre Reiche vor dem Zugriff der Menschen hartnäckig zu verteidigen suchen.

Das Erschauern vor den gefährlichen Mooren, die Furcht vor der unbekannten Tiefe des Wassers, die Bedrohung, die von »Untererdschen« ausging – all diese Sagen spiegeln die Einbindung der Menschen in den natürlichen Kreislauf. Ihre Vorstellung von Natur war nicht wie heute auf wissenschaftliche Formeln reduziert, sondern bestand aus Erfahrungswerten, über die sich an den langen Winterabenden endlos Geschichten erzählen ließen.

Viele dieser Sagen transportieren vorchristliches Gedankengut: Ungeachtet ihrer offiziellen Religionszugehörigkeit blieben die in der Wildnis siedelnden Masuren animistischen und anderen naturreligiösen Formen des Glaubens verhaftet.

Während des Tatareneinfalls von 1656 und 1657 sollen sogar Menschenopfer vorgekommen sein, und noch aus dem Zweiten Weltkrieg wird von »heidnischen« Hühneropfern berichtet. Das Vertrauen auf Heiler und gute Hexen war ebenfalls weit verbreitet, da christliche Ärzte in der »Wildnis« kaum zu finden waren. Insgesamt gingen naturreligiöse Kulte oftmals eine eigenartige Symbiose mit dem Christentum lutherischer Prägung ein.

Der Topich am Swentysee

Eine Sagengestalt Masurens ist der Dobnick oder Topich (Auf Polnisch: *topielec*), ein Wasserunhold, halb Mensch, halb Fisch, der in Seen arglosen Wanderern und Kindern auflauert und sie in die Tiefe zieht.

Die Sage berichtet: »Einst schritt ein ehrsamer Handwerksmann aus dem Dorf Kurken bei Osterode von Hohenstein heimwärts. Sein Weg führte ihn unmittelbar am Ufer des Swentysees vorbei. Da wandelte den Mann die Lust an, von dem Wasser des Sees zu trinken. Bei jedem Schritt wurde das Verlangen nach einem Schluck Wasser stärker in ihm, sodass er sich endlich entschloss, beim nächsten Uferbaum seinen großen Durst zu stillen.

Bei dem Baum angelangt, sah er auf der in das Wasser hinabreichenden Wur-

Am Heiligen See
Auch viele Ortsnamen verweisen auf sagen-umwobene Zeiten. Der Heilige See liegt bei Kurken östlich von Hohenstein.

zel Kleider liegen; er vermutete, dass sie einem Badenden gehörten. Verwundert hielt er Ausschau, konnte jedoch kein menschliches Wesen erblicken. Als er sich nun zum Wasser hinabbeugte, um vom Ufer aus das Nass in vollen Zügen zu schlürfen, tauchte plötzlich dicht vor ihm eine Gestalt aus dem Wasser auf, in der der Handwerker sofort den Topich, den Wassermann, erkannte, weil das Geschöpf ganz und gar nicht wie ein Mensch aussah. Die obere Hälfte des Wesens zeigte einen stark behaarten,

Hölzerner Dämon
Diese Schnitzerei an einem alten Wohnwagen, der heute im Freilichtmuseum Hohenstein steht, soll böse Geister fernhalten.

menschenähnlichen Körper mit einem hellroten Kopf und flossenartigen Händen; die untere Hälfte lief in einen dunkelgrünen Fischleib mit einer sehr langen Schwanzflosse aus.

Als der Wanderer in seiner Todesangst das Kreuzzeichen schlug, verschwand der Unhold, wobei er drohend ausrief, er werde den Mann doch noch einmal holen. Schweißtriefend kam dieser zu Hause an, war aber zunächst nicht imstande, seinen Angehörigen eine zusammenhängende Schilderung seines Erlebnisses zu geben. Erst später erzählte er ihnen von dem seltsamen Vorfall. Einige Jahre darauf hörte man, dass in dem Durchfluss des Swentysees, im Maransefluss, eben dieser Handwerker an einem dunklen Abend ertrunken sei. Der Topich hatte ihn doch geholt.«

Andere Sagen erinnern an geschichtliche Ereignisse, so der Name des »Tatarensees« südlich von Lyck neben der in Richtung Bialystok führenden Hauptstraße. Wie es heißt, wollten die Tataren die arbeitsfähigen überlebenden Männer aus der Gegend von Lyck in die Sklaverei schleppen und machten an diesem See Rast. Die Ehefrauen waren dem grauenhaften Zug gefolgt, traten hinzu, scherzten mit den Soldaten und verabreichten ihnen große Mengen Bärenfang. Der Trick gelang. Berauscht schliefen die Tataren ein, und die Frauen konnten ihre Männer befreien. Seitdem trägt der See seinen Namen.

Moderne Geister
Vermutlich verdankt dieser Baumgeist an einem Alleebaum seine Existenz einem humorvollen Passanten.

Wo Schiffe über Berge rollen

Während die Jachten von Ostróda für die meisten Masurenreisenden unerschwinglich sind, steht eine Fahrt auf dem Oberländischen Kanal allen offen. Am 31. August 1860 wurde nach sechsjähriger Bauzeit dieses für Europa einmalige technische Bauwerk eröffnet, das heute zu den bedeutendsten Attraktionen im westlichen Masuren zählt. Der Kanal verbindet Elbing über den Drausensee mit den großen Seen auf den Höhen des Oberlands und überwindet dabei einen Höhenunterschied von 100 Metern. Zur Überwindung dieses Höhenunterschieds dienen außer Schleusen so genannte schiefe Ebenen: Am Fuß dieser »Rollberge« werden die Schiffe auf Wagen geladen und – einschließlich der Passagiere – auf Schienen übers Land gezogen.

Als Wasserstraße zum Warentransport genügte der unter Leitung von Georg Jakob Steenke erbaute Kanal schon nach

Der Oberländische Kanal war wirtschaftlich ein Flop, touristisch zählt er zu den Technik-Höhepunkten.

Schifffahrt über Land
Auf schiefen Ebenen, auch Rollberge genannt, werden die Schiffe während ihrer Fahrt auf dem Oberländischen Kanal bergauf gezogen.

wenigen Jahrzehnten nicht mehr den An-
forderungen moderner Logistik, an seine
Stelle trat die Eisenbahn. Heute dient er
ausschließlich touristischen Zwecken und
ist ein Paradies für Wasserwanderer sowie
für Ausflugsfahrten mit der Weißen Flotte.
Deren Schiffe verkehren alljährlich vom
ersten Mai bis September.

Trotz Technik: idyllische Fahrt

Eine Fahrt auf dem Oberländischen Kanal
ist nicht nur wegen der ungewöhnlichen
Rollberge-Technik interessant, sondern
auch ein herausragendes Naturerlebnis in
zumeist idyllischer Landschaft. Vom
Drausensee führt der Kanal durch die lange Seenreihe zwischen Mohrungen und
Saalfeld, tritt bei Liebemühl durch eine
drei Meter hohe Schleuse in die Liebe ein
und verzweigt sich dort. Der eine Arm,
mit einer Schleuse bei Grünort, führt
durch das Bett der Liebe weiter zum Drewenzsee bei Osterode, der andere führt
weiter zum Geserichsee mit Verzweigun-
gen zum Gehl- und zum Ewingsee
(Meinsdorfer Kanal). Von diesem vielfach
verzweigten Kanalnetz befahren die Schiffe der Weißen Flotte die Hauptroute von
Osterode nach Elbing. Wer die gesamte
Strecke bucht, ist zehn erlebnisreiche
Stunden unterwegs.

Ursprünglich legte man den Kanal, wie
bereits erwähnt, für den Warentransport

an. Dazu wurde ein spezielles Transport-
schiff entwickelt, der »Oberländer Kahn«.
Wegen der Abmessungen der Schleusen
und der Wagen, die die Schiffe im Trocke-
nen über die geneigten Ebenen fuhren,
durften die Fahrzeuge nur eine Länge von
24,5 Metern, eine untere Breite von
2,5 Metern, eine obere von 3 Metern, eine
Tauchtiefe von 1,2 Metern,
eine Ladungshöhe über
Wasser von 2,8 Metern und
eine größte Ladung von
50 Tonnen haben.

Elbing und der Drausensee

Zu den Glanzpunkten Elbings zählt die Nikolaikirche, einer der monumentalsten Kirchenbauten der Deutschordenszeit.

Die Universitäts- und Bischofsstadt Elbing im Süden der Danziger Bucht zwischen Frischem Haff und Drausensee ist eines der bedeutendsten Industriezentren und zugleich die größte Hafenstadt von Ermland-Masuren: Als Export- und Importhafen der Woiwodschaft ist Elbing das »Tor nach Westen« und zugleich das seeseitige Einfallstor nach Masuren.

Im Sommer kann man von Elbing aus per Schiff einen Ausflug nach Königsberg machen, gleichzeitig liegt die Stadt am Ausgangspunkt des Oberländischen Kanals, auf dem von Mai bis September Ausflugsschiffe nach Osterode verkehren.

Prußischer Handelsplatz

Das Gebiet von Elbing und Drausensee zählt zu den ältesten schriftlich erwähnten Handelsplätzen in Ermland-Masuren. Der Seefahrer Wulfstan der Wikinger brach 890 im Auftrag des angelsächsischen Königs Alfred des Großen in Richtung Osten auf: Er segelte vom dänischen Wikingerhafen Haithabu an der Schlei im heutigen Schleswig-Holstein durch die Ostsee zur Weichselmündung und weiter durch das Frische Haff zur Mündung der Elbing (»Ilfing«).

Hier erreichte er nach 770 Kilometern die prußische Handelsniederlassung Truso am Drausensee. Nach der sieben Tage und sieben Nächte dauernden Fahrt entspannte sich Wulfstan bei den Prußen, die er wie Tacitus »Ästen« nennt und deren Gastfreundschaft er in seinem Expeditionsbericht besonders hervorhebt.

Der von Wulfstan als »Meer der Ästen« bezeichnete Drausensee existiert in veränderter, stark verkleinerter Form bis heute. Seinen Namen trägt er nach der Handelsniederlassung Truso, einem der ältesten urkundlich bezeugten Orte im prußischen Raum. Während der Herrschaft des dänisch-norwegischen Wikingerkönigs Harald Blåtand (»Blauzahn«) ließen sich hier im 10. Jahrhundert auch zahlreiche Wikinger nieder. Truso entwickelte sich zu einer florierenden prußisch-wikingischen Handelssiedlung.

1237 wurde Elbing als erster Seehafen des Deutschen Ordens gegründet. Während der Orden die Burg errichtete, ließen sich lübische Kaufleute in der Stadt nieder, die am 10. April 1246 lübisches Stadtrecht erhielt. Wahrscheinlich wurde bei der Gründung der neuen Ortschaft die alte prußisch-wikingische Siedlung Truso überbaut.

Zur Zeit der Stadtgründung war der Drausensee noch befahrbar. Die natür-

Das alte Elbing

Der Altstadtkern der ehemaligen Hansestadt wurde 1945 zu 90 Prozent zerstört. 1988 begann mit Unterstützung der UNESCO der Wiederaufbau nach den Plänen aus Mittelalter, Renaissance und Barock. Bis 2001 wurden rund 250 historische Gebäude rekonstruiert. Zu den Glanzpunkten zählt die im 14. Jahrhundert errichtete Nikolaikirche, einer der monumentalsten Kirchenbauten der Deutschordenszeit.

Das äußere Wahrzeichen dieser dreischiffigen Backsteinhallenkirche ist der Grüne Turm, ein prachtvoller Renaissancehelm, der in den Jahren 1598 bis 1603 auf die Mitte des Westbaugiebels zwischen die ursprünglichen Westtürme gesetzt wurde.

Blick von der Nikolaikirche
Diese Stadtansicht zeigt Elbing vor den verheerenden Zerstörungen des Zweiten Weltkriegs.

Häuserzeile in Elbing
*Diese modernen Bauten auf altem Grundriss
sind historischen Vorbildern nachempfunden.*

lichen Verlandungstendenzen dieser seeartigen Salzwasserbucht nutzten der Orden und später ins Land gekommene holländische Mennoniten, um die Bucht einzudeichen und durch Aufpolderungen große Teile in Acker- und Weideland zu verwandeln.

Durch die Abriegelung von der See wurde die einstige Meeresbucht ein Süßwassersee, aus dem das bei Elbing mündende gleichnamige Flüsslein im Lauf der Zeit das Salz des Meeres ausspülte.

Ein Paradies für Vögel

Bei der Fahrt über den See zeigt sich heute an einigen Stellen noch eine relativ breite Wasserfläche, an mehreren Stellen jedoch reicht der weitflächige Schilfgürtel bis in die Nähe der Fahrrinne heran. Der um ein Vielfaches kleiner gewordene, nur bis zu drei Meter tiefe Drausensee ist heute ein Paradies für Wasservögel. Der Fischfang ist weiter

hin gestattet, aber nur mit Erlaubnis, in begrenztem Umfang und mit relativ traditionellen Methoden.

Auf der Wasseroberfläche schaukeln Felder von See- und Teichrosen, das Vorkommen der Krebsschere signalisiert sauberes Wasser. Während der Fahrt lassen sich Kormorane, Graureiher, Rohrweihen und andere Vögel beobachten, während Lachmöwen die Nähe von Frischem Haff und Danziger Bucht andeuten.

Lohnende Schiffstouren
*Elbing ist Ausgangspunkt für Fahrten auf dem
Drausensee und dem Oberländischen Kanal.*

Bürgerstolz
Prachtvolle Giebel schmücken die wiederaufgebauten Bürgerhäuser.

Strandspaziergang
*Am Frischen Haff können Kormorane
aus nächster Nähe beobachtet werden.*

Frische Brise: zur Nehrung und nach Frauenburg

Die Frische Nehrung mit ihren kilometerlangen Sandstränden – allein auf polnischer Seite haben sie eine Länge von 49 Kilometern – ist das Seebadeparadies der Küste Ostpreußens. Von Masuren aus ist der weitflächig als Natur- und Landschaftsschutzgebiet ausgewiesene polnische Teil in einem kurzen Abstecher erreichbar, während der russische Teil als militärische Sperrzone und Bernsteinabbaugebiet zum Kaliningrader Gebiet gehört.

Die Frische Nehrung entstand im Lauf von Jahrtausenden durch Sandverfrachtungen als schmale, 56 Kilometer lange Landzunge, die die offene See von einer flachen Lagune, dem Frischen Haff, trennt.

Wer sich nach frischer Seeluft und nach Sandstränden sehnt, ist auf der Frischen Nehrung richtig.

Das Frische Haff, in das die Flüsse Passarge, Pregel, Nogat und der Elbinger Weichselarm münden, wird von der Nehrung fast vollständig von der Ostsee abgeriegelt. Den einzigen Durchlass für den Schiffsverkehr sowie für einströmendes See- und abfließendes Süßwasser bildet der Königsberger Seekanal. Da die durchschnittliche Tiefe bei nur 2,7 Metern liegt, müssen Ausflugsschiffe, Fischerboote, Jachten und Tragflächenboote genau abgegrenzte Fahrrinnen einhalten. Die geringe Wassertiefe begünstigt eine rasche Vereisung, sodass die riesige Fläche des Haffs – von 838 Quadratkilometern liegen 328 Quadratkilometer in Polen – im Winter zu den bedeutendsten Eissegelrevieren zählt. Auch der Fischreichtum des Frischen Haffs ist legendär, der berühmteste Fisch der Sagen ist der »Tolkemiter Aal«.

Kahlberger Leuchtturm
*Blick in die Tiefe
vom Wahrzeichen
des Seebads*

Harte Arbeit und Badespaß
Einlaufendes Fischerboot in Piaski auf der Frischen Nehrung (oben), Strandszene mit Wasserrutsche in Kahlberg (links)

mehr erstreckt sich auf ihr ein mehr oder minder breiter Waldstreifen: Laub- und Nadelwälder mit fast unerschöpflichen Blaubeerbeständen, dazwischen abgestorbene Bäume mit Kormorankolonien, bei Pröbbernau das Buchen-Naturschutzgebiet »Haffbuchen«.

Die Dünen der Nehrung erreichen enorme Höhen: Die »Kamelsrücken« genannte Düne direkt bei Kahlberg sowie die Dünen bei Piaski gipfeln in 49 Metern Höhe. Der nasse Spülsaum der Sandstrände ist so fest, dass er nicht nur beritten, sondern auch mit dem Fahrrad befahren werden kann. Und wer Glück hat, findet Bernstein …

Sonne, See und Strände

Haupturlaubsort der Frischen Nehrung ist das Seebad Kahlberg. Bereits ab 1815 entwickelte sich die Siedlung zum Kurort, 1895 wurde als modernes Wahrzeichen der Leuchtturm errichtet. Er bietet einen großartigen Rundblick über die Danziger Bucht, die Nehrung und das Haff bis weit nach Ermland-Masuren und russisches Territorium hinein.

Der Blick vom Turm verdeutlicht, dass die 500 bis 1800 Meter schmale Nehrung keineswegs nur eine Sandbarriere ist. Viel-

Appetithappen frisch vom Kutter
Fischverkäufer in Bodenwinkel auf der Frischen Nehrung

Hoch über dem Haff
Vom Glockenturm der Frauenburg schweift der Blick über den Dom und die Stadt hinweg weit hinaus auf das Frische Haff.

Frauenburger Dom
Im Inneren dieses Meisterwerks der ermländischen Sakralkunst kontrastieren gotische Architektur und barocke sowie Rokoko-Ausstattung.

Frauenburg – Kopernikusstadt

Die Frauenburg in der gleichnamigen Kopernikus-Stadt am Frischen Haff zählt zu den Meisterwerken der Backsteingotik. Der inmitten des Burghofs errichtete Dom ist der beeindruckendste Sakralbau im ehemaligen Deutschordensstaat. An der Stelle einer prußischen Burg gründete der Orden 1254 auf dem steil abfallenden Bergplateau hoch über dem Haff die erste Wehranlage und ließ die erste Kirche errichten, wenig später wurde der Burg- und Kirchhügel Sitz des ermländischen Domkapitels. Er blieb es bis 1945, dann wurde der Bischofssitz nach Allenstein verlegt.

Die in drei Phasen von 1329 bis 1388 errichtete Kathedrale vereinigt Wehrbaufunktionen, Deutschordensarchitektur und zisterziensisches Schlichtheitsideal. Im Inneren erwartet den Besucher eine mit Sterngewölben versehene dreischiffige Halle. Bemerkenswert ist die Or-

Nostalgischer Zeitmesser
Sonnenuhr am Domherrenhaus innerhalb der Wehranlage

gel aus dem 17. Jahrhundert mit ihren beweglichen Figuren. Ihr hervorragender Klang wird regelmäßig vorgeführt. Außerdem findet hier im Sommer ein internationales Orgelfestival statt.

Der Dom erhebt sich inmitten eines vieltürmigen Mauerrechtecks. Der wuchtige Südwestturm (Glockenturm) kann bestiegen werden: Er bietet einen weiten Blick über das Städtchen Frauenburg hinaus auf das Frische Haff. Der Nordwestturm ist nach Nikolaus Kopernikus benannt; hier lebte und arbeitete der berühmte Astronom viele Jahre lang, nach seinem Tod (1543) wurde er im Dom beigesetzt. An sein Wirken erinnert das Kopernikus-Museum im Bischofspalast an der Ostseite des Domhofs (siehe auch Seite 101). Im Kopernikus-Turm wurden 1947 Reste gotischer Wandmalereien freigelegt.

Von Frauenburg gelangt man mit dem Tragflügelboot direkt nach Kahlberg auf der Frischen Nehrung, außerdem werden Kreuzfahrten auf dem Frischen Haff sowie Ausflüge nach Königsberg angeboten.

Frauenburger Hafen
Startpunkt für Ausflüge zur Frischen Nehrung und für Kaffeefahrten auf dem Haff

Allenstein – Tor zu Masuren

Die Hauptstadt der Woiwodschaft Ermland-Masuren ist eine kulturell und touristisch pulsierende Kapitale.

Das von ausgedehnten Wäldern und den glitzernden Gewässern der Allensteiner Seenplatte umgebene Allenstein im Tal der Alle ist die Hauptstadt der Woiwodschaft Ermland-Masuren und die bedeutendste Stadt dieses 1999 neu geschaffenen Bundeslands. Auch die Ermländisch-Masurische Universität hat hier ihren Sitz. Nach überdurchschnittlichen Zuwächsen im Fremdenverkehr in den 90-er Jahren ist Allenstein vor allem auf den Sommertourismus eingestellt und bildet als das »Tor zu Masuren« ein hervorragendes Standquartier.

Hauptsehenswürdigkeiten in der wieder erstandenen und restaurierten Altstadt sind die ehemalige Ordensburg mit dem Ermland- und Masurenmuseum sowie der katholische Dom Sankt Jakob, eine der bedeutendsten Schöpfungen der Backsteingotik im ehemaligen Ordensland. Das Amphitheater unterhalb der nachts illuminierten Burg bildet im Sommer den Rahmen für Theateraufführungen und Konzerte.

Als die Rote Armee am 21. Januar 1945 Allenstein kampflos besetzte, war eine der schönsten Städte von Ermland-Masuren noch unzerstört: Doch die Sieger zündeten die Altstadt an und legten sie zu 45 Prozent in Schutt und Asche. Der vorbildliche Wiederaufbau unter polnischer Leitung orientierte sich an den alten Formen. Rund 250 Bauwerke aus dem 19. Jahrhundert und vom Anfang des 20. Jahrhunderts sind erhalten bzw. wurden wieder aufgebaut, darunter zahlreiche Bauten des Klassizismus, der Gründerzeit und des Jugendstils – alles überragt vom stadtbildprägenden Komplex der mächtigen Burg.

Auf dem »Stein« über der Alle

1346 wurde das Gebiet der oberen Alle mit den prußischen Gauen Gudikus und Bertingen dem ermländischen Domkapitel als weltliches Territorium zugesprochen. Auf einer der vielen Halbinseln zwischen den Windungen der Alle ließen die Domherren ab 1348 ihre Burg errichten, die 1945 unzerstört blieb und heute das Ermland- und Masurenmuseum (Muzeum Warmii i Mazur) beherbergt. Der Burgturm gewährt einen hervorragenden Blick auf die Altstadt sowie nordwärts auf das tief eingeschnittene Tal der Alle.

In das Museum wurden nach dem Zweiten Weltkrieg die Exponate zahlreicher Heimatmuseen (Rastenburg, Lötzen, Heilsberg, Bartenstein) sowie die vorgeschichtlichen Teile der

Schloss in Allenstein
Schmuckstück der Stadt ist die ehemalige Burg des ermländischen Domkapitels. Sie liegt auf einer Anhöhe in einem Allebogen am Nordostrand der Altstadt.

Renovierungsarbeiten
Der Domplatz erhält ein neues Kopfsteinpflaster.

Museum in der Ordensburg
Unter kunstvollem Gewölbe sind Dokumente zur Geschichte Ermlands und Masurens ausgestellt.

Altes Rathaus Allenstein
Nach der Zerstörung 1945 wurde das Allensteiner Rathaus aus dem 17./18. Jahrhundert wieder neu aufgebaut.

Königsberger Prussia-Sammlung gebracht. Schwerpunkte bilden archäologische, volkskundliche und naturwissenschaftliche Sammlungen sowie eine Dokumentation der nationalpolnischen masurischen Widerstandsbewegung gegen die Deutschen.

Im Burghof stehen drei prußische Baben aus dem 10. bis 12. Jahrhundert. Diese annähernd lebensgroßen, roh behauenen Steinfiguren in Menschengestalt werden meist als »Götzenstatuen« bezeichnet, ihre Bedeutung ist ungeklärt; mutmaßlich dienten sie als Kultfiguren.

Nova civitas am Fuß der Burg

Am Fuß der Burg, in der »neuen Stadt« (*nova civitas*), ließen sich bald deutsche Siedler nieder. Diese Stadt erhielt am 31. Oktober 1353 ihre Handfeste (Stadtprivileg) nach culmischem Recht. In der zweiten Hälfte des 14. Jahrhunderts begann auch der Bau der gotischen Pfarrkirche Sankt Jakobi. Die chorlose dreischiffige Hallenkirche mit dem mächtigen, 67 Meter hohen Westturm zählt zu den bedeutendsten Backsteinbauten im ehemaligen Ordensland. Sie ist seit 1973 Kathedralkirche des Bistums und seit 1992 des Erzbistums Ermland.

Die Altstadt liegt nur 15 Gehminuten vom Eisen- und Busbahnhof entfernt. Man betritt sie im Norden durch das gotische Hohe Tor, den bedeutendsten Rest der im 19. Jahrhundert weitgehend niedergelegten mittelalterlichen Stadtbefestigung. Die Alle bot der Stadt auf zwei Seiten einen natürlichen Schutz. Nach der ersten Stadterweiterung im Jahr 1378 begann man mit der Anlage steinerner Befestigungen; erstmals erwähnt wird die Stadtmauer mit Wehrgang, Türmen und Wachhäusern im Jahr 1507. Als eine der stärksten Festungen der Region war Allenstein in alle Kriege involviert. Der nahezu quadratische Marktplatz mit dem 1623/24 über gotischen Fundamenten errichteten alten Rathaus ähnelt denen der anderen Ackerbürgerstädte auf dem Gebiet des Deutschen Ordens.

Der berühmteste Allensteiner

Burg Allenstein war Residenz des Kapitelsvogts, des obersten weltlichen Beamten des ermländischen Domkapitels – später wurde er Kapitelsadministrator und Landpropst genannt. Zu den berühmtesten dieser Administratoren zählt der Astronom und Mathematiker Nikolaus Kopernikus, der Begründer des heliozentrischen Weltbilds. In Allenstein begegnet man dem Namen Kopernikus auf Schritt und Tritt, jahrelang wohnte Kopernikus auf der Burg und betrieb in seiner Freizeit astronomische Studien. Allenstein ist auch Ausgangspunkt des Kopernikus-Wanderwegs durch das Alletal nach Heilsberg.

Hohes Tor in Allenstein
Dieses Stadttor diente im 19. Jahrhundert als Gefängnis. Unten eine Aufnahme aus heutiger Zeit

Fußgängerzonenseite des Hohen Tors
In der Nische über der Durchfahrt stand früher eine Muttergottesstatue.

Ketzer Kopernikus: Die Erde ist nicht der Mittelpunkt des Alls

Kopernikus wurde am 19. Februar 1473 in der polnischen Stadt Thorn geboren, die damals überwiegend von Deutschen bewohnt war. Nach dem frühen Tod des Vaters (1483) übernahm der Onkel Lukas Watzenrode, der 1488 Bischof des Ermlands wurde, die Erziehung des Jungen.

1491 begann Kopernikus an der Universität Krakau mit humanistischen, mathematischen und astronomischen Studien, verließ die Universität 1494 ohne Abschluss und absolvierte 1495 als Neffe des Bischofs ein Kanonikat bei der ermländischen Kathedralkirche in Frauenburg.

Danach studierte er in Italien Medizin und Rechtswissenschaften, promovierte 1503 in Padua zum Doktor der Rechts und kehrte zurück ins Ermland, wo er Leibarzt seines Onkels wurde.

1510 wählte man Kopernikus erstmals zum Kanzler des ermländischen Domkapitels mit Residenz in Frauenburg. 1516 wurde er Administrator des Domkapitels mit Sitz in der Burg Allenstein. (Seine Wohnräume sind im Südwestflügel zu besichtigen.) Dieses Amt hatte er 1519 und erneut 1521 sowie 1524 inne, die meiste Zeit seines Lebens verbrachte er allerdings in Frauenburg (siehe Seite 97). Seine Aufgabe war die Verwaltung des Gebiets, die Gewinnung von Neusiedlern und der Schutz vor den Expansionsbestrebungen des Deutschen Ordens.

Kopernikus-Bibliothek
Schild an der Tür zur Bibliothek in Frauenburg, wo der Forscher 1543 starb.

Visionärer Schweiger
Kopernikus trieb seine Studien ohne Aufsehen, da das heliozentrische Weltbild nicht der Lehrmeinung der Kirche entsprach.

Astronomische Studien

In seinem astronomischen Hauptwerk »Sechs Bücher über die Bewegungen der Himmelskörper« verwarf Kopernikus das seit der Antike gültige geozentrische Weltsystem und vertrat die Überzeugung, die Sonne bilde den Mittelpunkt des Planetensystems. Mit seinem heliozentrischen Weltsystem löste er eine grundlegende Veränderung der wissenschaftlichen Betrachtungsweise und des menschlichen Selbstverständnisses aus: Der Vorrang der konstruktiven Vernunft trat an die Stelle rein sinnlich begründeter und/oder theologischer Denksysteme.

Im Zeitalter der Inquisition wagte Kopernikus nicht, das 1516 vollendete Werk zu veröffentlichen, und hielt es jahrelang unter Verschluss. Seine Studien betrieb er als Privatmann. Um sich vor kirchlicher Verfolgung zu schützen, widmete er das Werk schließlich Papst Paul III. und ließ es ihm zuschicken. Auf dem Sterbebett wurde ihm 1543 der Probedruck des Buchs überreicht. Am 24. Mai 1543 starb Kopernikus in Frauenburg. Noch im selben Jahrhundert begannen sich seine Ideen durchzusetzen.

Frauenburger Arbeitszimmer
In diesem Raum verfasste Kopernikus wesentliche Teile seiner revolutionären »Sechs Bücher über die Bewegungen der Himmelskörper«.

Freilichtmuseum Hohenstein

Im Freilichtmuseum Hohenstein lassen sich Ermland und Masuren wie einst erleben.

Die südwestlich von Allenstein gelegene Gemeinde Hohenstein zählt mit den Resten einer Deutschordensburg, der spätgotischen Pfarrkirche und der mittelalterlichen Altstadt sowie einem der bedeutendsten Freilichtmuseen Polens zu den Orten, die man auf Reisen in Ermland-Masuren auf keinen Fall auslassen sollte.

Die 1351 erstmals urkundlich erwähnte Deutschordensburg Hohenstein liegt im Nordosten der Altstadt. Die zwischenzeitlich zu einer Vierflügelanlage erweiterte Burg verfiel im 18. Jahrhundert und wurde teilweise abgebrochen. Um 1848 wandelte man die Reste in eine Schule um, heute ist das Gebäude Teil eines Berufsschulkomplexes.

Treffpunkt der deutschen Minderheit
Alle zwei Jahre findet im Freilichtmuseum Hohenstein das Sommerfest der deutschen Minderheit in Ermland-Masuren statt – vor malerischer Kulisse.

Löwe vor dem Hohensteiner Rathaus
Der Löwe war ursprünglich Teil des Tannenberg-Denkmals, das gegen Ende des Zweiten Weltkriegs gesprengt wurde. Seit 1991 steht er auf dem Marktplatz von Hohenstein.

Die spätgotische Pfarrkirche (1343) wurde im Zuge der Stadtbefestigung in der Nordostecke der Altstadt errichtet: ein verputzter, einschiffiger Backsteinbau, der nach der Zerstörung (1945) wieder aufgebaut wurde. Er beherbergt ein Museum mittelalterlicher Waffen und bürgerlicher Wohnkultur. Die neugotische katholische Herz-Jesu-Kirche südöstlich der Altstadt ist ein Backsteinbau mit wehrturmähnlichem Westturm (1886–1888).

Unermüdlicher Aufbau
Rekonstruktion und Wiederaufbau eines historischen Hauses im Freilichtmuseum Hohenstein

Masurische Holzkirche
Der Nachbau einer masurischen Holzkirche vom Beginn des 18. Jahrhunderts im Freilichtmuseum Hohenstein enthält den Altar der 1894 abgebrochenen Kirche von Groß Rosen.

Zeugnisse der Vergangenheit

Hauptattraktion ist das Freilichtmuseum für Volksarchitektur und Volkskunst. Auf 40 Hektar präsentiert es traditionelle Fischerkaten, Bauernhöfe, eine Wassermüh-le, vier Windmühlen, eine achteckige masurische Holzkirche und zahlreiche weitere Originale bzw. Nachbauten, die einen einzigartigen Einblick in die bäuerliche Holz- und Fachwerkbauweise in Masuren, im Ermland und im nördlichen Ostpreußen gewähren. Die meisten Gebäude enthalten eine Einrichtung aus der Zeit, als sie erbaut wurden. Das 1913 in Königsberg gegründete Freilichtmuseum wurde in den Jahren 1938 bis 1943 hierher verlegt, 1962 neu eröffnet und in den folgenden Jahrzehnten ausgebaut.

Ziehbrunnen
Jeder Hof in Masuren hatte seinen eigenen Brunnen.

Achteckiges Gotteshaus
Außenansicht der rekonstruierten masurischen Holzkirche im Freilichtmuseum Hohenstein

Grunwald

In weitem Grünland nähern sich die Besucher dem Denkmal, das die Erinnerung an den Triumph Polen-Litauens über den Deutschen Orden wach hält. In pittoresker Kostümierung kann man sich hier fotografieren lassen.

Blut und Folklore: Symbolort Grunwald-Tannenberg

Das Dorf Tannenberg südwestlich von Hohenstein gilt als eine der symbolträchtigsten Stätten aus der Zeit des Nationalismus. Deutsche bezeichnen den Ort als »Tannenberg«, Polen nennen ihn »Grunwald«, das dortige Grunwald-Museum dokumentiert die Schlacht von 1410 mit Kriegserinnerungen, Gedenktafeln, Schlachtordnungen und Bildern.

Auf den Schlachtfeldern Grunwald-Tannenbergs versuchte man Träume nationaler Größe zu realisieren.

Bei Tannenberg fand eine der größten Feldschlachten des Mittelalters statt. Hier besiegten König Władysław II. Jagiełło von Polen und Großfürst Witold von Litauen mit Unterstützung russisch-tatarischer Hilfstruppen am 15. Juli 1410 vernichtend das Deutschordensheer unter Hochmeister Ulrich von Jungingen. Mit diesem Sieg stieg das polnisch-litauische Großreich zur Führungsmacht im Ostseeraum auf, während für den seit fast 200 Jahren im Prußenland herrschenden Deutschordensstaat der Niedergang begann.

Auch wenn der Sieg bei Grunwald Polen zunächst keine territorialen Gewinne brachte, war doch die Macht des Deutschen Ordens gebrochen, und der Einfluss Polens im Ostseeraum nahm kontinuierlich zu. Von Anfang an war die Schlacht bei Grunwald von Legenden umwoben. Nach den Teilungen Polens Ende des 18. Jahrhunderts und vor allem zur Zeit der Nationalromantik im 19. Jahrhundert wurde sie zum Symbol nationaler Größe.

Der »Held von Tannenberg«

Für Deutsche war Tannenberg lange Zeit ein Symbol der Trauer. Heinrich von Plauen, der Nachfolger des in der Schlacht gefallenen Hochmeisters Ulrich von Jungingen, ließ auf dem Schlachtfeld eine Marienkapelle errichten, die im Jahr 1414 von den Polen zerstört, jedoch 1416 wieder aufgebaut wurde und danach verfiel; die Fundamentreste sind bis heute erhalten. 1901 wurde auf der Altarstätte des ehemaligen Kirchleins ein Granitblock aufgestellt mit der Inschrift: »Im Kampfe für deutsches Wesen starb hier der Hochmeister Ulrich von Jungingen am 15. Juli 1410 den Heldentod.«

Zu Beginn des Ersten Weltkriegs wurde aus dieser traurigen deutschen Symbol-stätte unversehens eine Stätte des Siegs. In der Schlacht bei Tannenberg schlug die zahlenmäßig unterlegene achte deutsche Armee unter Führung Paul von Hindenburgs und des Generalstabschefs Erich Ludendorff am 31. August 1914 die russische Narew-Armee. Die meisten der 191 000 Russen starben während dieser Umfassungsschlacht, die als Vernichtungsschlacht geführt wurde. 93 000 Russen gerieten in Gefangenschaft.

Durch den für unmöglich gehaltenen Sieg bei Tannenberg befreite Hindenburg das zu Beginn des Ersten Weltkriegs von der russischen Armee überrannte Ostpreußen und avancierte als »Held von Tannenberg« zur Kultfigur, die man mit einem gigantischen Denkmal ehrte.

Gestutzter Rest
Relikt des Denkmals der Tannenbergschlacht. Das gigantische Tannenbergdenkmal wurde von der deutschen Wehrmacht gesprengt.

Kurzlebige Kultstätte – das Reichsehrenmal

Hindenburg wurde 1925 zum deutschen Reichspräsidenten gewählt, 1927 wurde in seiner Anwesenheit zur Erinnerung an die Schlacht von Tannenberg das Tannenberg-Nationaldenkmal eingeweiht, das monumentalste deutsche Kriegsdenkmal aller Zeiten. Architektonisch verband dieser nationalistische Tempel Elemente der archaischen Stonehenge-Anlage in England und der mittelalterlichen Burg Castel del Monte des Stauferkaisers Friedrichs II. Über achteckigem Grundriss gebaut, betonte je ein Turm die Mitte jeder Langseite. Den Türmen waren verschiedene Funktionen zugedacht. Unter anderem sollten dort eine kirchliche Weihehalle, ein ostpreußisches Heimatmuseum und eine Jugendherberge eingerichtet werden.

Das NS-Regime nutzte das Tannenberg-Nationaldenkmal zur Propaganda für die Kriegsvorbereitung. Nach umfassenden Umbaumaßnahmen und unter gewaltigem propagandistischem Aufwand wurde im Tannenbergdenkmal am 7. August 1934 der wenige Tage zuvor verstorbene Reichspräsident Hindenburg beigesetzt. Minutenlang standen im Reich alle Räder still, die Überführung Hindenburgs zum Denkmal wurde vom Rundfunk übertragen. Hitler, der nun zugleich als Reichspräsident

Hindenburg-Gruft – »Heiligtum der Nation«
»Die Bettung dieses großen Deutschen in den Mauern dieses gewaltigen Schlachtendenkmals gibt diesem eine besondere Weihe und erhebt es zum Heiligtum der Nation.« (Hitler 1935)

amtierte, ließ die Anlage in »Reichsehrenmal Tannenberg« umbenennen. Gegen Ende des Zweiten Weltkriegs sprengten deutsche Soldaten das Denkmal und überführten Hindenburgs Sarg nach Deutschland.

Wuchtig, männlich, gigantisch
Das in zwei Phasen 1926/27 und 1934/35 errichtete Tannenberg-Denkmal galt als »Kultstätte deutschen Wesens«.

Dietrichswalde – das ermländische Lourdes

Ein heiliger, wundertätiger Ort: Wo Maria einst zwei Mädchen erschien, entstand eine bedeutende Pilgerstätte.

Das idyllisch gelegene Dorf Dietrichswalde zwischen Allenstein und Osterode ist neben Heiligelinde der bedeutendste Marienwallfahrtsort in Ermland-Masuren. Mehr als 200000 Menschen fanden sich 1977 anlässlich der Jahrhundertfeier der Marienerscheinungen in dem lieblichen, waldumkränzten Tal ein – unter ihnen Kardinal Karol Wojtyla, der im darauffolgenden Jahr als Johannes Paul II. zum Papst gewählt wurde. Alle beteten den uralten Spruch, der auf der Glocke der Kirche eingraviert ist: »Hilf

Sprechende Bilder
Wandgemälde im Inneren der Kirche zeigen Episoden der Legende.

Gott, Maria berot, unde wende ille unser Not!« Hilf Gott, Maria berate, und wende alle unsere Not.

Ab dem 27. Juni 1877, fast zwei Jahrzehnte nach den Marienerscheinungen in Lourdes, erschien Maria mehrere Male schwebend über einem Ahornbaum vor der Dorfkirche und forderte zum Beten des Rosenkranzes auf. Dies jedenfalls berichteten die 12-jährige Justina Schaffrinski, die 13-jährige Barbara Samulowski und in der Folgezeit auch zwei ältere Frauen.

Schon die Nachricht von den ersten Erscheinungen verbreitete sich wie ein Lauffeuer. Es entwickelte sich eine Wallfahrt, die an Werktagen bis zu 6000 und an Sonntagen mehr als 10000 Pilger nach Dietrichswalde führte. Bei der letzten Erscheinung am 16. September 1877 befanden sich mehr als 50000 Menschen aus Masuren, Russisch-Polen, Westpreußen und dem österreichisch verwalteten Galizien in Dietrichswalde.

Wallfahrtskirche Mariae Geburt
Bereits um 1400 hatte Dietrichswalde eine eigene Kirche, die um 1500 erneuert und im 19. Jahrhundert zur Wallfahrtskirche vergrößert wurde.

Blick in den Chorraum
Unterm prächtig bemalten Sternengewölbe erhebt sich der neugotische Altar mit einem Marienbildnis aus dem 16. Jahrhundert. Im 18. Jahrhundert wurde es mit silbernen Kleidern und Kronen geschmückt (im Detail siehe rechts).

Ziel in- und ausländischer Pilger

Wegen des nicht abreißenden Stroms von Pilgern wurde die um 1500 errichtete Dorfkirche bis 1884 nach Entwürfen des Paderborner Diözesanbaumeisters Arnold Güldenpfennig zu einer Wallfahrtskirche in neoromanisch-neugotischem Mischstil erweitert, deren neugotischer Spitzhelm des Westturms weithin sichtbar ist. Als Gnadenbild wird eine reich geschmückte Darstellung Mariens mit dem Kind auf dem Arm verehrt.

Vor der Kirche steht am Ort der Erscheinungen eine Kapelle neben einem neu gepflanzten Ahorn. Hinter der Kirche führt ein Weg in das nahe Tal zu einer Quelle. Auch dort steht, wie in der Kapelle, eine Statue der segnenden Madonna.

Die Wallfahrt nach Dietrichswalde entwickelte sich zu einer der bedeutendsten in Masuren und Polen. Es wird von Gebetserhörungen, wundersamen Heilungen und Bekehrungen berichtet. Nach dem Zweiten Weltkrieg übernahmen polnische Geistliche die Organisation der Wallfahrt, und unter Papst Johannes Paul II. wurde Dietrichswalde offiziell als Ort von Marienerscheinungen von der katholischen Kirche anerkannt. Seit dem Fall des Eisernen Vorhangs erfreut sich die Wallfahrt wieder regen Zuspruchs auch aus dem deutschsprachigen Raum.

Himmelskönigin
Am oberen Bildrand halten Engel ein Spruchband mit dem Text »Ave regina caelorum, ave domina angelorum« (»Sei gegrüßt, Himmelskönigin und Herrscherin über die Engel«).

Neidenburg – südlichste Stadt Masurens

Wer von Warschau nach Masuren fährt, erreicht als erste masurische Stadt das reizvolle Neidenburg an der Neide.

Neidenburg ist die südlichste Stadt Masurens. Die gleichnamige Burg auf einer steilen Bergkuppe hoch über der Neide stellt eine der besterhaltenen und eigenwilligsten Burgen aus der Deutschordenszeit dar. 1381 wurde mit dem Bau begonnen. Das Backsteingebäude mit seinen Mauern, gotischen Türmen und hohen Häusern hat eine verblüffende Ähnlichkeit mit Höhenburgen des Rheintals und erhebt sich trutzig als stadtbildprägender Komplex über dem 11000-Einwohner-Ort.

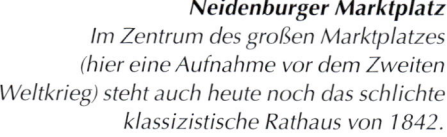

Das »Klösterchen« ist ein Rest der ab 1381 errichteten Stadtmauer, ebenfalls aus dem ausgehenden 14. Jahrhundert datiert der benachbarte Salzspeicher. Auf dem Marktplatz steht noch das schlichte klassizistische Rathaus, und in der Umgebung der Stadt finden sich masurische Bauernhäuser des 19. Jahrhunderts, so in Brodau und Groß Tauersee.

Gegründet wurde die Neidenburg in der damals weitflächig von Sümpfen geprägten Wildnis im Grenzland zum polnischen Herzogtum Masowien. Am 7. Dezember 1381 erhielt die unterhalb der Burg entstandene Siedlung Stadtrechte. Die Namen der beiden im 19. Jahrhundert abgebrochenen Stadttore symbolisierten Neidenburgs Grenzlage: Im Norden befand sich das Deutsche Tor, im Süden folgerichtig das Polnische Tor.

Zu Beginn des Städtekriegs eroberten die Bürger 1454 die Deutschordensburg als Symbol einer Tyrannenherrschaft. Im Zweiten Thorner Frieden fiel die Stadt jedoch an den Deutschen Orden zurück. Während des Tatareneinfalls flüchteten

Neidenburger Marktplatz
Im Zentrum des großen Marktplatzes (hier eine Aufnahme vor dem Zweiten Weltkrieg) steht auch heute noch das schlichte klassizistische Rathaus von 1842.

Werkstatt für Ritterrüstungen
In der Burg werden nach historischen Vorbildern Panzerkleider produziert, die bei Ritterspielen zum Einsatz kommen.

1656 Tausende von Menschen aus den umliegenden Dörfern hinter die Mauern von Neidenburg, und wie durch ein Wunder blieb die Stadt unzerstört: Eine Kanonenkugel zerschmetterte den Anführer der tatarischen Horden, die daraufhin die Belagerung abbrachen.

In der Folgezeit erlebte die Stadt einen fast kontinuierlichen Aufschwung. Zu den berühmtesten Söhnen der Stadt zählt der Kulturhistoriker Ferdinand Gregorovius (1821–1891). Der Verfasser der »Geschichte der Stadt Rom im Mittelalter« wurde als erster Deutscher Ehrenbürger der Stadt Rom. Sein auf der Neidenburg aufgewachsener Bruder Julius Gregorovius (1819–1891) veröffentlichte 1883 die Monografie »Die Ordensstadt Neidenburg in Ostpreußen«. Auch der Operettenkomponist Walter Kollo (1878–1940) wurde in Neidenburg geboren.

Zu Beginn des Ersten Weltkriegs, im August 1914, brannten russische Kosaken Neidenburg nieder. Die zweite große Zerstörung erfolgte am Ende des Zweiten Weltkriegs. Obwohl Neidenburg nach dem Zweiten Weltkrieg »modern« wieder aufgebaut wurde, ist es nach Meinung vieler eines der schönsten und verträumtesten Städtchen Masurens.

Detailansicht der Neidenburg
Vor dem Blau des Himmels beginnen die roten Backsteinziegel, das typische Baumaterial des ehemaligen Ordenstands, regelrecht zu leuchten.

111

Vom Spirdingsee bis Angerburg

Die Großen Masurischen Seen zwischen Angerburg im Norden und der Johannisburger Heide im Süden bilden mit einer Nord-Süd-Ausdehnung von etwa 80 Kilometern das Herzstück Masurens. Die größten Seen sind Mauer-, Löwentin- und Spirdingsee, die bedeutendsten Wassersportzentren sind Nikolaiken und Lötzen. Neben zahlreichen Möglichkeiten zum Baden, Segeln und Surfen oder zu Ausflugsfahrten mit der Weißen Flotte findet der Besucher Orte der Stille und Besinnung (hier: der Mauersee bei Steinort in der Morgendämmerung). Der Lucknainer See ist das größte Wildschwanreservat Europas. Aber auch Kunstliebhaber dürfen sich auf manches Kleinod freuen. Zu den herausragendsten Sehenswürdigkeiten zählt das im Tudorstil umgebaute Schloss von Sorquitten.

Seen und Kanäle – die Wasserstraßen

Der Holzhunger in den städtischen Zentren im Norden Preußens führte zur Anlage von Triftkanälen – heute verbinden sie als beliebte Wasserwanderwege die Großen Masurischen Seen.

Nachdem die Wälder des Samlands unter der russischen Besatzung (1758–1762) während des Siebenjährigen Kriegs weitflächig abgeholzt worden waren, wurden die Großen Masurischen Seen zum Zweck der Holztrift durch ein System von Kanälen miteinander verbunden. Heute bilden diese Kanäle ideale Wasserwanderrouten. Der 86 Kilometer lange Hauptstrang verbindet Johannisburg, Nikolaiken und Angerburg. Hinzu kommen als Nebenstrecken das 43 Kilometer lange Kanalsystem von Nikolaiken durch die Johannisburger Heide und die 20 Kilometer lange Route von Nikolaiken nach Rhein.

Die Kanäle dienten ursprünglich dem Transport von Nutz- und Brennholz aus der Johannisburger Heide. Durch den Hauptstrang von Johannisburg nach Angerburg wurden das Pregel- und das Weichselgebiet miteinander verbunden: Während die Angerapp, die die Masurischen Seen im Norden verlässt, dem Pregel zufließt, mündet die bei Johannisburg aus dem Rosch- oder Warschausee fließende Pissek in den Narew, einen Nebenfluss der Weichsel.

Über ein Jahrhundert später genießt dieses ausgedehnte Wasserstraßensystem in erster Linie einen hohen Freizeitwert. Von Lötzen kommend, legte am 3. September 1856 das Dampfschiff »Masovia« zum ersten Mal in Angerburg an. Damit begann die touristische Erschließung der Großen Masurischen Seen. Die Ausflugsdampfer der Weißen Flotte verkehren heute regelmäßig zwischen Angerburg, Nikolaiken, Rhein, Lötzen und Johannisburg. Das Hauptbüro der Flotte befindet sich in Lötzen, wo auch Sonderfahrten gebucht werden können. Die Standardfahrten dauern je nach Strecke eine bis acht Stunden.

Auf großer Fahrt: unterwegs auf der Hauptroute

Die Fahrt beginnt bei Johannisburg im Westen des S-förmigen Rosch- oder Warschausees. Der Roschsee ist ein 1890 Hektar großer, verlandender Rinnensee mit weitflächig versumpften Ufern. Lediglich im Südosten im Bereich des Dorfs Ruhden befindet sich ein bewaldetes Hochufer mit gutem Zugang zum See. Vom Roschsee

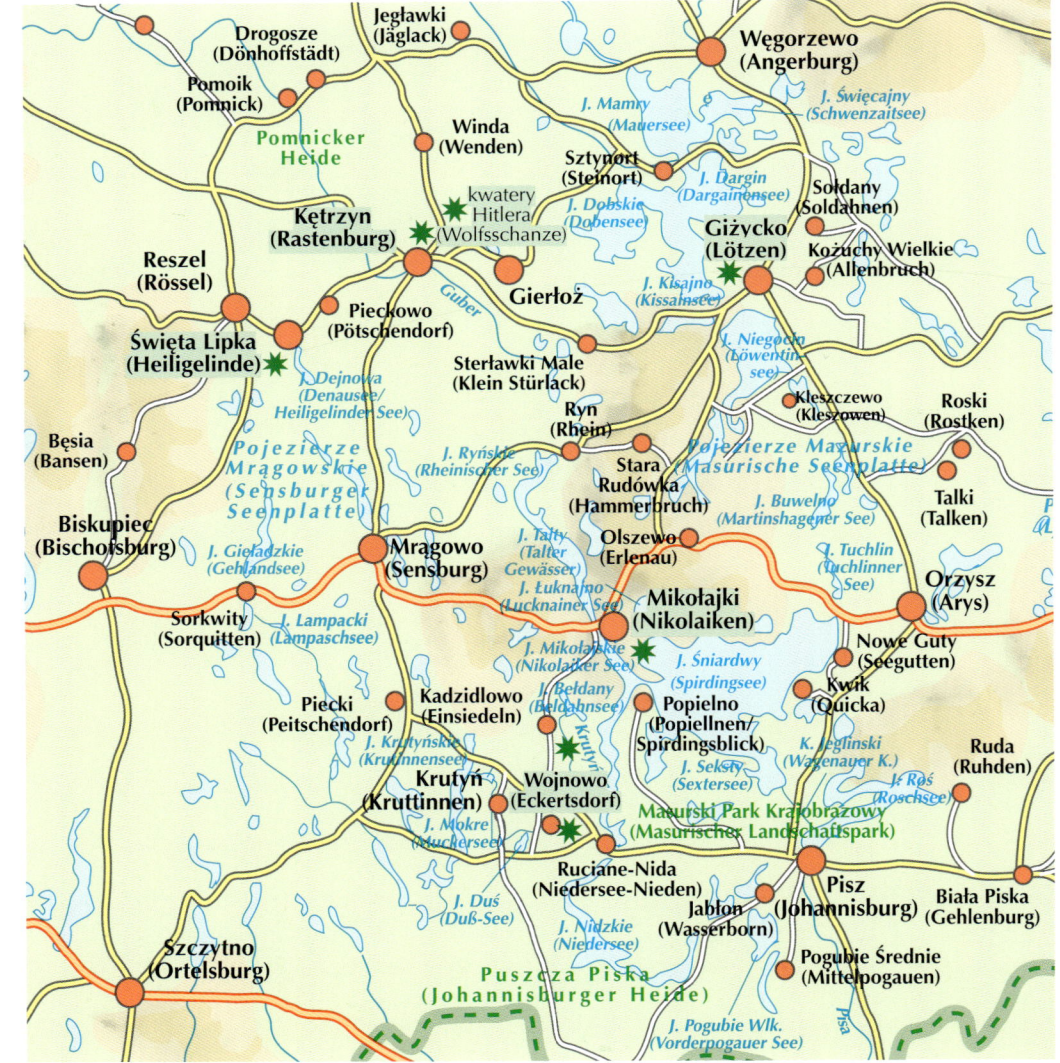

Am Lampaschsee
Ausgangspunkt der Kruttinna-Kajaktour ist der Lampaschsee beim Dorf Sorquitten.

vermittelt der Wagenauer Kanal den Übergang zum Sextersee: Mit 5,5 Kilometer Länge bildet diese von 1845 bis 1849 gegrabene Wasserstraße das längste Kanalstück im Bereich der Großen Masurischen Seen. Wege längs der bewaldeten Ufer laden zu Spaziergängen und Wanderungen ein.

Vor der Mündung des Kanals in den Sextersee liegt die Schleuse Karwik, die eine saisonal je nach Wasserstand unterschiedliche Höhe von einem halben bis einem Meter ausgleicht. Benannt ist sie nach dem im Jahr 1804 gegründeten Dorf Karwik, einem winzigen Ferienort mit fünf masurischen Bauernhäusern, 120 Einwohnern, dem Forsthaus »Leszczyna« und einem Lebensmittelgeschäft.

Aufbruch zum Bootsausflug
Nicht nur still dahingleitende Paddler, auch schnittige und weniger schnittige Motorboote beleben die Seen und Kanäle. Nur wenige Seen sind für den lautstarken Motorbootverkehr gesperrt.

Der Sextersee ist der erste von mehreren Seen, die mit dem Spirdingsee durch mehr oder weniger breite Landengen in Verbindung stehen. Die Halbinsel Friedrichswerder bildet die schmale Landbarriere zwischen Sexter- und Spirdingsee, in letzterem fährt man am sagenumwobenen Teufelswerder vorbei, biegt an der Wildpferdehalbinsel Popielno in den Nikolaiker See ein und erreicht das quirlige Nikolaiken: Jede Menge Restaurants und Cafés laden zur Einkehr, zudem finden sich zahlreiche Geschäfte.

Von Nikolaiken geht die Fahrt weiter durch das lang gestreckte Talter Gewässer, dann heißt es aufpassen: Die Hauptroute wechselt in ein System von Kanälen und meist recht schmalen Seen, die ein beschauliches Fahren in einer wunderschönen Umgebung ermöglichen, in denen die Unerfahrenheit, aber auch die Risikobereitschaft mancher Freizeitkapitäne jedoch zu brenzligen Situationen führen kann. Erst am Löwentinsee weitet sich wieder die Wasserfläche, und wir erreichen die Wassersporthochburg Lötzen.

Der Lötzener Kanal leitet über zum Kissainsee mit seinen unter Naturschutz stehenden Inseln, die in ihrer paradiesischen Unberührtheit wie Denkmäler einer fernen Zeit wirken, und nach Durchfahren der weiten Wasserflächen von Dargainen- und Mauersee erreichen wir die Stadt Angerburg, den nördlichen Endpunkt dieser herrlichen Fahrt auf der Großen Masurischen Seenplatte.

Kanalpartie in Lötzen
Die alte Jugendherberge in der »Wasserhauptstadt« Lötzen am Löwentinsee

Schwäne und Paddler
Hungrige Schnäbel am Duß-See beim Filipponen-kloster Eckertsdorf im Südwesten der Johannisburger Heide. Während der Paddeltour auf der Kruttinna ist das Kloster ein beliebter Zwischenstopp.

Die Großen Masurischen Seen

Name	Fläche	Länge	Breite	Tiefe
Spirdingsee = Jezioro Śniardwy	113,8 qkm	17,0 km	13,4 km	23,4 m
Löwentinsee = Jezioro Niegocin	26,4 qkm	10,8 km	4,8 km	39,7 m
Mauersee = Jezioro Mamry	25,6 qkm	7,6 km	5,2 km	43,8 m
Roschsee = Jezioro Roś	18,9 qkm	11,4 km	2,2 km	31,8 m
Niedersee = Jezioro Nidzkie	18,2 qkm	23,0 km	3,8 km	23,7 m
Dobensee = Jezioro Dobskie	18,0 qkm	5,7 km	4,8 km	22,5 m
Beldahnsee = Jezioro Bełdany	9,4 qkm	12,4 km	2,4 km	46,0 m
Kröstensee = Jezioro Jagodne	9,4 qkm	8,7 km	1,8 km	37,4 m
Muckersee = Jezioro Mokre	8,5 qkm	7,7 km	1,4 km	51,0 m
Lucknainer See = Jezioro Łuknajno	6,8 qkm	3,3 km	2,9 km	3,0 m
Nikolaiker See = Jezioro Mikołajskie	5,0 qkm	5,8 km	1,6 km	25,9 m
Martinshagener See = Jez. Buwelno	3,6 qkm	8,8 km	0,8 km	49,1 m
Talter Gewässer = Jezioro Tałty	2,7 qkm	5,4 km	1,4 km	34,0 m
Türklesee = Jezioro Tyrklo	2,4 qkm	5,2 km	0,6 km	29,2 m
Kissainsee = Jezioro Kisajno	2,1 qkm	1,9 km	1,6 km	5,8 m
Saitensee = Jezioro Bocze	1,8 qkm	3,0 km	1,5 km	17,0 m

Nicht weniger reizvoll sind die Neben-strecken. Die 43 Kilometer lange bedeu-tendste Nebenroute verlässt den Nikolai-ker See bei Nikolaiken und folgt zuerst dem Beldahnsee, dann dem Niedersee durch die Johannisburger Heide. Die knapp 20 Kilometer lange zweite Neben-strecke von Nikolaiken aus verlässt das Talter Gewässer und führt durch den Rheinischen See nach Rhein.

Spirdingsee – das masurische Meer

Der fischreiche Spirdingsee ist mit einer Fläche von knapp 114 Quadratkilometern der größte Binnensee Polens. Vier Gemeinden teilen sich dieses reizvolle Gewässer der Masurischen Seenplatte: Johannisburg im Süden, Niedersee-Nieden im Südwesten, Nikolaiken im Westen und Arys im Osten. Mit seiner abwechslungsreich bewegten Uferlinie, seinen zahlreichen Halbinseln und Buchten sowie vier Inseln ist der 17 Kilometer lange und bis zu 13 Kilometer breite See das bedeutendste Wassersportrevier der Region.

Der Spirdingsee steht mit acht Seen in Verbindung, im Süden liegt die Johannisburger Heide.

Seine weitflächig versumpften bzw. verlandenden Ufer machen ihn zugleich zu einem bedeutenden Rückzugsgebiet für seltene oder gar vom Aussterben bedrohte Tiere und Pflanzen. Der Uferbereich von Quicka bis zum Windmühlendorf Seegutten ist fast vollständig verschilft. Einschließlich der mit ihm verbundenen Nebenseen – Sextersee, Schilfsee, Tuchlinnersee und Warnoldsee – nimmt der Spirdingsee eine Fläche von 130 Quadratkilometern ein. Zum Vergleich: Der Chiemsee, der größte See Bayerns, hat eine Fläche von 80 Quadratkilometern.

Fort Lyck vertreibt den Teufel

Die größte der vier Inseln, Spirdingswerder, ist mit dem Festland durch einen Damm verbunden. Westlich dieser großen Insel liegen zwei kleine Zwillingsinseln: Die eine der beiden, Teufelswerder, trug ebenso wie Spirdingswerder in prußischer Zeit eine kultische Stätte des Stamms der Galinder.

Noch Jahrhunderte nach der Christianisierung waren diese heidnischen Sakralstätten fest im Aberglauben und in den Sagen des Volkes verwurzelt. Dies war einer der Gründe, warum Friedrich der Große im Jahre 1780 ausgerechnet auf der Teufelsinsel ein militärisches Bollwerk, das Fort Lyck, errichten ließ. Dem Aberglauben sollte im wahrsten Sinne des Wortes der Boden entzogen werden. Als man ab 1844 die Feste Boyen bei Lötzen errichtete, wurde Fort Lyck auf der Teufelsinsel geschleift.

Rückzugsgebiete
Über weite Strecken verlanden die Ufer des Spirdingsees und sind unzugänglich – hier können sich Tiere und Pflanzen ungestört entwickeln.

Nur für Geübte

Angesichts der riesigen Fläche ist die Tiefe des Sees bescheiden: Sie reicht an einigen Stellen bis zu 23 Meter unter dem Wasserspiegel. Diese geringe Tiefe, mehrere unmarkierte Felsen und das rasch wechselnde Wetter machen das Befahren des Spirdingsees gefährlich. Unerfahrene Kanuten und Nichtschwimmer sollten den See gar nicht befahren. Selbst erfahrene Wasserwanderer bleiben besser in Ufernähe und fahren nicht in die Mitte hinaus, auch wenn die Wasserfläche spiegelglatt liegt: Der ruhige See kann sich innerhalb weniger Minuten mit Wellen überziehen, die Höhen von 1,50 Meter und mehr erreichen. Wer von stürmischem Wetter überrascht wird, muss unverzüglich eine ruhige Bucht aufsuchen – und warten, bis sich der See beruhigt. Als am wenigsten gefährlich gilt das Südufer.

Schon vor dem Zweiten Weltkrieg waren die Großen Masurischen Seen eine Hochburg des Eissegelns mit großen Regatten bei Angerburg, heute ist Nikolaiken die Hochburg der Eissegler. Auch für immer mehr Deutsche ist der Spirdingsee als Winterparadies längst kein Geheimtipp mehr: Für viele ist es das Nonplusultra, in der endlosen Weite und in der Stille der im Frost erstarrten Seen unter tiefblauem Himmel mit Blick auf weiß überzuckerte Wälder über die gigantische Eisfläche zu jagen. Viele Eissegler schaffen 60 bis 70 Kilometer pro Stunde. Profis wie der polnische Weltmeister Karol Jablonski bringen es auf die doppelte Geschwindigkeit.

Niemand muss ein Berufssportler sein, um diesen rasanten Sport in der einmaligen Landschaft des Spirdingsees zu betreiben. An der Rettungsstation WOPR bei Eckersberg am Nordostufer des Sees gibt es eine Eissegelschule; hier kann zu moderaten Preisen die Ausrüstung geliehen werden.

Nikolaiker See
Nikolaiken ist Hauptausgangspunkt für Segeltörns auf dem Spirdingsee, der direkt mit dem Nikolaiker See verbunden ist.

Die Kleinen vom Spirdingsee
Erstaunter Mini-Frosch und Sonne tankende Libelle

119

Lucknainer See – das Schwanenparadies

Kiebitz
Der taubengroße Vogel mit dem hübschen Kopfputz ist häufig rund um den Lucknainer See zu beobachten.

Der im Volksmund »Schwanensee« genannte Lucknainer See im Nordwesten des Spirdingsees ist das größte europäische Reservat für Wildschwäne. Alljährlich brüten in diesem flachen See zwischen 1200 und 2000 Höckerschwanpaare, die in dem maximal nur drei Meter tiefen Gewässer ideale Futterbedingungen für sich und ihre Jungen vorfinden.

Für Boote jeglicher Art ist der 680 Hektar große See gesperrt. An der Westseite befinden sich jedoch Aussichtstürme, von denen aus das bunte Treiben beobachtet werden kann: Nicht nur Schwäne beleben die Wasserfläche und den dichten Uferbewuchs, auch Wildgänse, Graureiher, Kiebitze, Bussarde und Kormorane lassen sich am »Schwanensee« beobachten, der zugleich ein Jagdgebiet von Fischadlern ist.

Von Nikolaiken aus sind die Beobachtungsstationen mit dem Auto rasch erreichbar.

Auf dem Boden des Sees wächst das Laichkraut, das Fischen als Unterstand und den Schwänen als Futter dient. Den See umgibt ein dichter Schilfgürtel, in dem zahlreiche weitere Vogelarten brüten, darunter die Wiesenweihe, die Kleine und die Große Rohrdommel, das Kleine Sumpfhuhn und Kraniche.

Die beste Zeit am Schwanensee ist der Moment vor Sonnenaufgang: Das Paradies erwacht.

Masurischer Landschaftspark
Der Lucknainer See ist Teil des Masurischen Landschaftsparks (Mazurski Park Krajobrazowy)

Mythische Vögel
Auch in Masuren sind Märchen und Sagen von Schwänen weit verbreitet. Ihre vornehme Schönheit gab Anlass, ihnen übernatürliche Eigenschaften nachzusagen: Schwäne »singen«, Jungfrauen verwandeln sich in »Schwanenjungfrauen«.

Biosphärenreservat

1999 wurde der Lucknainer See in die Liste der UNESCO-Biosphärenreservate aufgenommen. Solche Reservate sind nach Definition der Weltkulturorganisation großräumige, für die Biosphäre (den Lebensraum auf der Erde) repräsentative Natur- und Kulturlandschaften, in denen Modelle für eine nachhaltige Bewirtschaftung entwickelt, erprobt und umgesetzt sowie Mensch-Umwelt-Beziehungen erforscht werden. Sie dienen zugleich der ökologischen Umweltbeobachtung und der Umweltbildung.

Jedes Reservat repräsentiert auf nationalstaatlicher Ebene beispielhaft ein Biom, das heißt die Organismengesellschaft eines Lebensraums mit gleichem Klimatyp und der dafür charakteristischen Pflanzen- und Tierwelt unter Einschluss – diese Bestimmung ist wichtig – der hier arbeitenden und wirtschaftenden Menschen.

Vornehme Schönheit
Die langhalsigen, bis zu 1,8 Meter großen Vögel ernähren sich vorwiegend von Wasserpflanzen und legen ihr Nest im Schilfgürtel oder am Ufer an.

Kutschfahrt im Biosphärenreservat
Das Pferdetaxi bringt Besucher zum Lucknainer See.

Fisch, Beeren, Pilze: Lukullisches von Märkten und Basaren

In kaum einem anderen Landstrich Europas ist die Küche so naturverbunden und unverfälscht wie in Masuren: Fangfrischer Fisch aus zahllosen Seen sowie Wild, Pilze und Beeren aus endlosen Wäldern, die Erzeugnisse naturnah bewirtschafteter Felder und aus biologischer Tierhaltung bilden die Hauptbestandteile. Schlei, Hecht, Zander, Maränen und andere Fischarten aus den masurischen Süßwasserseen kommen ohne lange Transportwege frisch auf den Tisch. Gleiches gilt für Fleischgerichte, ob man zu Koteletts, Braten, Schnitzeln oder Geflügel tendiert oder deftige polnische Bratwürste bestellt. Da Masuren heute mit deutlicher Mehrheit von Polen bewohnt wird, ist der Begriff »Masurische Küche« gleichbedeutend mit »polnische Küche in Masuren«.

Zu den tragenden Säulen dieser Küche zählen die Märkte, eine Mischung aus Bauernmarkt und Basar, auf dem alles zu erhalten ist: vom gartenfrischen Gemüse bis zum Jungvieh, von Kartoffeln, Pilzen und Heidelbeeren bis zu Eiern, Fisch und Fleisch. Bei einer Reise durch Masuren sollte man sich diese Märkte nicht entgehen lassen. Sie finden meist dienstags und freitags statt, in Nikolaiken jeden Tag. Vor allem im Osten Masurens sind auf den Märkten auch viele Litauer, Russen und Weißrussen vertreten (die so genannten »Russenmärkte«).

Das Gold der Wälder
Wer sich nicht selbst auf Pilzsuche begeben möchte, findet auf den Märkten ein reichhaltiges Angebot vor.

Russenmarkt in Lyck
Auf den Märkten werden frische Waren der Region angeboten.

Masuren ist als Angelparadies bekannt. Zu den delikatesten Zutaten zählt das »Gold der Wälder« in schnittfrischer und in getrockneter Variante: Steinpilze, Pfifferlinge, Butter- und Birkenpilze und zahlreiche weitere Waldpilze lassen sich nicht nur auf Märkten erwerben. Im Herbst kann man sie in der Borkener Heide, der Johannisburger Heide und den anderen Waldgebieten in unendlicher Zahl sammeln. Aus den Wäldern zurückgekehrt lässt man sich seine Funde im Hotel vom Koch zubereiten.

Smacznego – guten Appetit!
Hauptgericht in Masuren ist das polnische Nationalgericht Bigos. Grundzutaten sind angebratenes Schweinefleisch, Magerspeck und Zwiebeln, gegart mit Sauerkraut, Weißkohl, Pilzen, Tomatenmark, Salz, Kümmel und anderen Gewürzen. Das Schweinefleisch kann durch Geflügel- oder Wildfleisch ersetzt werden.

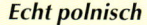

Echt polnisch
Ein beliebtes Souvenir: polnischer Wodka in den verschiedensten Geschmacksrichtungen

Balkon, sodass er zu einem Klumpen gefriert; dann erst wird er aufgewärmt, wobei man aufpassen muss, dass nichts anbrennt. Bigos ist auch als Vorspeise beliebt. In diesem Fall isst man das Gericht nicht vom Teller, sondern direkt aus dem Topf. Eine Essvorschrift aus dem 18. Jahrhundert schreibt vor: »Nachdem man die Pfanne öffnete, werden die Stücke mit der Gabel herausgenommen, auf das in der linken Hand befindliche Brotstückchen zum Abtropfen gebracht und zum Munde geführt. Das Brot folgt.«

Tee ist das beliebteste Getränk, auch wenn böse Zungen behaupten, diesen Platz nehme der Wodka ein. Man genießt Tee zum Frühstück, zum Mittagessen, zu Hause zwischendurch ebenso wie zum Abendessen und vor dem Schlafengehen. Kaffee (kawa) wird vergleichsweise selten getrunken.

In den 90-er Jahren haben sich Bierverbrauch und -angebot enorm erhöht, zum Teil mit Unterstützung von Brauereien aus dem Westen. Das bekannteste Bier aus dem Raum Ermland-Masuren ist das »EB« aus Elbing.

zerteilen. Beides zusammen mit dem Tomatenmark, der fein gehackten Knoblauchzehe, dem Wein und den Gewürzen unterrühren. Noch etwas Wasser dazugießen, sodass alles knapp bedeckt ist. Im geschlossenen Topf bei 180 °C ca. 90 Minuten im Ofen garen.

Bigos wird lauwarm mit frischem Bauernbrot serviert und gilt als besonders schmackhaft, wenn es frühestens einen Tag nach der Zubereitung aufgewärmt wird. Viele stellen ihn entweder zwei Tage in den Kühlschrank oder bei Frost in einem Steintopf auf den

Bigos — REZEPT

500 g Schweinefleisch · 125 g geräucherter Speck, mager · 3 Zwiebeln 600 g Sauerkraut · 125 g Mettenden 125 g Pfifferlinge (oder andere Pilze) 1 kleine Dose Tomatenmark 1 Knoblauchzehe · 500 ml Weißwein 1 Lorbeerblatt · 1 Tl Kümmel 2 Tl Rosenpaprika · 1 Tl Majoran ½ Tl Pfeffer · Salz

Das Schweinefleisch und den Speck in kleine Würfel schneiden. Die Zwiebeln schälen und fein hacken. In einem großen Topf die Fleischwürfel mit den Zwiebeln kräftig anbraten und anschließend Sauerkraut dazugeben. Die Wurst in Scheiben scheiden, die Pilze putzen und in mundgerechte Stücke

Bigos
Für diesen Eintopf gibt es kein einheitliches Rezept. Jedes Restaurant, jede Hausfrau besitzt ein Geheimrezept.

Nikolaiken –
das Venedig Masurens

Nikolaiken – zwischen dem gleichnamigen See und dem Talter Gewässer gelegen – ist der bekannteste Ferienort Masurens.

Attraktive Schauseite
Die Wasserfront von Nikolaiken ist in den letzten Jahren mit erheblichem Kostenaufwand modernisiert und neu gestaltet worden.

Nikolaiken ist das beliebteste Reiseziel im westlichen Uferbereich der Großen Masurischen Seen und gilt als eine der schönsten Ortschaften Masurens. Die vielen Brücken und Stege haben ihm den Namen »Venedig Masurens« eingetragen. Das aus drei Siedlungskernen zusammengewachsene 3800-Einwohner-Städtchen, das im Zweiten Weltkrieg unzerstört blieb, liegt am Nikolaiker See, der mit dem Spirdingsee in Verbindung steht. Es ist ein Zentrum des Wassersports und ein Wasserwege-Knotenpunkt in Richtung Lötzen, Niedersee und Johannisburg. Viele starten in Nikolaiken zur Kanutour auf der Kruttinna. In Nikolaiken befindet sich

eine Anlegestelle der Weißen Flotte, vom Hafen aus bietet sich eine wunderschöne Aussicht über den Nikolaiker See und hinaus auf den Spirdingsee.

Da der Ort unzerstört blieb, finden sich hier noch mehrere Wohnbauten des 18. und 19. Jahrhunderts, auch das Pfarrhaus stammt aus dem 19. Jahrhundert. Das bedeutendste Bauwerk ist die nach Plänen aus dem Umfeld Friedrich Schinkels in den Jahren 1840 bis 1842 errichtete evangelische Pfarrkirche: ein schlichter romanisierender Ziegelbau mit drei flach gedeckten Schiffen und einem im Jahr 1880 angebauten Westturm. Der Neubau ersetzte das alte Nikolauskirchlein, einen

Fachwerkbau, der 1656 von den Tataren niedergebrannt, danach mehrfach restauriert und schließlich abgebrochen wurde.

Ein Städtchen mit Tradition

Reich wurde die Stadt nie, der Fischfang bildete den Haupterwerbszweig. Das Wappentier von Nikolaiken ist der sagenumwobene Stinthengst. Auf dem kleinen rechteckigen Marktplatz im Ortszentrum schmückt eine Figur dieses »Königs der Maränen« den Springbrunnen, eine weitere ist am Pfeiler der Stadtbrücke zu sehen.

Bereits 1444 wird Nikolaiken erstmals urkundlich erwähnt. Damals verlieh der Deutschordenshochmeister Konrad von Erlichshausen einem Lorenz Preuße 15 Hufen Land zu magdeburgischem Recht. Benannt war das »Nickelsdorf« nach dem Schutzheiligen der 1515 erstmals erwähnten Kirche. Neben dem Dorf bestand als zweite Siedlung der Ort Koniec (»Ende«). Am gegenüberliegenden Ufer des seeähnlichen, teilweise sehr schmalen Talter Gewässers lag der Ort Koslau. Der Verkehr zwischen den drei Siedlungen wurde zunächst durch Boote bewältigt. Als 1516 eine

Holzbrücke erbaut wurde, war der Grundstein für das Zusammenwachsen gelegt, und im Jahr 1726 verlieh der preußische König Friedrich Wilhelm I. dem Ort die Stadtrechte.

Auf dem 1764/65 zwischen Spirding- und Mauersee angelegten Kanal wurde Holz aus der Johannisburger Heide in den waldarmen Norden Masurens getriftet, doch schon 1789 wurde die Holzflößerei eingestellt. Eine weitere Erwerbsquelle ergab sich, als der Ort im ausgehenden 19. Jahrhundert als »Sommerfrische« entdeckt wurde. Bis zum Jahr 1925 wuchs die Einwohnerzahl auf 2440 – doppelt soviel wie im Jahr 1782. Als attraktiver Fremdenverkehrsort erlebt Nikolaiken seine zweite Blüte seit dem Zusammenbruch des Eisernen Vorhangs. Das 1991 am Ortsrand eröffnete Golobiewski-Hotel ist das größte der Region.

Fähre bei Nikolaiken
Südlich von Nikolaiken pendelt die Autofähre nach Wierzba (Beldahnsee) auf der Landzunge zwischen Nikolaiker-, Beldahn- und Spirdingsee.

Dreifaltigkeitskirche in Nikolaiken
In den Sommermonaten finden in der Kirche inzwischen wieder deutschsprachige Gottesdienste statt.

König der Fische

In der Folklore ist bis heute der Stinthengst lebendig geblieben, der die Gewässer rund um Nikolaiken zuerst unsicher gemacht haben und dann den unerschöpflichen Fischbestand garantiert haben soll. Die Sage von der Ergreifung dieses »Königs der Fische« und seiner anschließenden Freilassung spiegelt die den Masuren nachgesagte Charaktereigenschaft schlitzohriger List.

Als die Fischer von Nikolaiken einst lange Zeit erfolglos ihre Netze ausgeworfen hatten, verfing sich einmal der Stinthengst darin. Inständig bat der König der Fische um sein Leben und ver-

Stinthengst
Das gekrönte Wappentier Nikolaikens auf dem Brunnen des Marktplatzes

sprach, für reichen Fangsegen zu sorgen, wenn er nicht getötet würde.

Die Fischer von Nikolaiken ratschlagten und gingen auf sein Angebot ein. Allerdings ließen sie ihn nicht davonschwimmen, sondern ketteten ihn unter einer ihrer Brücken an. Der König der Fische aber hielt sein Versprechen, und seither gibt es die berühmten Nikolaiker Maränen. Dieser schmackhafte Fisch ist

auch in mecklenburgischen Gewässern bekannt und mit den Renken der oberbayrischen Seen verwandt.

Zu den bekanntesten Maränengewässern Masurens zählen tatsächlich das Talter Gewässer, der Beldahnsee und der Kröstensee in der Nachbarschaft Nikolaikens sowie weiter nördlich der Dargainensee. Heute trifft man den Stinthengst überall in Nikolaiken und der Umgebung an, sei es auf Postkarten, Brunnen oder Booten. Und noch immer schwimmt er unter der Stadtbrücke, allerdings unter der neuen, denn die alte fiel dem letzten Krieg zum Opfer. Jedes Jahr wird er mit einer festlichen »Wasserung« geehrt.

Johannisburg – Stadt am Rand der Wildnis

Die am Rand der Johannisburger Heide gelegene Stadt Johannisburg, deren polnischer Name »Jańsbork« 1946 in »Pisz« geändert wurde, ist das südliche Einfallstor zu den Großen Masurischen Seen. Jahrhundertelang bildete der Ort am Rand der »Wildnis« eine Drehscheibe für den Handel im deutsch-polnischen Grenzgebiet: Südwärts über den Fluss Pissek (Pisa) wurden die Waren zum Narew und zur Weichsel getriftet, nach Norden zu führte die Route der Flößer über die Masurischen Seen in Richtung Danzig. Heute ist diese Route dank der Verbindungskanäle zwischen den Seen eine der bedeutendsten Segelstrecken Polens. Neben die Holzverarbeitung, die weiterhin das wirtschaftliche Rückgrat Johannisburgs bildet, ist der Tourismus getreten.

In Bögen schlängelt sich die Pisa, die im Roschsee entspringt, durch den Ort. Der heutige Stadtname und der Name des Flusses leiten sich von einem prußischen Wort ab, das Sumpf bedeutet und sich auf die Verlandung des Sees und die sumpfigen Ufer der Pissek bezieht.

Neben dem neugotischen Rathaus erinnert eine Babe,

Johannisburg im Süden der Großen Masurischen Seen ist Ausgangsort für die Erkundung der Heide.

genannt »das prußische Weib«, an die ersten Siedler der Region. Möglicherweise war diese Babe Gegenstand kultischer Verehrung. Ein weiteres Relikt aus prußischer Zeit ist die frühgeschichtliche Wallanlage nordwestlich des Dorfs Quicka am Ufer des Spirdingsees. Das im Rathaus von Johannisburg untergebrachte Regionalmuseum vermittelt einen guten Einblick in Geschichte und Kultur von Johannisburg und seiner Umgebung.

Die Pisa mit ihren zahllosen Schleifen weist eine Fallhöhe von 25 Zentimetern je Kilometer auf und bildet eine der bedeutendsten, anspruchsvollsten und landschaftlich attraktivsten Segelrouten Polens. Nach rund 80 Kilometern mündet sie bei Nowogród in den Narew. Längs des Flusses, der sich durch die Wälder der Johannisburger Heide schlängelt und ausgedehnte Sumpfgebiete durchfließt, gibt es mehrere Biwakplätze.

Das feste Haus Johanspurgk

Die Anfänge von Johannisburg gehen ins 14. Jahrhundert zurück. Der Deutsche Orden ließ 1345 am Austritt des Pissekflusses aus dem Roschsee das nach Johannes dem Täufer benannte »feste Haus Johanspurgk« errichten. Diese Burg sicherte den Flussübergang und fungierte als Sperrfeste am südlichen Einfallstor zu den Masurischen Seen. Jahrzehntelang blieb Johannisburg der einzige Ort in dieser Region am Rand der Wildnis, ehe 1428 die planmäßige Besiedlung begann. 1645 verlieh der Große Kurfürst Friedrich Wilhelm dem Ort die Stadtrechte.

Am Pissekfluss
Auf den Fluss Pissek (Pisa) geht der heutige Name von Johannisburg zurück: Pisz.

Johannisburger Rathaus
Heute beherbergt das Rathaus ein Museum zu Geschichte und Kultur der Region.

Sankt Johannes
*Die größte Fachwerkkirche Masurens
wurde 1843 anstelle eines baufällig
gewordenen Vorgängerbaus errichtet.*

Seinen wirtschaftlichen Aufschwung
im 19. Jahrhundert verdankte die Stadt
dem Bau des Wagenauer Kanals und dem
Anschluss an das Eisenbahn- und Straßennetz. 1945 wurde Johannisburg zu 75 Prozent zerstört. Von der alten Burg sind Reste der Kellergewölbe und ein Teil der
Wehrmauern geblieben.

Im heute 20 000 Einwohner zählenden
Johannisburg kann man so richtig »städtisches« Leben genießen, ehe man wieder in
die Ruhe der Seen und Wälder zurück-
kehrt. Auffällig sind die vielen Jugendlichen: Als Standort mehrerer Schulen
(Gymnasien, Oberschulen, Staatsmusik-
grundschule) ist Johannisburg ein bedeutendes Ausbildungszentrum und immer
voller Leben. In den letzten Jahren wurde

das auf den Tourismus zugeschnittene
Dienstleistungsnetz erheblich ausgewei-
tet, zahlreiche Geschäfte haben neu eröffnet, und das Heimatmuseum informiert
nicht nur in polnischer, sondern auch in
deutscher Sprache über die alte und die
neue Geschichte der Region. Für das leib-
liche Wohl sorgen Restaurants, das blau
gekachelte »Tabasco« am Marktplatz bietet chinesische Spezialitäten an.

Hauptsehenswürdigkeit der Stadt ist
die katholische Pfarrkirche Sankt Johannes. Im Inneren des Saalbaus, dessen Westturm von der Vorgängerkirche erhalten
blieb, finden sich Reste der Ausstattung
des 17./18. Jahrhunderts. Wer nach alten
Häusern sucht, wird vor allem in der Ryba-
cka-Straße fündig: Dort sind ein knappes
Dutzend Häuser aus der Zeit des Barock
und aus dem 19. Jahrhundert erhalten. Am
Marktplatz zeugen noch zwei Gebäude
von der ehemals reichen Jugendstilbebau-
ung aus der Zeit um 1900.

Sommerliche Blütenpracht
*Üppiger Blumenschmuck in der
Innenstadt*

In der Johannisburger Heide

Die Johannisburger Heide ist mit einer Fläche von 1000 Quadratkilometern das größte Waldgebiet Masurens.

Ausgedehnte Wälder
Unter Heide versteht man in Masuren keine Heidelandschaften, sondern große Waldgebiete.

Vier Fünftel des Waldbestandes der Johannisburger Heide sind Nadelbäume, vor allem Kiefern und Fichten. Tagelang kann man hier zu Fuß oder mit dem Rad durch Kiefernwälder streifen, ungestört durch die Geräusche des »Fortschritts«: Das Rauschen des Windes, das Zwitschern der Vögel und das Rascheln der Tiere sind die einzigen Laute in der natürlichen Stille dieses abwechslungsreichen Waldgebiets. Elche, Luchse, Wölfe und Hirsche bevölkern die Johannisburger Heide, die neben der Borkener und der Rominter Heide auch zu den beliebtesten Jagdrevieren zählt und zudem eine wahre Fundgrube für Pilz- und Beerensammler ist. Von Niedersee-Nieden am Niedersee aus können auch Waldfahrten mit zweispännigen Jagdwagen unternommen werden.

Ein schönes Ausflugsziel am Rand der Johannisburger Heide ist der kleine Fremdenverkehrsort Wasserborn

am motorbootfreien Falkensee vier Kilometer südwestlich von Johannisburg. Hier befinden sich ein Bootshaus des Polnischen Verbands für Touristik und Landeskunde (PTTK), ein Campingplatz, ein Biwakplatz, ein Gasthaus und ein Cafe sowie ein Boots- und Kanuverleih. Bei Wanderungen rund um den See bieten sich hervorragende Ausblicke, und wer dem Wanderweg, der zugleich als Bootstragestrecke dient, zwei Kilometer südwärts zum ebenfalls motorbootfreien Vorderpogauer See folgt, befindet sich an einem der schönsten Vogelschutzreservate Masurens.

In dem ornithologischen Schutzgebiet haben seltene Wasser- und Sumpfvögel eine Heimat gefunden. Südlich des Sees erreicht der Fuß- und Wasserwanderweg das 1708 gegründete Dorf Mittelpogauen mit zwei historischen masurischen Bauern-

Zeichen der Frömmigkeit
Ein Wegkreuz in Mittelpogauen
südlich von Johannisburg

häusern aus dem 19. Jahrhundert, malerisch gelegen zwischen Wäldern, Wiesen und Mooren.

Im ehemaligen Forsthaus Kleinort bei Peitschendorf kann die Geburtsstätte des masurischen Heimatdichters Ernst Wiechert (1887–1950) besichtigt werden.

Mit dem Rad in der Johannisburger Heide
Flaches Gelände und gute Wege erlauben
unbeschwerliche Ausflüge – zum Beispiel
zum Pilze- und Beerensammeln.

Kruttinna – Seele Masurens

Zwischen Sorquitten und dem Beldahnsee erwartet den Urlauber eine traumhafte Flusslandschaft.

Die Kruttinna ist der zauberhafteste Fluss Masurens und einer der schönsten und naturbelassensten Fließgewässer Europas. Auf knapp 100 Kilometern schlängelt sich der im Großen Weißsteinsee in der Nähe von Sorquitten entspringende Fluss durch Wiesen und Felder, durchströmt Seen, schlängelt sich durch die Wälder der Johannisburger Heide und mündet in die malerische Iznota-

bucht des Beldahnsees. Der Flusslauf einschließlich der angrenzenden Wälder und Landwirtschaftsflächen ist als Landschaftsschutzgebiet ausgewiesen, sodass für Bauherren ebenso wie für Bauern und den Tourismus strenge Auflagen gelten, damit dieses Paradies nicht zerstört wird.

Die Kanutour auf dem größten Zufluss der Großen Masurischen Seen von Sorquitten bis zum Beldahnsee zählt zu den

Fahrten auf der Kruttinna – ob in einer geführten Tour oder mit dem eigenen Boot – erfreuen sich bei Jung und Alt großer Beliebtheit.

Wasserwanderklassikern Masurens. Wer den Zauber des Flusses mit seinem reichen Bestand an Wasserpflanzen ohne Anstrengung genießen will, lässt sich im Stakkahn über die Kruttinna fahren: In hölzernen

Kähnen staken die Bootsführer ihre Passagiere durch das glasklare und hier sehr flache Wasser von dem kleinen Dorf Kruttinnen zum Kruttinnensee und zurück.

Kruttinnen ist zugleich Ausgangspunkt vieler Wasserwanderer. Es gibt Bootsverleihe, mehrere Pensionen, eine Campingmöglichkeit und ein hervorragendes, allerdings im Sommer von Reisebussen entsprechend häufig angefahrenes Fischrestaurant, das als eines der besten in Masuren gilt.

Gut erschlossenes Feriengebiet

Rastplätze längs des Flusses sorgen für Unterkunft und Verpflegung, Stakkähne nehmen Gruppen auf, und wer alleine fährt, kann noch die einsamen Stellen dieses Flusses erleben.

Sorquitten – das masurische Neuschwanstein

Ausgangspunkt der Kruttinna-Kajaktour ist der Lampaschsee beim Dorf Sorquitten. Das Dorf auf der Landenge zwischen Gehland- und Lampaschsee wurde im Jahr 1379 vom Deutschordenshochmeister Winrich von Kniprode gegründet. Zwei Bauwerke, Schloss und Kirche, machen es besuchenswert. Die schlichte Barockkirche aus dem 17. Jahrhundert wurde im 18. Jahrhundert durch einen dreigeschossigen Westturm ergänzt. Im Inneren des Feldsteinbaus befindet sich der berühmte »schwebende Engel«, gestiftet vom Gutsbesitzer Georg Dietrich von der Groeben. Izaak Riga und der Vergolder Johann Bock schufen diesen Taufengel im Jahr 1701.

Das von einem Park umgebene Schloss, auf das eine romantische Allee hinführt, ist ein ehemaliges Herrenhaus am Lampaschsee. Ursprünglich wurde es 1788 für den Gutsbesitzer Julius von Mirbach errichtet und 1855/56 im anglisierenden Tudorstil umgebaut. Die aus roten Ziegeln errichtete Anlage besteht aus dem Hauptgebäude und dem damals so genannten Wagenhaus. Viele Aussichtstürmchen, der höchste mit achteckigem Grundriss, sowie die von Zinnen gekrönten

Tudorschloss
Türmchen, Zinnen und andere neugotische Elemente – ganz dem damaligen Zeitgeschmack entsprechend – prägen das Schloss in Sorquitten.

Angenehme Rastplätze
*Am Ufer der Kruttinna findet sich manche
lauschige Stelle, die zum Verweilen einlädt.*

Mauern bestimmen den dekorativen
Charakter dieses masurischen Neu-
schwanstein, das heute als Sporthotel fungiert. Sehenswert ist der historische
Schlosspark mit seinem alten Baumbe-
stand, darunter uralte Eichen und unter
Naturschutz gestellte Bäume, von denen
der Goldfruchtbaum, auch Liebesbaum
genannt, besonders auffällt.

Blutsteine und zahme Elche

Zu den Besonderheiten auf dem Grund
der Kruttinna zählen die massenhaft auf-
tretenden Blutsteine: Die ausgedehnten
Steinfelder von blutroter Farbe im Fluss-
bett verdanken ihre Farbe einer Algenart,
die sich auf den Steinen angesiedelt hat.
Das Chlorophyll der Algen wird von roten Pigmenten überdeckt. Die wissenschaftliche Erklärung wirkt nüchtern im
Vergleich zu den blutigen Sagen, die sich
um diese eigenartigen Steine ranken.

Eine weitere Besonderheit ist die Tierwelt im Bereich des Flusses. In den Wäldern leben Nerze, Waschbären, Luchse,
Hermeline und Iltisse. Während man
Glück haben muss, um diese Nachtjäger
zu sehen, ist ein anderes Prachtstück relativ häufig anzutreffen: der Eisvogel als auf-
fälligste Erscheinung der reichen Wasser-
und Sumpfvogelwelt der Kruttinna.

Zu den herausragenden Sehenswürdigkeiten im Bannkreis der Kruttinna zählt
der Wildpark Kadzidlowo wenige Kilometer nordöstlich von Kruttinnen – einer
der größten Wildtierparks Europas. In art-
gerechten Freigehegen und Volieren, eingebettet in eine reizvolle Landschaft, leben
hier Hirsche, Rehe, Tarpane, Störche,
Füchse, Luchse, Kraniche, Bussarde und
viele andere heimische Tiere, von denen einige so zahm sind, dass sie gestreichelt
werden können: Auf Zuruf trabt der junge
Elch aus dem Dickicht. Führungen werden auch in deutscher Sprache durchgeführt.

Schwebender Engel
*Der Taufengel in der Kirche von Sorquitten
schwebt vor einem aufwändigen Schnitzaltar,
auf dem auch das benachbarte Schloss
dargestellt ist.*

Altgläubige in Eckertsdorf

Eckertsdorf ist das bekannteste unter den Klöstern der Filipponen, die aus Russland flohen und sich in Masuren niederließen.

Russisch-orthodoxe Kirche
Ebenfalls in Eckertsdorf, aber in Konkurrenz zum Kloster, wurde 1922 von Petersburg aus diese Kirche mit dem Ziel errichtet, die Gemeinde der Altgläubigen zu spalten.

Zu den besonderen Erlebnissen im Rahmen einer Masurenreise und Fahrt auf der Kruttinna zählt ein Besuch des Filipponenklosters in Eckertsdorf am Dußsee in der Johannisburger Heide. Von den ehemals 40 Nonnen lebt nur noch eine hier, die vom Besitzer der Anlage, dem ehemaligen Pächter des dazugehörenden Landes, versorgt wird.

Das 1847 errichtete Kloster steht auf einer Landzunge des Dußsees; hinzu kommen Bohlenhäuschen aus dem 19. Jahrhundert und kleine Badhäuschen an der Kruttinna. Die alte Kirche wurde nach Brandzerstörung 1921 durch einen Neu-

bau ersetzt. In Eckertsdorf kann man Ikonen kaufen, auch schlichte Zimmer mit Seeblick werden vermietet.

Mysterium der drei Finger

Die Filipponen sind ein strenger Zweig der russischen Raskolniks (»Schismatiker«). Diese priesterlosen Altgläubigen oder »Altgebräuchler« sind benannt nach einem Filipp, der sich 1743 selbst verbrannte. Zu ihren zentralen Glaubensdogmen zählen die vollkommene sexuelle Enthaltsamkeit und das Mysterium des Sichbekreuzigens mit zwei Fingern über dem Dreifingerkreuz. Allerdings tragen

Der heilige Fürst Vladimir
*Kultbilder des orthodoxen Glaubens: hier
eine russische Ikone aus dem 19. Jahrhundert*

die Filipponen in Masuren diesen Namen
zu Unrecht: Tatsächlich handelt es sich um
Fedossejewzy, eine andere Sekte, die als
Sakramente nur Taufe und Beichte aner-
kennt, mit den Filipponen freilich das
Zweifingerbekreuzigen über dem Dreifingerkreuz gemein hat.

Der Schriftsteller Karl von Holtei cha-
rakterisiert die Filipponen – dieser Name
hat sich fest eingebürgert – in seiner Er-
zählung »Ein Mord in Riga« (1855) so:
»Diese Filipponen – so werden sie im angrenzenden Preußen genannt – mögen

Im Inneren der Klosterkirche
*Die Ausstattung der kleinen Filipponenkirche
stammt aus dem 19. Jahrhundert.*

Schwärmer sein, aber unschädlich sind sie
gewiss. Wenigstens erweisen sie sich so im
Ostpreußischen, wo ihre Vorväter, damals
schon verfolgt, einzuwandern und sich an-
zusiedeln die Erlaubnis erhielten. Zu jener
Zeit unter Kaiserin Elisabeth nahm die
Auswanderung dermaßen zu, dass man
sich genötigt fand, ihr Einhalt zu tun, und
einen eigenen Ukas erließ, vermöge dessen
besagter Sekte vollkommene Duldung
und Glaubensfreiheit im Vaterlande zuge-
sichert worden.«

Filipponenkloster
*Dass sich die russischen Glaubensflüchtlinge in
Masuren niederlassen durften, war ein Zeichen
religiöser Toleranz und Weltoffenheit. Nach sechs
»Freijahren« mussten sich die Neuankömmlinge
den Gesetzen des Landes fügen.*

Sensburg – Stadt der Festivals am Wasser

Das im Zweiten Weltkrieg vergleichsweise wenig zerstörte Sensburg ist als Zentrum der Sensburger Seenplatte eine der meistbesuchten Wassersporthochburgen Masurens. Die malerische Lage zwischen Schoß- und Junosee, der erhaltene bzw. wieder aufgebaute Altstadtkern und die Freizeitmöglichkeiten haben Sensburg neben Lötzen und Nikolaiken zu einem der wichtigsten Ferienzentren Masurens werden lassen: Einschließlich der Gäste verdoppelt sich in den Sommermonaten die Einwohnerzahl von knapp 23000 auf über 50000. Zu den Veranstaltungshöhepunkten zählt das internationale Countryfestival »Piknik Country Mrągowa«, das alljährlich am letzten Juliwochenende Tausende zum »Picknick« mit Open-Air-Musik an die Ufer der Seen lockt.

Sensburg und die Sensburger Seenplatte haben sich zu einem beliebten Ferienziel entwickelt.

Zahlreiche Häuser aus dem 19. Jahrhundert und der Zeit des Jugendstils prägen die Altstadt. Die Fassaden wurden in den 90-er Jahren restauriert, und selbst der 1906 eingeweihte, 23 Meter hohe Bismarckturm im Stadtpark wurde generalüberholt. Im Jahre 1998 beging Sensburg glanzvoll die 650-Jahr-Feier der Gründung.

Von Frühjahr bis Herbst herrscht in der Stadt ein reges Treiben. Auch zahl-

Zwei-Seen-Stadt
Malerisch liegt Sensburg zwischen dem Schoßsee (rechts) und dem Junosee (oben links).

reiche deutsche Urlauber, von denen viele noch den ostpreußischen Dialekt sprechen, machen hier Halt. Bunt präsentiert sich der Wochenmarkt, auf dem man neben landwirtschaftlichen Produkten aller Art auch so manches kunsthandwerkliche Souvenir erhandeln kann.

Der Riesenbär im Wappen

Einen Besuch lohnt das Heimatmuseum »Warmii i Mazur« im historischen Rathaus aus dem Jahr 1824. Neben naturkundlichen, vor- und ortsgeschichtlichen Abteilungen enthält es eine Vielzahl an Exponaten der Volkskunst aus dem 18. bis 20. Jahrhundert, darunter viele Heiligenschnitzfiguren aus dem Ermland. Gezeigt wird ferner das originale Sensburger Stadtwappen mit der abgeschlagenen Bärentatze. Es erinnert an die Zeiten der gefährlichen »Wildnis«, in denen die Stadt unter der Herrschaft des Deutschen Ordens im 14. Jahrhundert gegründet wurde.

Die Tatze soll vom selben Bären stammen, den auch Rastenburg im Wappen führt: Einst, so heißt es, tyrannisierte ein riesiger Bär Rastenburg. Die Rastenburger riefen die Sensburger zu Hilfe, und in gemeinsamer Jagd gelang es, das »Untier«

zur Strecke zu bringen. Seither führt Rastenburg den Bären im Wappen, während das Wappen von Sensburg die abgeschlagene Tatze zeigt. Die rund 1800 in Sensburg lebenden Deutschen gehören fast ausnahmslos der Gesellschaft »Bärentatze« an, die sich der Pflege ostpreußischer Traditionen widmet.

Popielno am Spirdingsee – neue Heimat für Tarpan-Wildpferde

Auf der Landzunge zwischen Spirding- und Beldahnsee bei Nikolaiken betreibt die Polnische Akademie der Wissenschaft eine Tarpan-Rückzuchtstation auf dem Gut Popielno, das besichtigt werden kann. Auf einem 1600 Hektar großen Gelände mit ausgedehnten Nadel- und Mischwaldarealen sowie Wiesen-, Moor- und Sumpfflächen leben die Pferde in einem größtenteils durch natürliche Landschaftsgrenzen eingefassten Umfeld, das ihrem natürlichen Lebensraum sehr nahe kommt.

Die »Koniks« (»Pferdchen«) ähneln lebendig gewordenen Höhlenmalereien der Steinzeit: Mächtiger Hals, kräftiger Körper, granitgraue Farbe – so soll der Tarpan ausgesehen haben, als er noch ein wildes Leben in den Wäldern Masurens und Osteuropas führte. Durch eine Gestützzucht wird in Popielno Reinmaterial erhalten. Neben der Zuchtherde in den Stallungen des einstigen Guts dürfen aber auch zwei Herden in freier Wildbahn leben. Somit wurde den Koniks ein Hauch von urwüchsigem Leben zurückgegeben.

Schutz vor Ausrottung

Die letzten wild lebenden Tarpane entdeckte im Jahr 1878 der russische Asienforscher und General Nikolaj Przewalski in der mongolischen Steppe. Von ihm erhielten sie den Namen Przewalskipferd (*Equus przewalskii*), wobei unterschieden wird zwischen Waldtarpanen (*Equus przewalskii silvaticus*) und Steppentarpanen (*Equus przewalskii gmelini*). Die in Popielno rückgezüchtete Unterart dieser Urwildpferde sind die Waldtarpane.

Die Waldtarpane suchten in den Wäldern Schutz vor ihren natürlichen Feinden, den Wölfen und Bären. Ihr Kör-

---

Tarpan beim Voltigieren
Wer den ausgeprägten Charakter der Koniks akzeptiert, lernt in ihnen zuverlässige, unerschrockene und menschenfreundliche Pferde kennen.

Possierliches Biberbaby
Einen weiteren Schwerpunkt der Forschungsstation in Popielno bildet die Wiederansiedlung und Aufzucht von Bibern.

perbau war kräftiger als der der Steppentarpane, da sie eher auf Verteidigung als auf Flucht angelegt waren. Ihre graue und im Winter landschaftsangepasste weiße Farbe bot eine hervorragende Tarnung in den sumpfigen Waldgebieten. Nur zum Grasen wagten sich die vorsichtigen, scheuen Tiere in offenes Gelände, auf Waldlichtungen, Kahlschläge und Felder. Das sprichwörtliche »Für-Sich-Selbst-Sorgen-Können« der Koniks hat ihnen fälschlicherweise den Ruf eingetragen, schwierig und unberechenbar zu sein.

Noch bis Ende des 18. Jahrhunderts konnten wild lebende Tarpane in den wenig bewohnten Waldgebieten Masurens und Litauens angetroffen werden. Obwohl sie damals schon vom Aussterben bedroht waren, galten sie noch bis 1798 als jagbares Wild. Angeblich soll der letzte in freier Wildbahn lebende Waldtarpan im Jahr 1806 und der letzte Steppentarpan, eine Stute, im Jahr 1879 abgeschossen worden sein.

Dass die Tarpane nicht vollständig ausgerottet wurden, ist einer privaten Fang- und Rettungsaktion zu verdanken. Im Jahre 1780 fingen Pferdefreunde einige der letzten wild lebenden Tarpane ein und siedelten sie in einem in Südpolen in der Gegend um Bilgoraj gelegenen Wildpark an.

Der Zweite Weltkrieg vernichtete die Konikzucht in Polen fast vollständig. Nach Kriegsende wurden einige der in der Zwischenzeit nach Deutschland gebrachten Tiere nach Polen zurückgeführt. Diese sowie 15 Überlebende eines Rückzüchtungsexperiments bildeten die Keimzelle für das 1955 in Popielno eingerichtete Reservat, das mit nahezu allen Wildpferdeherden Europas in Beziehung steht: Zum Beispiel werden im deutschen Dülmen seit 1956 überwiegend Koniks aus dem Tarpan-Rückzüchtungsprogramm von Popielno als Deckhengste verwendet. Führungen in Popielno gibt es auch in deutscher Sprache.

Wassersporthochburg Lötzen

Eine Perle im Osten Masurens ist die Zwei-Seen-Stadt Lötzen: Hier findet man waldumrahmtes blaues Wasser, weiße Segelboote und den endlosen Himmel Masurens.

Die 32 000-Einwohner-Stadt Lötzen auf der Landenge zwischen Löwentinsee und Kissainsee ist das größte Wassersportzentrum der Großen Masurischen Seen und eine der meistbesuchten Touristikhochburgen Polens. Das breite Angebot an Unterkünften zielt auch auf anspruchsvolle Kunden. Entsprechend umfassend ist das Angebot an Unterkünften in diesem Segelsportzentrum mit seinen berühmten Regatten.

Seit 1946 wird Lötzen Giżycko genannt: nach dem in Johannisburg geborenen Pastor Gustaw Gisewiusz, der im 19. Jahrhundert das Werk »Polnische Sprachefrage in Preußen« verfasste. Restaurants, Diskotheken und Bars prägen das Nachtleben. Die Lötzener Orgelkonzerte in der nach Plänen Friedrich Schinkels als neoklassizistische Halle errichteten Kirche erfreuen sich jedes Jahr größeren Zuspruchs. Auch der Lötzener »Russenmarkt«, einer der größten Masurens, lohnt einen Besuch.

Zwar gehört auch der Wintersport zum festen Programm in Lötzen, die größte Betriebsamkeit herrscht jedoch während der Wassersportsaison vom Frühjahr bis Oktober. Die gesamte Wasserfront der Stadt wird von Jachten und Bootsanlegern geprägt. Die Ausflugsschiffe der Weißen Flotte, deren Verwaltung in Lötzen ihren Sitz hat, fahren täglich vom Lötzener Hafen nach Angerburg, Nikolaiken, über den Kissainsee und zur Kormoraninsel. Innerhalb der Stadtgrenzen finden sich zwei weitere Seen: Rund um Popowka Duza (Groß-Popowka) und Popowka Mala (Klein-Popowka) führen Wanderwege, die auch beliebte Joggingrouten sind und auf denen im Winter das Schlittenhunderennen »Laufender Wolf« stattfindet.

Löwentin- und Kissainsee sind durch den Lötzenkanal verbunden. Er wurde in den Jahren 1765 bis 1772 gegraben und verbesserte vorübergehend entscheidend die Stellung Lötzens als Wirtschaftsstandort. Die handbetriebene Drehbrücke am Lötzenkanal, erbaut in der zweiten Hälfte des 19. Jahrhunderts, ist eines der bedeutendsten technischen Denkmäler an den Wasserstraßen der Masurischen Seen.

Lötzen in alten Ansichten
Diese historischen Postkarten zeigen den Seglerhafen (oben) und den Marktplatz von Lötzen (unten).

Mekka der Segler
Bootsanlegestellen säumen die Ufer des Löwentinsees.

Zwischen Rummel und Abgeschiedenheit

Der Löwentinsee, der siebtgrößte See Polens, ist das viel besuchte Wassersportparadies vor den Toren Lötzens und ein bedeutendes Surfrevier. Hier wimmelt es von Seglern, Jachten, Kanus und Tretbooten. Motorbootbesitzern ist keinerlei Beschränkung auferlegt, und auch Schwimmer dürfen sich freuen: 1994 wurde im Rahmen eines Festakts die erste Kläranlage in Betrieb genommen. Seither werden die Abwässer nicht mehr in den Löwentinsee geleitet. Der See ist unter anderem Austragungsstätte für die Polenmeisterschaften der Kabinenjachten, die alljährlich am letzten Juliwochenende die besten Steuermänner nach Lötzen locken.

Während der Löwentinsee ganz in Händen der Touristen und Wassersportler ist, besticht der Kissainsee durch vergleichsweise Stille und seine zahlreichen, von uralten Bäumen bestandenen Inseln. Sie sind meist als Vogelschutzgebiete ausgewiesen und dürfen auch von Wassersportlern nicht betreten werden. Westlich setzt sich der Kissainsee im Dobensee fort, der zum Schutz der Pflanzen- und Tierwelt nicht von Motorbooten befahren werden darf. Die Bäume auf den Inseln, darunter Stieleiche, Esche, Winterlinde, Bergulme, Spitz-

Schinkel-Kirche
Die Pfarrkirche in Lötzen wurde 1826/27 nach Entwürfen aus der Schule Friedrich Schinkels errichtet.

141

ahorn, Espe und Weißbuche, sind bis zu 400 Jahre alt. Die dortigen Kormorankolonien haben sich in den letzten Jahren derart vermehrt, dass über eine Begrenzung der Bestände nachgedacht wird.

Im Schatten der Leczenburg – Festung als Kulturzentrum

Die Geschichte von Lötzen beginnt mit einer Deutschordensurkunde über die »Leczenburg« aus der Zeit um 1340. Im ausgehenden 14. Jahrhundert wurde diese Burg an ihren heutigen Standort verlegt und in Stein neu errichtet. Sie gehörte zu einer Kette von Grenzburgen am Rand der Wildnis.

Ein Flügel der im Lauf der Jahrhunderte mehrfach umgebauten und als kurfürstliches Jagdschloss barockisierten Deutschordensburg ist erhalten. Ab Mitte des 15. Jahrhunderts entstand im Schatten der Burg eine Siedlung, am 12. Mai 1612 erhielt Lötzen

die Stadtrechte, die der Große Kurfürst am 24. August 1669 – zwei Jahre nach dem verheerenden Tatareneinfall – erneuerte. Das Fest der Stadtgründung am 12. Mai zählt zu den Höhepunkten des Festkalenders in Lötzen.

Direkt westlich der Stadt liegen die kilometerlangen Wälle der großen Feste Boyen. Sie wurde ab 1844 vom damaligen preußischen Kriegsminister und späteren Generalfeldmarschall Hermann von Boyen als Sperrfeste errichtet, 1887 vollendet und zu Beginn des 20. Jahrhunderts modernisiert. Auch als Gefängnis diente die Festung: Als sich der Braunschweiger Sozialdemokrat Wilhelm Bracke, heute Namensgeber einer Schule, im Jahr 1870 öffentlich gegen die Annexion von Elsass und Lothringen aussprach, wurde er in Ketten nach Lötzen gebracht.

Seit 1993 wird dieses gewaltige, auf dem Grundriss eines Siebenecks errichtete Bauwerk nach und nach restauriert und der Öffentlichkeit als multikulturelles Begegnungszentrum zugänglich gemacht. Nach Jahrzehnten der Vernachlässigung gründeten 1993 Bewohner von Lötzen

Lötzener Strandbad
*Schon vor dem Zweiten Weltkrieg war
Lötzen ein beliebter Badeort.*

und Umgebung die »Gesellschaft der
Freunde der Festung Boyen e. V.«, die von
Jahr zu Jahr immer mehr Mitglieder zählt
und aus der Zitadelle einen modernen
Treffpunkt der Gegend machen will. Diverse Clubs und Cafés sowie die Jugendherberge und die Freilichtbühne haben
bereits eröffnet, auch das Lötzener Heimatmuseum soll in dem jahrzehntelang
vernachlässigten Bauwerk untergebracht
werden.

Feste Boyen
*Heute dient das trutzige Bauwerk nicht mehr
der Verteidigung, sondern kulturellen Zwecken.*

Treffpunkt Festung
*Die Freilichtbühne an der Feste Boyen zieht
im Sommer zahlreiche Besucher an.*

Angerburg und der Mauersee

Angerburg ist der nördliche Ausgangspunkt für herrliche Ausflüge auf den Großen Masurischen Seen – im Sommer wie im Winter.

Die alte Markt- und Bierbrauerstadt Angerburg, überragt von der landschaftsdominanten Deutschordensburg, liegt im Norden der Großen Masurischen Seen am Austritt des Flusses Angerapp aus dem Mauersee. Zwischen den Weltkriegen entwickelte sie sich zu einem Zentrum des Eissegel- und Segelsports, heute ist sie eines der Fischereizentren der Masuren.

1945 wurde der Stadtkern zu 80 Prozent zerstört. Angerburg verlor seine Be-deutung als wichtige Handelsstadt und Ei-senbahnknotenpunkt der Region, auch das berühmte Angerburger Bier wird nicht mehr gebraut. Seit 1990 ist jedoch wieder ein bemerkenswerter Aufschwung zu verzeichnen. Die Stadt verfügt über einen großen Sportboothafen, ist einer der Ausgangspunkte für die Schiffe der Weißen Flotte, und wenn das Eis der Seen tragfähig ist, tummeln sich auf dem Mauersee wieder die Eissegler.

Von der Alten- zur Angerburg

Dieses Siedlungsgebiet am Mauersee liegt an einer uralten West-Ost-Straße und war bereits in der Vorzeit besiedelt, wie mehrere Gräberfelder belegen. In prußischer Zeit soll hier die Burg »Angele« gestanden haben, mutmaßlich ein uralter Kultplatz. Der Deutsche Orden unter Hochmeister Dietrich von Altenburg errichtete auf einer Flussinsel um 1335 eine hölzerne Wehranlage, die »Altenburg«, die 1365 von den Litauern niedergebrannt wurde. Der Wiederaufbau, nunmehr in Stein, erfolgte 1398 ein Stück weiter landeinwärts.

Bereits um 1450 bestand bei der Ordensburg eine Siedlung, die am 4. April 1571 zur Stadt erhoben wurde und den deutschen Namen »Angerburg« erhielt, während die Masuren sie »Wegobork« nannten. Die über dem Grundriss eines unregelmäßigen Fünfecks errichtete Burg bildete den nördlichsten Punkt einer Kette von Befestigungsanlagen, die das Gebiet der Großen Masurischen Seen von Angerburg bis Johannisburg sichern sollten. Nach Barockisierung im 17. Jahrhundert und Brandzerstörung im 19. Jahrhundert wurde das Gebäude zum Amtsgericht und Gefängnis umgebaut, 1945 brannte es aus, 1990 wurde die Restaurierung der Ruine vollendet.

Nur wenige Kilometer nordöstlich quert die Angerapp die Grenze zur russischen Exklave Königsberg und vereinigt sich nach 140 Kilometern unterhalb von Insterburg mit der Inster zum Pregel.

In der Schlacht an den Masurischen Seen besiegte Hindenburg im September 1914 die russische Njemenarmee, die sich durch Flucht der völligen Vernichtung entzog. Zum Gedenken wurde östlich von Angerburg oberhalb des Schwenzaitsees der deutsch-russische Soldatenfriedhof »Jägerhöhe« angelegt. Etwa 350 deutsche und russische Gefallene des Ersten Weltkriegs ruhen dort. Der Platz bietet einen guten Ausblick.

Kirche in Angerburg
Das heute katholische Gotteshaus wurde in den Jahren 1598 bis 1613 errichtet und erhielt 1826 eine Haube mit Laterne. 1945 blieb die Kirche weitgehend unzerstört.

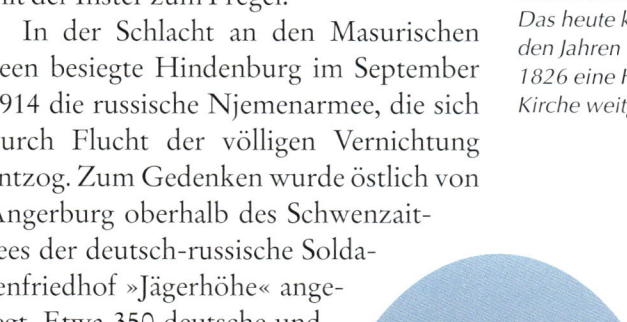

Auf dem Mauersee
Ob Segel- oder Angelpartie: Der Mauersee bietet viele beschauliche Momente.

Von den Seesker Höhen bis zur Borkener Heide

Vor 100 Jahren war der Kreis Oletzko mit 145 Frosttagen im Jahresschnitt die kälteste Gegend im Deutschen Reich und galt als das »masurische Sibirien«. Heute garantiert der schneesichere Osten Masurens Skilanglauffreuden, die niemand, der sie in dieser einsamen, lichtdurchfluteten Landschaft erlebt hat, je vergessen wird. Auch Anhänger des alpinen Wintersports kommen auf ihre Kosten: Zurzeit wird der Goldaper Berg für den Abfahrtslauf erschlossen. In der schneefreien Jahreszeit locken im Osten Masurens einige der Landschaftsperlen des Masurischen Höhenrückens wie die Lycker und Suwałki-Seenplatte, der Wigry- und der Biebrza-Nationalpark (hier im Bild eine Impression von der einzigartigen Flusslandschaft), die Seesker Höhen sowie die Rominter, Borkener und Augustower Heide.

Goldap: im Bann der Heide und der Seesker Höhen

Goldap zwischen Rominter Heide und Seesker Höhen: ein geteiltes Kleinod im kalten Norden

Die Stadt Goldap im Nordosten Masurens liegt am gleichnamigen Fluss, der zwei Kilometer weiter aufwärts im fischreichen Goldapsee an der Grenze zur russischen Exklave Kaliningrad entspringt. Die in der Deutschordenszeit auf dem Gebiet der sudauischen Merunisker gegründete Siedlung wurde 1570 zur Stadt erhoben. Im Lauf ihrer Geschichte erlebte sie immer wieder Krieg und Verwüstung; 1656 fallen die Tataren ein, 1944/45 wurde sie fast vollständig zerstört.

Ein architektonisches Prunkstück ist sie seit dem Wiederaufbau gewiss nicht, doch vor den Toren der Stadt erwarten den Besucher zahlreiche Naturschönheiten: Im Nordosten erstrecken sich die Wälder der Rominter Heide, im Süden erheben sich die Seesker Höhen, deren sagenumwobener Nordausläufer, der Goldaper Berg (272 m), als Hausberg über der Stadt aufragt und einen der schönsten Aussichtspunkte Masurens bildet. Auch der Seesker Berg (309 m), die höchste Erhebung der Seesker Höhen, liegt nur wenige Kilometer südlich der Stadt: Der Gipfel bietet einen vollendeten Blick über das eiszeitlich geformte Land bis hin zu den Wasserflächen der Großen Masurischen Seen. Ebenfalls bei Goldap liegt das Eiben-Naturschutzgebiet Cisowy jar.

Uraltes Siedlungsland

Dieses Land der sanften, aussichtsreichen Kuppen und die Uferregionen längs der Goldap werden seit Urzeiten von Menschen besiedelt. Die Goldap-Uferhöhen tragen in dichter Folge vorgeschichtliche Siedlungsspuren und Gräberfelder. Die Berge wiederum waren Brennpunkte der Mythologie, umwoben von Sagen und Legenden. Heute bilden sie ein Wanderparadies par excellence.

Zur Zeit wird daran gearbeitet, den von einem Sendemast überhöhten Goldaper Berg auf westeuropäischem Niveau für den Wintersport zu erschließen. Zu den Hauptausflugszielen am bewaldeten Nordhang zählt die Schlucht bei der »Schwedenschanze«, einer prußischen Wallanlage. Dank der geschützten Lage blühen dort die ersten Frühlingsboten in geradezu verschwenderischer Fülle: Leberblümchen, Buschwindröschen, Ler-

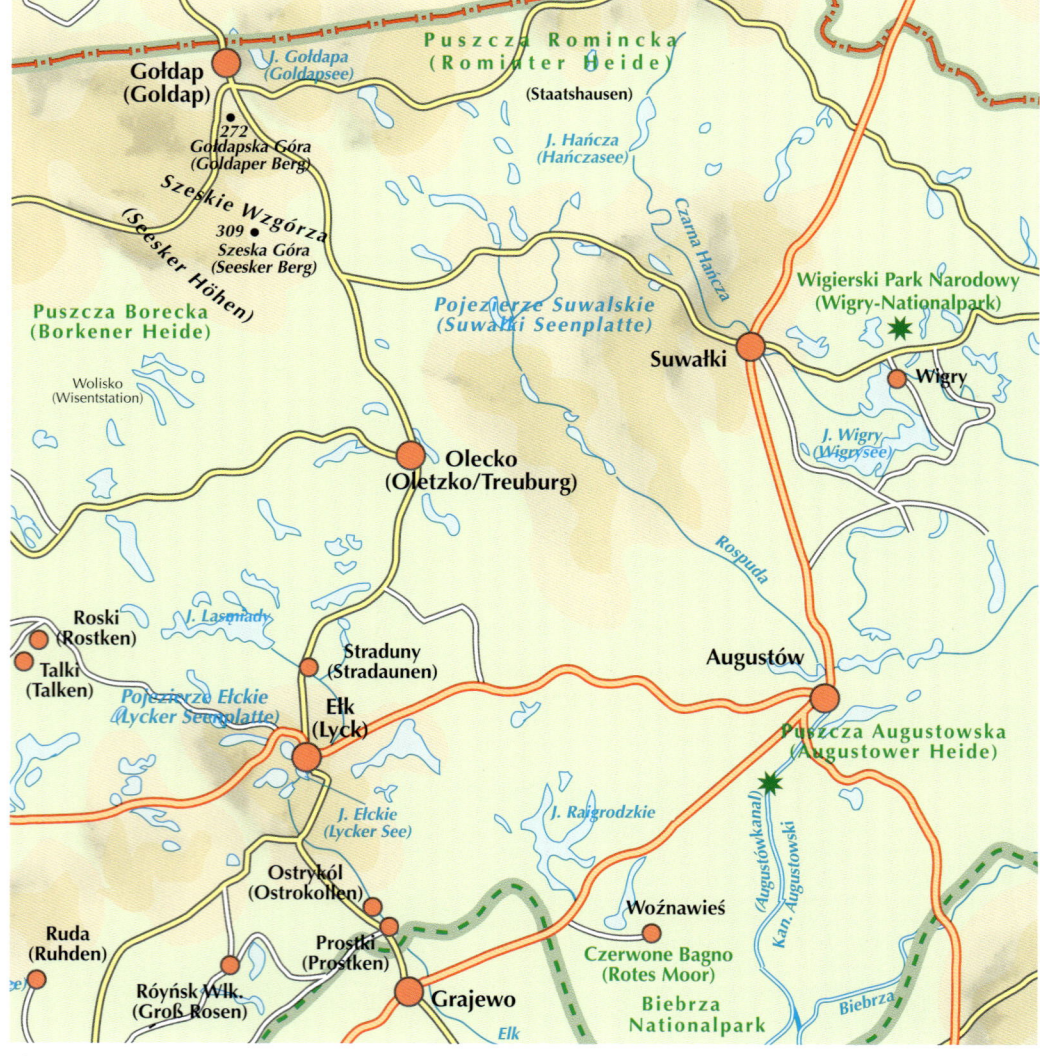

Goldaper Berg
Man glaubt es kaum, aber auf diesem kleinen, unscheinbaren Hügel bietet sich dem Wanderer ein überragendes Panorama.

chensporn, Huflattich, Scharbockskraut, Goldstern und viele mehr.

Im Volksmund wurde der Goldaper Berg auch Goldaper Kalender genannt, da bei Wetteränderungen Nebel von ihm aufsteigen. Während der totalen Sonnenfinsternis im Jahr 1887 wählten ihn Astronomen als Beobachtungspunkt.

Marienkirche in Goldap
Die 1945 fast vollständig zerstörte Kirche konnte dank großzügiger Spenden ehemaliger Goldaper wieder aufgebaut werden.

Viadukt von Staatshausen
Beim ehemaligen Siedlungsort Staatshausen östlich von Goldap zeugt ein Eisenbahnviadukt von der stillgelegten Bahnlinie von Goldap nach Insterburg; sie wurde 1879 eröffnet.

Lodernde Gipfel

In den Johannisnächten wichen die Entrücktheit und Stille auf dem Goldaper Berg volksfestartiger Stimmung: Tausende wanderten auf diesen und die benachbarten Höhen, um die Nacht der Nächte zu feiern. Bei Einbruch der Dunkelheit wurde das Johannisfeuer entzündet, ein Vorgang, der hier meist als »Hexenbrennen« bezeichnet wurde. Vom Gipfel aus konnten über 100 Johannisfeuer ringsum und bis zum Horizont gezählt werden. Zum Schluss der Feier wurde der Rest der »brennenden Hexe« den Berg hinabgerollt. Auch heute wird am Goldaper Berg alljährlich ein Sommerfest veranstaltet. Das »Goldaper Sommerfest am Berg« zählt zu den Veranstaltungshöhepunkten des Jahres neben dem Stadtgründungsfest: Am 14. Mai 1570 erhielt Goldap die Handfeste zu culmischem Recht verliehen.

Der Ort führt ein relativ abgeschiedenes Dasein. Seine Lage an der zu Zeiten des Sowjetimperiums hermetisch abgeriegelten Grenze könnte sich jedoch ändern, wenn im Rahmen der Verhandlungen über

die EU-Osterweiterung ein internationaler Übergang eingerichtet wird: Dann würden nicht mehr nur Wodka- und andere Schmuggler den »Russenmarkt« in Goldap bedienen, sondern Goldap gewänne eine Schlüsselfunktion beim Tourismus in die Rominter Heide, deren größter Teil auf dem Gebiet der russischen Exklave Kaliningrad liegt. Bis heute ist der Grenzübergang Goldap nur für den »kleinen Grenzverkehr« freigegeben. Auf russischer Seite besteht eine fünf Kilometer breite militärische Sperrzone.

Wer erlöst Schön-Wronka aus dem Zauberberg?

Um den Goldaper Berg ranken sich viele Sagen und Mythen. Eine von ihnen erzählt von einer verzauberten Prinzessin, die im Bergesinneren schläft und nur alle hundert Jahre einmal zur Johannisnacht erwacht. Dann tanzt und singt sie auf dem Berg wie in uralter Zeit und wartet auf die Lösung des Zaubers. Von dem Schriftsteller Paul Krech in Verse gefasst und von Ludwig Baumann vertont, wurde die Sage von der Prinzessin im Goldaper Berg eine Art Nationalhymne der Goldaper:

»Der Goldapberg liegt in tiefer Nacht.
Gespenstisch Leben ist aufgewacht.

Schön-Wronka tanzt dort,
singt wilden Sang,
Füllt Menschenherzen mit
Lust und Drang …«

Nur derjenige kann den Zauber brechen, der nicht spricht und sich nicht umsieht, während er die Prinzessin vom Berg führt. Da dies niemandem gelingt, kehrt die Prinzessin trauernd zurück in ihr unterirdisches Reich:

»Die Sonne kommt und
der Morgen schwirrt.
Und über alles blickt breit und kahl,
Der Berg, wie verzaubert,
ins blühende Tal.«

Jagdrevier Rominter Heide

Ideale Bedingungen für Greifvögel
Nicht nur passionierte Schützen, auch Habichte haben in der Rominter Heide ihr Jagdrevier.

Der Reiz des einstigen kaiserlichen Jagdreviers in der Rominter Heide ist bis heute ungebrochen: Die Jagd auf den Brunfthirsch ist bei dem deutschen Reisevermittler, der auf den polnischen Teil der Rominter Heide eine Option hat, über Jahre im Voraus ausgebucht. Doch auch über das Jagen hinaus ist die Rominter Heide ein Juwel. Die Straße von Goldap durch die Rominter Heide und weiter zur Suwałki-Seenplatte zählt zu den landschaftlich reizvollsten Touristikstraßen Masurens. Hinzu kommt ein wunderschöner Wanderweg längs der Rominte.

Seinen Namen trägt dieses Waldgebiet nach dem Flüsschen Rominte, das in weiten Bögen die Wildnis der Rominter Heide durchfließt. Wie die anderen so genannten Heiden Masurens ist die Rominter

Stattliche Hirsche mit prächtigen Geweihen – davon träumen Jäger in der Rominter Heide.

Heide keine Heidelandschaft im Sinne der Lüneburger Heide, sondern ein naturbelassener Wald mit uralten Eichen, Fichten und Kiefern, feuchten Wiesengründen, vernässten Brüchen, dunklen Waldseen und unwegsamen Mooren. Aus jagdlicher Sicht dreht sich in diesem Waldgebiet alles um einen: den Rominter Rothirsch.

Die heutige Rominter Heide umfasst 37000 Hektar Wald, von dem zwei Drittel als Krasniej Les (Roter Wald) zur russischen Exklave Kaliningrad und ein Drittel als Puszcza Romincka zu Polen gehören. In diesen polnischen Teil zieht es seit Anfang der 70-er Jahre deutsche Jäger, die dem Mythos Hirsch nachjagen: »Darz Bor« ist der polnische Ausdruck für »Waidmannsheil«. Polen und die Jagdvermittler wollten in der Vergangenheit gute Geschäfte machen, was zu Fehlern in der Bewirtschaftung der Wildbestände führte. 1996 wurde ein neues Jagdgesetz erlassen, doch wird es einige Jahre dauern, bis wieder die Altersstrukturen stimmen und alte Hirsche herangereift sind.

Herrschaftliches Jagdgebiet

In der Deutschordenszeit lag die Rominter Heide am Rand der »Wildnis« im Grenzgebiet zwischen dem Ordensstaat, Litauen und Polen. Diese Urwald-Wildnis bildete das ganze Mittelalter hindurch eine natürliche Barriere gegen feindliche Überfälle. Die Rominter Heide diente schon in der Ordenszeit der Jagd. Zugleich wurden Eichen als Bauholz und Linden für die Köhlerei entnommen. Eine »Bude Rominten« wird 1572 erstmals erwähnt, 1683 hatte der Große Kurfürst hier »die hohen und besten Jagden«. Die Rücksichtslosig-

Biberspuren
In der Rominter Heide gibt es viele Biber. Sie leben an Wasserläufen und fällen bevorzugt Weichhölzer, vor allem Weiden und Pappeln, indem sie sie keilförmig annagen.

Heide der Lustbarkeiten
Kurhaus und Tanzpavillon Marinowo am gleichnamigen See im einstigen Kreis Goldap

keit und Unverantwortlichkeit der hochwohlgeborenen Jäger und der Wilderer führte dazu, dass das Wild fast völlig ausgerottet wurde. 1848 lebten in der Rominter Heide noch 13 Stück Rotwild.

Zum Retter des Wildbestands wurde der preußische Oberförster Carl Friedrich Wilhelm Reiff: Er forderte vom König in Berlin erfolgreich die Übersendung von lebendem Rotwild aus dem Potsdamer Wildpark und begann mit der neuzeitlichen Hege. Den Rotwildbestand konnte Reiff damit sichern, er selbst wurde 1867 von Wilderern erschossen.

Im Jahr 1891 pirschte zum ersten Mal Kaiser Wilhelm II. in der Rominter Heide, in der Folgezeit machte er sie zu seinem Leibrevier. Zu diesem Zweck wurde das Areal auf einer Fläche von 24000 Hektar eingegattert, und die umliegenden Gemeindejagden wurden als so genannte Schutzjagden angepachtet. Dadurch vergrößerte sich das kaiserliche Jagdrevier noch einmal um 10000 Hektar. Am Ufer der Rominte ließ Wilhelm II. ein Jagdschloss errichten: das im nordischen Blockhausstil in Norwegen gefertigte »Jagdhaus Rominten«. Hinzu kamen die »Hubertuskapelle« im Stil norwegischer Stabkirchen sowie Förstereigebäude, Schulgebäude und andere Häuser.

Als Göring 1933 preußischer Ministerpräsident und 1934 zusätzlich Reichsforst- und Reichsjägermeister wurde, behielt er sich Rominten als persönliches Jagdrevier vor. Die Forstleute waren entsetzt, wie rücksichtslos er auf Trophäen aus war: Beseelt von dem irren Wunsch, in der Rominter Heide den kapitalsten Hirsch aller Zeiten zu erlegen und diese Großtat der ganzen Welt zu offenbaren, schoss er alle Hirsche zu jung. 1936 ließ Göring in der Nähe des kaiserlichen Jagdhauses den »Reichsjägerhof« errichten. Kapitale Hirsche behielt er sich selbst vor, für die Spitzen aus Partei, Wehrmacht, Luftwaffe und Industrie gab er so genannte Gästehirsche frei. Beim Einmarsch der Roten Armee wurde der Reichsjägerhof in Brand gesteckt.

Immer noch eine Reise wert
Unberührte Natur erwartet auch heute noch den Wanderer in der Rominter Heide (hier in einer Aufnahme vor dem Zweiten Weltkrieg).

Suwałki-Seenplatte und Hańczasee

Die Suwałki-Seenplatte ist die am weitesten östlich gelegene Seen- und Waldregion in Ermland-Masuren.

Die Suwałki-Seenplatte erstreckt sich im äußersten Nordosten Polens im Grenzgebiet zu Litauen, Weißrussland und der russischen Exklave Kaliningrad. Hauptzentren sind nördlich der Stadt Suwałki das Suwałki-Landschaftsschutzgebiet mit dem Hańczasee und südöstlich der Stadt der Wigry-Nationalpark mit dem Kamuldulenserkloster am Wigrysee. Die beiden Schutzgebiete sind verbunden durch die Czarna Hańcza, eine der populärsten Wasserwanderstrecken Masurens.

Mit einer Wassertiefe von 108,5 Metern ist der Hańczasee der tiefste Binnensee Polens. Malerisch eingebettet zwischen Hügeln, die ihre Existenz der letzten Eiszeit verdanken, ist er die Perle des Suwałki-Landschaftsschutzgebiets. Die für masurische Verhältnisse einmaligen Steilufer des von der Czarna Hańcza durchflossenen Sees fallen unter dem Wasserspiegel noch einmal mehr als 100 Meter ab. Viele Besucher sagen dem See eine ausgesprochen mystische Stimmung nach. Für Taucher ist er ein Paradies wegen sei-

Endlose Weite
Die Suwałki-Seenplatte ist von dichten Wäldern umgeben.

nes glasklaren Wassers, das Sichtweiten von mehreren Metern erlaubt. Eine weitere Sehenswürdigkeit des Suwałki-Landschaftsschutzgebiets, das durch seine einmalige Flora und durch das bewegte Relief unterschiedlichster Moränenformen fasziniert, ist die Gegend um das Dorf Smolniki mit der kegelförmigen Erhebung Gora Cisowa (258 m). Eine uralte Kultstätte des Stamms der prußischen Jadwinger war der Szurpilysee mit seinen drei sagenumwobenen Hügeln.

Multiethnisches Miteinander

Das Grenzgebiet um Suwałki und Augustów ist die einzige Gegend Masurens, in der nach dem Zweiten Weltkrieg so gut wie keine ethnischen Säuberungen stattfanden. Das Areal gehörte während der polnischen Teilung nicht zu Preußen, sondern war ein russisches Gouvernement. Während der Zarenzeit bildeten unter den 610000 Einwohnern des Gouvernements Suwałki die Litauer im ausgehenden 19. Jahrhundert mit rund 58 Prozent die stärkste Volksgruppe; es folgten die Polen mit 18 Prozent und die als eigene Volksgruppe gezählten Juden mit rund 13 Prozent, während Deutsche (6,5 Prozent) und Weißrussen (3,4 Prozent) nur kleine Minderheiten bildeten.

Während der Besetzung durch Hitler-Deutschland wurde das Land nach dem prußischen Stamm der Sudauer »Sudauen« genannt. Nach dem Zweiten Weltkrieg blieben die Litauer und Weißrussen, die hier lebten, weitgehend unbehelligt und bilden bis heute eine starke Minderheit. Seit dem Zusammenbruch des kommunistischen Systems pochen in der Region vor allem die Weißrussen auf einen stärkeren Ausbau der Minderheitenrechte. Im Jahre 1990 wurde als erste Partei einer ethnischen Minderheit in Polen die Weißrussische Demokratische Vereinigung gegründet.

Am Hańczasee
Wer die Stille sucht, sollte sich eine Wanderung an den Ufern des Hańczasees nicht entgehen lassen.

Gänse auf der Wiese
Das vielstimmige Geschnatter der Hausgänse ist in den ländlichen Gebieten bei Suwałki ein vertrauter Laut.

Storchenland:
Jeder dritte Storch
Europas lebt in Masuren

D er Weißstorch ist der heimliche Wappenvogel Masurens. Fast auf Schritt und Tritt begegnet man im Kulturland den sympathischen Rotschnäbeln mit dem schwarzweißen Gefieder und den roten Beinen. Ihre Nester finden sich allenthalben auf Dachfirsten, Telefonmasten, Kirchen, alten Schornsteinen und sogar Baumwipfeln. Manche Bauernhöfe tragen bis zu fünf Storchennester, und in einigen Dörfern sind bis zu 40 Nester Jahr für Jahr besetzt. Als Glücksbringer, Kindersegen bescherender »Klapperstorch« und weiser Ratgeber hat Adebar auch seinen festen Platz in der masurischen Märchen- und Sagenwelt.

Masuren: ein Paradies für Weißstörche

Kein anderer Vogel sucht die Nähe des Menschen so intensiv wie der Weißstorch. Doch trotz dieser Nähe ist der »Hausstorch« keineswegs domestiziert. Er schließt sich dem Menschen als Kulturfolger an, viele Verbreitungsgebiete wurden ihm bei der Rodung der Urwälder Masurens erschlossen. Als Endglied der Nahrungskette und wegen seiner hohen Ansprüche an den Lebensraum signalisiert er die Qualität des von ihm genutzten Lebensraums. Er steht stellvertretend für eine Reihe anderer Tier- und

Meister Adebar
Majestätisch schreitend durchkämmt dieser Storch offene Wiesen und Felder auf der Suche nach Nahrung.

Pflanzenarten, die im wenig industrialisierten Masuren überlebt haben.

Ornithologen schätzen den weltweiten Bestand auf nur noch 500 000 Tiere. In den Niederlanden, in Belgien und der Schweiz ist der Weißstorch als Wildvogel bereits ausgestorben. Lebten 1934 noch gut 9000 Paare in Deutschland, so waren es zu Beginn des dritten Jahrtausends nur noch 4000 Paare, davon 3300 in Ostdeutschland. In Polen dagegen brüten etwa 30 000 Paare.

Hauptgrund für den alarmierenden Rückgang der Weißstorchpopulation in den Industriestaaten ist der Nahrungsmangel. Die Intensivierung der Landwirtschaft, die Trockenlegung von Feuchtgebieten, die Versiegelung der Landschaft und die Eindeichung von Flussauen und

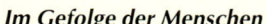

Im Gefolge der Menschen
Wenn für den Bauern die Ernte abgeschlossen ist, findet der Storch noch einen reich gedeckten Tisch vor.

Überschwemmungsgebieten haben dem Weißstorch in den Industriestaaten seine Lebensgrundlagen entzogen.

Seine Nahrung findet der Weißstorch im offenen Feuchtgrünland, in Auen und auf Wiesen, wobei er Frösche, Eidechsen, Schlangen, Fische, große Insekten und deren Larven bevorzugt. Regenwürmer und Kleinsäuger wie Mäuse und Maulwürfe verschmäht er ebenfalls nicht. Auch die Mücken, auf die in Masuren mancher gern verzichten würde, bilden ein wichtiges Glied in der Nahrungskette: ohne Mücken keine Frösche, ohne Frösche keine Störche.

Ins Nest geschaut

Die Brutzeit dauert von Anfang April bis Anfang Juli. Bis zum Schlüpfen vergehen 32 bis 33 Tage, rund zwei Monate bleiben die Jungen im Nest. Während der Aufzucht sucht ein Elternpaar mit drei Jungen täglich etwa vier Kilogramm Nahrung im Umkreis von bis zu drei Kilometern.

Das Storchennest wird immer wieder benutzt. Durch ständiges Ausbessern und Erweitern kann es bis zu zwei Meter Durchmesser und vier Meter Höhe erreichen und zwei Tonnen schwer

werden. Im Schnitt legt die Storchenmutter drei bis vier Eier, es können aber auch sieben sein. Wie viele Junge schließlich ausfliegen, ist in hohem Maß davon abhängig, ob in der umgebenden Landschaft ausreichend Nahrung verfügbar ist.

Während sich die Weißstörche in Masuren weitgehend sicher fühlen dürfen, drohen ihnen erhebliche Gefahren auf dem Weg ins afrikanische Winterquartier. Die Langstreckenzieher werden gejagt, wenn sie Rast machen und Nahrung suchen. Ein weiteres Problem bildet die zunehmende Trockenheit im Sahelgürtel.

Der Schwarzstorch – ein Waldbewohner

Etwas kleiner als der Weißstorch ist der ebenfalls in Masuren noch vorkommende, seltenere Schwarzstorch. Anders als der Weißstorch ist er ein Kulturflüchter, der sich gern in urwüchsige, feuchte Laub- und Mischwälder zurückkzieht. Außerhalb von Masuren ist der Baumbrüter mit den blutroten Watbeinen in vielen Gebieten vom Aussterben bedroht. Viele Faktoren tragen dazu bei: die Umwandlung von Naturwäldern in Wirtschaftsforste, die Entwäs-

Segelflieger
Es ist immer wieder ein beeindruckendes Erlebnis, den ruhigen gleitenden Flug eines Storches zu beobachten.

serung versumpfter Wälder, lärmende Forstarbeiten und neugierige Besucher während der Brutzeit.

Der Schwarzstorch (siehe Abbildung auf Seite 162 oben) ernährt sich hauptsächlich von Wasserinsekten, kleinen Fischen, Fröschen und Molchen und ist stärker als der Weißstorch an Wasser und Feuchtigkeit gebunden.

Während die Begegnung mit Schwarzstörchen auch in Masuren eher selten ist und vom Menschen weitgehend unberührte Orte der Stille voraussetzt, finden sich die Nester der Weißstörche in der gesamten Region. Besonders häufig sind sie im Nordosten Masurens. Zu den storchenreichsten Dörfern im Lande zählen die grenznahen Orte Schewecken, Legden, Schönbruch, Salpen und Löwenstein.

Heimatverbundenheit
Viele Störche kehren im fortpflanzungsfähigen Alter in die Nähe ihres Geburtsortes zurück, um selbst für Nachwuchs zu sorgen.

Kloster und Nationalpark Wigry

Einst suchten Mönche die Einsamkeit – und fanden sie: In der wald- und seenreichen Region östlich von Suwałki ließen sie sich nieder.

Glockenturm und Wohnanlage
Es sollte gut 50 Jahre dauern, bis der Italiener Pietro Putini im Jahre 1745 den barocken Klosterkomplex fertig stellen konnte.

Der 150 Quadratkilometer große Wigry-Nationalpark im äußersten Nordosten Masurens schützt den malerischen Wigrysee sowie die umliegenden Seen, Wälder, Moore und Bruchgebiete mit ihrer einzigartigen Tier- und Pflanzenwelt. Das Wappentier des Nationalparks ist der Biber: Über hundert dieser Burgen bauenden Nager haben hier ein Zuhause gefunden. Auf einer in den Wigrysee hineinragenden Landzunge liegt das ehemalige Kamaldulenserkloster Wigry aus dem 17. Jahrhundert. Es bildet einen guten Ausgangspunkt zur Erkundung des jüngsten polnischen Nationalparks und ist zugleich ein Ort des Gebets in einer wundervollen Landschaft. Im letzten Jahrzehnt hat es sich zudem zu einer Art Kulturzentrum entwickelt: Die Anlage ist Treffpunkt von Literaten und Musikern. Im Sommer stellen Künstler ihre neuesten Exponate aus (siehe Seite 211).

Generell ist der Wigry-Nationalpark kein Gelände für Survival-Spezialisten, auch wenn Überlebenskurse angeboten werden, sondern eher ein familienfreundliches Naturparadies: Für Wasserwanderer empfiehlt er sich ebenso wie für Rad- und Fußwanderer; das Gebiet ist durch ein gut ausgeschildertes Netz von Rad- und Wanderwegen erschlossen. Die komplette Umrundung des Wigrysees dauert zu Fuß drei Tage. Tourenkarten sind im Informationspavillon am Parkplatz vor der Krzywer Nationalparkverwaltung erhältlich.

Geistige Einkehr

Die Kamaldulenser sind ein aus der kirchlichen Reformbewegung des 11. Jahrhunderts hervorgegangener Orden, der auf der Grundlage der Benediktinerregel Gemeinschafts- und Einsiedlerleben miteinander zu verbinden versucht. Zu den bekanntesten Ordensbrüdern zählen der sächsische Missionar Brun von Querfurt, der 1009 von Prußen bei der nachmaligen Stadt Lötzen erschlagen wurde, und Papst Gregor XVI. († 1846).

In der Einsamkeit des traumhaft schönen Wigrysees gründeten aus Italien eingewanderte Kamaldulenser im frühen 17. Jahrhundert ihr Kloster. Die Türme der Barockkirche spiegeln sich im glasklaren See, der von der UNESCO als eines der saubersten Gewässer Europas eingestuft wird. Einer der beiden Türme ist als Aussichtsturm ersteigbar und bietet ein prachtvolles Panorama.

Das Kloster wurde 1804 im Zuge der Säkularisation aufgehoben. Heute beherbergt es ein kleines Museum. Ein Restaurant und ein Café laden zum Verweilen ein.

Bei seiner Reise durch Ermland und Masuren im Sommer 1999 ruhte sich Papst Johannes Paul II. drei Tage im Kloster Wigry aus, um Ruhe und Kraft zu schöpfen.

Weltliche Unternehmungen

Einsiedlerhaft geht es am See allerdings nicht zu, und in den ehemaligen »Zellen« finden Reisende eine gute Herberge. Der 2100 Hektar große See ist nicht nur eine Oase natürlicher Schönheit, er ist auch ein viel besuchtes Badeparadies: Es gibt Bootsverleihe, Restaurants und Unterkunftsmöglichkeiten, unter denen die geschmackvoll restaurierten Landhäuser auf dem Klostergelände besonders positiv auffallen. Nicht zuletzt ist der Wigrysee ein beliebtes Angelgewässer, das Fischen ist allerdings nur mit Sondergenehmigung möglich. Hechte und Barsche jagen zwischen Seerosen, in dem sauberen Wasser lassen sich die Große und die Kleine Maräne beobachten, und in den flachen Buchten am Ostufer leben große Bestände an Süßwasserkrebsen – auch sie signalisieren die Sauberkeit des Wassers.

Blick ins Innere der Klosterkirche
Auch wenn das Kloster 1804 aufgelöst wurde: Jährlich strömen zahlreiche Gläubige zum gemeinsamen Gebet nach Wigry.

Wigry-See
Der größte See der Suwałki-Seenplatte ist rundum von Mischwäldern umgeben und Herzstück des gleichnamigen Nationalparks.

Czarna Hańcza und Augustower Heide

Die von vier Seen umgebene Stadt Augustów ist das vergleichsweise wenig überlaufene Wassersportzentrum im Osten des Masurischen Höhenrückens. Die Lage am Augustówkanal, die seenreiche Umgebung und die Nähe zu der urwaldartigen Augustower Heide mit der Czarna Hańcza haben die Stadt zu einem bedeutenden Zentrum des Fremdenverkehrs werden lassen. Sie ist Ausgangspunkt der Weißen Flotte, die vom Augustower Hafen aus die Seen befährt.

Gegründet wurde Augustów im Jahr 1561 vom litauischen Großfürsten und polnischen König Zygmunt II. August. Neben Suwałki ist Augustów heute das zweite städtische Zentrum im polnisch-litauisch-weißrussischen Dreiländereck im äußersten Nordosten Masurens.

Stille Wege – endlose Heide

Östlich von Augustów erstreckt sich die teilweise noch urwaldartige Augustower Heide. Sie schließt nahtlos an den Wigry-Nationalpark an, hat eine Fläche von mehr als 1000 Quadratkilometern und bildet mit den Wäldern im benachbarten Litauen und Weißrussland den größten zusammenhängenden Waldkomplex Mitteleuropas (zusammen etwa 3000 Quadratkilometer).

Dieses naturnahe, in seinem nördlichen Teil weitestgehend unberührte, seen- und moorreiche Nadelwaldgebiet wird von der Czarna Hańcza durchflossen. Dieser sich ruhig dahinschlängelnde Fluss zählt neben der Kruttinna zu den bedeutendsten Wasserwanderstrecken Masurens. Da die Czarna Hańcza in den Augustówkanal mündet, ehe sie auf weißrussisches Gebiet fließt, lassen sich Czarna Hańcza und Augustówkanal zu einer Paddelbootroute von Augustów zum Wigry-Nationalpark und weiter via Suwałki zum Hańczasee verbinden.

Die Czarna Hańcza weist keine schwierigen Stellen auf. Die umgebende Natur ist weitaus wilder und weniger gezähmt als längs der Kruttinna, die touristische Infrastruktur ist vergleichsweise gering. Die herrliche, einsame Landschaft wiegt jedoch diesen vermeintlichen Nachteil auf.

Während der Fahrt lassen sich Biber und Fischotter beobachten. Auf den stillen Waldseen sind Tauch- und Schellenten zu sehen. Ab März oder April suchen sich die Schellenten in Baumhöhlen an den Gewässern Plätze zum Brüten. Das Weibchen legt sieben bis zehn Eier, nach vier Wochen schlüpfen die Küken und bleiben zwei Tage in der Nisthöhle – dann ist es Zeit für den ersten Ausflug.

Durch die Augustower Heide schlängelt sich eines der schönsten Flüsschen Ermland-Masurens.

Erfrischung im Augustówkanal
Der überwiegend im 19. Jahrhundert gegrabene Kanal ist für die heutige Schifffahrt bedeutungslos geworden und fungiert als Wasserwander- und Planschparadies.

Idyllische Rast
Am Wegrand locken zahlreiche Abstecher zu kleinen Seen oder zum Fluss.

Kanutenschleuse Przewiez am Augustówkanal
Die in Stein errichteten Schleusen stehen als technische Kulturdenkmäler unter Schutz.

In Rygola vereinigt sich die Czarna Hańcza mit dem Wassersystem des Augustówkanals. Dieser 1824 bis 1939 gegrabene Kanal verbindet auf einer Länge von 102 Kilometern die Flusssysteme von Weichsel und Memel. Für die Schifffahrt ist er wegen der geringen Maße der 18 in Stein errichteten Schleusen – darunter eine Zweikammerschleuse in Paniewo – so gut wie bedeutungslos geworden. Seit 1968 steht er als technisches Kulturdenkmal unter Schutz.

Auch für Radtouren ist die Augustower Heide ein Paradies, wobei teils kleine Sträßchen zu wenigen, abgelegenen Dörfern und Einzelhäusern, teils Waldwege die Route vorgeben. Wahrscheinlich begegnet man eher einem Elch als einem Menschen. Dies gilt vor allem für den Norden mit seinen prachtvollen Mischwäldern, in denen zahlreiche Tiere ein Rückzugsgebiet gefunden haben. Wie Inseln liegen in diesem Waldgebiet zahlreiche große, glasklare Seen versteckt, deren Ufer wegen der dichten Schilfgürtel nur an wenigen Stellen zugänglich sind. Einige von ihnen werden als Angelgewässer genutzt.

Seerosenpracht
Zu den Charakterpflanzen auf Fließgewässern wie Kruttinna und Czarna Hańcza zählen die Seerosen.

161

Am europäischen Amazonas: der Biebrza-Nationalpark

Menschenscheu
Wer Glück hat, bekommt den seltenen Schwarzstorch zu sehen.

König der Biebrza-Sümpfe
Im Biebrza-Nationalpark lebt die größte Elchkolonie Mitteleuropas.

Das Biebrza-Moorland südlich von Augustów umfasst eine der letzten unberührten Flusslandschaften Mitteleuropas und gilt als eine der bedeutendsten Natursehenswürdigkeiten des Kontinents. Der ästhetische, Bildungs-, Erholungs- und Erlebniswert dieses Gebiets ist derart hoch, dass hier 1993 der größte polnische Nationalpark eingerichtet wurde: Ohne menschliche Eingriffe soll sich diese Urlandschaft entwickeln, damit ihr Reichtum und ihre Schönheit auch künftigen Generationen erhalten bleibt.

Die unberührte Natur des Biebrza-Nationalparks bietet zu jeder Jahreszeit ein unvergessliches Erlebnis.

In der an Mooren und Auenwäldern reichen Schwemmlandebene längs der Mäander und Altarme der Biebrza leben 60 Prozent aller Brutvogelarten Europas. Vor allem Adler und Störche haben hier ein Rückzugsgebiet gefunden, das Ornithologen aus aller Welt anzieht. In Sümpfen und Buschwerk leben Singschwan, Pfeifente und Birkhuhn, hecken Seggenrohrsänger, Weißrückenspecht, Weißflügelseeschwalbe und Schwarzstorch, jagen Schlangen-, Schell- und Schreiadler, Uhu und Seeadler. Wenn der Fluss alljährlich im Frühjahr über die Ufer tritt, verwandeln sich die Biebrza-Wiesen mit ihren Millionen von Sumpfdotterblumen in das farbenprächtige Balztanzreich von Wasser- und Sumpfvögeln.

Auch viele selten gewordene Säugetiere haben in dem 590 Quadratkilometer großen Nationalpark eine Heimat gefunden. Unter ihnen der Elch, der König der Biebrza-Sümpfe: Mit 350 Tieren beherbergt der Nationalpark die größte Elchkolonie Mitteleuropas. Ebenso großartig wie in Frühling und Sommer sind die Biebrza-Sümpfe im Herbst, wenn sich die Blätter der Birken rot färben, eine majestätische Stille einkehrt und in den Nächten das Röhren des Rotwilds und der Elche hallt. Früh schon fällt der erste

Schnee, und allenthalben zeigen sich die Spuren der Wölfe, Hermeline und anderer vierbeiniger und geflügelter Bewohner dieser melancholischen Landschaft.

Unverfälschte Natur

Zu den botanischen Besonderheiten zählen verschiedene Orchideen, hinzu kommen neben einer artenreichen Wasser- und Sumpfflora zahlreiche geschützte Arten, darunter die Türkenbundlilie, der Fleisch fressende Sonnentau, die goldgelbe Trollblume und der Seidelbast sowie Eiszeitrelikte wie die Zwergbirke und die Blaue Himmelsleiter mit ihren himmelblauen Blüten. Und wenn zur Mittsommerzeit das Wollgras flockt, verwandeln sich die Moore in ein wogendes Meer in Weiß.

Dass dieses Paradies bis heute erhalten geblieben ist, verdankt es seiner Grenzlage: Als unwegsames Zwischenland im Bereich mehrerer Staaten wurde dieses Moor nie entwässert. Erlebt werden kann seine einzigartige Vielfalt auf mehreren Wegen. Die Biebrza gibt die Route für Kanuten und Kajakwanderer auf der 135 Kilometer langen Strecke von Lipsk nach Wizna vor. Mehrere Veranstalter haben diese geführte Tour im Programm.

Die zweite Art, die Schönheit des Nationalparks zu erleben, sind Radtouren auf Feldwegen und kleinen Straßen. Übernachtungsmöglichkeiten bieten private Anbieter in den Dörfern. Startpunkt für Wanderer ist schließlich das Dorf Woźnawieś am Nordrand des Nationalparks: Hier beginnt der neun Kilometer lange Weg in das Rote Moor (Czerwone Bagno).

Fischer bei der Arbeit
Vornehmlich für den regionalen Markt werden hier die Netze ausgebreitet.

Natürliche Flusslandschaft
Im Biebrza-Nationalpark kann sich das Wasser noch seine eigenen Wege bahnen.

Nostalgisches Zentrum im Osten: Lyck

Wanderer zu Wasser und zu Lande finden in Lyck eine ideale Ausgangsbasis für erlebnisreiche Touren.

Lyck ist die größte Stadt im Osten Masurens. Vor 100 Jahren galt Lyck als inoffizielle »Hauptstadt des Masurenlandes«, heute bildet sie ein ideales Standquartier zur Erkundung der unverfälschten Lycker Seenplatte sowie generell von Ostmasuren.

Hauptsehenswürdigkeit der im Ersten und erneut im Zweiten Weltkrieg stark zerstörten Industriestadt ist der Lycker See, dessen Insel, auf der sich einst die Deutschordensburg befand, durch einen Damm mit der Stadt verbunden ist. Eine technische Attraktion ist die historische Schmalspurbahn, die auf einer Länge von knapp 50 Kilometern von Lyck nach Turowo dampft. Im Zentrum der Stadt finden sich noch zahlreiche Häuser aus dem 19. Jahrhundert und der Zeit des Jugendstils. Die neugotische Pfarrkirche Sankt Adalbert wurde 1992 von Papst Johannes Paul II. zum Dom erhoben.

Lutherisches Missionszentrum

Das seenreiche Gebiet längs des Flusses Lyck suchten schon in der Jungsteinzeit Fischer und Jäger auf. Leider wurden die reichen Vorgeschichtssammlungen des Lycker Heimatmuseums 1945 vernichtet. Die Urbarmachung der Wildnis begann, als der Deutsche Orden auf der Insel im Lycksee ein »festes Haus« errichten ließ, das 1398 erstmals urkundlich erwähnt wird. Die Siedlung am Südufer des Sees bekam 1425 ein Dorfprivileg verliehen und gewann während der Reformation ab 1525 eine Schlüsselfunktion bei der Bekehrung der katholischen Masuren.

Herzog Albrecht in Preußen benötigte deutsche und polnische Geistliche, die die masurische Sprache beherrschten, um den masurischen Siedlern in der Wild-

Blick über Lyck
Die reizvolle Lage an den lang gestreckten Ufern des Lycker Sees machen den Charme dieser grenznahen Stadt aus.

Vergnügliche Zugfahrt
*Ein Muss für Eisenbahnfans: der Bahnhof
der historischen Schmalspurbahn*

nis die Inhalte des lutherischen Glaubens
vermitteln zu können. Diese Funktion
übernahmen aus dem katholischen Polen
emigrierte Lutheraner, die in Lyck eine
Druckerei gründeten und hier Luthers Bi-
belübersetzung in polnischer Sprache sowie zahlreiche Erbauungsschriften druck-
ten. In der Lycker Kirchschule wurden

masurische Knaben auf das Studium an
der Universität Königsberg vorbereitet.
Als lutherisches Missionszentrum in der
Wildnis nahm Lyck auch wirtschaftlich
einen Aufschwung. Beim Tatareneinfall
ging Lyck 1656 in Flammen auf, am 23. Juli 1669 erhielt es vom Großen Kurfürsten
Friedrich Wilhelm von Brandenburg die
Stadtrechte verliehen.

Sankt Adalbert
*In vorweihnachtlichem Glanz zeigt sich der aus
dem Jahre 1853 stammende Backsteinbau.*

Ehemaliger Wasserturm
*Hier befindet sich heute das Kulturzentrum der
»Deutschen Minderheit Masuren in Lyck«.*

Grenzsäule von Prostken
Heute steht an der Stelle der ursprünglichen Grenzmarkierung eine Kopie, das Original gilt als verschollen.

Holzhaus in der Umgebung von Lyck.
Fernab der Moderne scheint auf diesem Hof die Zeit stehen geblieben zu sein.

Charakteristische Holzbauten

In den Dörfern rund um Lyck sind noch mehrere alte masurische Bauernhäuser erhalten. Sehenswert sind auch einige Kirchen der Umgebung, darunter die im Jahr 1990 restaurierte Holzkirche (1667) in Ostrokollen und die Feldsteinkirche (1738) von Stradaunen. Die für Masuren und Ostpreußen typischen Holzkirchen wurden in der Zeit nach dem Ersten Nordischen Krieg bis etwa 1720 gebaut, wobei die Ostrokollener Holzkirche die größte ihrer Art ist. Ursprünglich 1538 errichtet, wurde sie im Jahr 1656 von den Tataren zerstört und 1667 im »Gehr-

satz« auf einem Feldsteinsockel neu erbaut. Der auch bei alten Häusern zu beobachtende Gehrsatzbau war eine Reaktion auf die knapper werdenden Holzressourcen in der zunehmend kleiner werdenden »Wildnis«: Zum Haus- und Kirchenbau wurden nicht mehr ganze Stämme verwendet, sondern die Stämme wurden in der Mitte durchgeschnitten, um die Zahl der Bretterbalken für Wände und Decken zu verdoppeln. Türen und Fenster wurden von Pfosten zusätzlich abgestützt. Diese Bauweise nannte man »Gehrsatz«.

Bei Prostken am Ostufer des Flusses Lyck wenige Kilometer südlich der Stadt wurde im August 1545 die preußisch-polnische »ostrokollnische Grenzsäule« aufgestellt. Sie markierte 400 Jahre lang die Südgrenze Preußens. Der rund drei Meter hohe Renaissance-Ziegelpfeiler trägt auf der Stirnseite die Wappen Preußens und Litauens und eine Inschriftentafel; das preußische Wappen zeigt den Jagiellonenadler zum Zeichen der preußischen Lehnsabhängigkeit von Polen.

Holzkirche von Ostrokollen
Charakteristisch für masurische Holzkirchen sind die schlichte, wehrhafte Bauweise und der Verzicht auf dekorative Elemente.

Engagement für die Heimat: Lenz – Lycks berühmtester Sohn

Der berühmteste Sohn Lycks ist der Schriftsteller Siegfried Lenz. Am 17. März 1926 wurde er in der masurischen Kleinstadt als Sohn eines ostpreußischen Zollbeamten geboren. Mit seinen politisch und moralisch engagierten Romanen, Erzählungen und Essays zählt er zu den bedeutendsten Schriftstellern Deutschlands. Zu seinen zahlreichen Auszeichnungen gehören der Friedenspreis des Deutschen Buchhandels (1988), der Goethepreis der Stadt Frankfurt am Main (1999), der Weilheimer Literaturpreis (2001) und die Ehrenbürgerwürde der Freien Hansestadt Hamburg (2001).

Die für das deutsch-polnische Verhältnis wichtigste Auszeichnung erhielt er 1970: Zum Zeichen der Völkerverständigung, für die sich auch Vertriebene aus den ehemaligen deutschen Ostgebieten einsetzen, wohnten auf ausdrücklichen Wunsch von Bundeskanzler Willy Brandt der Masure Siegfried Lenz und der Danziger Günter Grass der Unterzeichnung des Warschauer Vertrags bei.

Nach dem Notabitur 1943 zur Kriegsmarine eingezogen, entging der 17-jährige Lenz bei der Versenkung seines Ausbildungsschiffs nur knapp dem Tod. Als er nach Dänemark verlegt wurde, desertierte er und konnte sich dank der Unterstützung dänischer Bauern bis zum Ende des Weltkriegs und der nationalsozialistischen Diktatur verstecken. Nach kurzer Kriegsgefangenschaft begann er in Hamburg zu studieren. Der

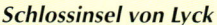

Schlossinsel von Lyck
Das »feste Haus« des Deutschen Ordens auf der Insel im Lycker See wurde Keimzelle von Lyck.

Erfolg seines Debütromans »Es waren Habichte in der Luft« (1951), einer Auseinandersetzung mit dem Kommunismus, ermöglichte es ihm, als freier Schriftsteller zu leben.

Zeitnahe Sujets, eine realistische Erzählhaltung und eine von den Kurzgeschichten Ernest Hemingways beeinflusste schlichte Sprache sowie ein überbordender Erzählfluss prägen nahezu alle Werke von Siegfried Lenz, der ab 1952 Mitglied der zeitkritisch-antiautoritär ausgerichteten literarischen »Gruppe 47« war. Hinzu kommen fast stets autobiografische Elemente, die oftmals in seiner masurischen Heimat angesiedelt sind. Auf Seite 37 bis 39 sind seine bedeutendsten Masurenwerke vorgestellt: Der Erzählband »So zärtlich war Suleyken« (1955) und der Roman »Heimatmuseum« (1978).

Lycker Innenstadt vor dem Zweiten Weltkrieg
Der Roman »Heimatmuseum« von Lenz spielt zu einem großen Teil in der fiktiven masurischen Stadt Lucknow – der Name erinnert deutlich an Lyck.

Wisent-Wildnis Borkener Heide

Die Borkener Heide zwischen der Lycker Seenplatte und den Seesker Höhen ist eines der größten Waldschutzgebiete Masurens und wegen ihrer Wisentbestände weit über die Grenzen Polens hinaus bekannt. Auf 232 Hektar erstrecken sich in diesem abwechslungsreichen Gebiet dichte Misch-, Laub- und Nadelwälder ebenso wie Seen und Wiesenland, Moore und sanfte Hügel.

Durch Auenwälder schlängeln sich fischreiche Bäche, von denen mehrere auch mit Booten befahren werden können. Rad-, Reit- und Wanderwege durchziehen das Areal, es gibt mehrere Campingplätze und zahlreiche Reiterhöfe, aber vor allem endlose Wege in wunderbarer Stille. Die himmelblau blühende Staude, die man in der Borkener Heide relativ oft sieht, ist die Jakobsleiter. Sie gehört zu der Gattung der Sperrkrautgewächse. In der Borkener Heide befindet sich eines ihrer größten geschlossenen Verbreitungsgebiete.

Die Borkener Heide ist wegen ihrer Wisentbestände international ein Begriff geworden.

Die Hauptattraktion in der Borkener Heide ist für viele das Wisent-Freigehege: Während eines Waldspaziergangs oder einer Radtour durch die Borkener Heide lässt sich mit etwas Glück die Herde der hier frei lebenden Wisente beobachten. Die Tiere sind äußerst scheu.

Wisentstation Wolisko
Die Begegnung mit den mächtigen Rindern im Wisentgehege bei der Försterei Wolisko zählt zu den Höhepunkten eines Besuchs in der Borkener Heide.

Die letzten Wildrinder Europas

Der Wisent ist das einzige überlebende Wildrind Europas und seit dem Aussterben des Auerochsen der stärkste europäische Bovide (Horntier). Verwandtschaftlich steht der massige Blattfresser, der eine Lebenserwartung von etwa 30 Jahren hat, dem amerikanischen Bison näher als unseren Hausrindern, deren Stammvater der Auerochse war. Als der letzte Wisent in freier Wildbahn 1921 erlegt wurde, lebten auch in Gehegen nur noch 56 Wisente.

1923 wurde in Berlin die Internationale Gesellschaft zur Erhaltung des Wisents gegründet, der sich 15 europäische Länder und die USA anschlossen. 1931 gelangte aus dem Zoo in Posen das erste Wisentpaar in den heutigen Bialowieski-Nationalpark an der Grenze zum heutigen Weißrussland. Dort wurden die Tiere in einem großen eingezäunten Gehege gehalten. 1945 gab es in Polen 69 Wisente, weitere 58 in Deutschland und Schweden.

Nachdem der Wisentbestand durch erfolgreiche Zoo- und Gatterzuchten wieder auf einer soliden Basis stand, ließ man 1956 eine kleine Herde in dem erwähnten Wisentreservat frei. 1957 wurde die Züchtungsstation in der Borkener Heide gegründet.

Hauptnahrungsmittel dieser langwollig behaarten Wildrinder sind Blätter, Gräser, Farne, Kräuter, Flechten und Moose, Baumrinde, Zweige und im Herbst auch Eicheln. In den Misch- und Laubwäldern und den feuchten Lichtungen der Borkener Heide finden sie ideale Bedingungen vor. Ebenso wie sein amerikanischer Verwandter, der Bison, lebt der Wisent, der früher in ganz Europa verbreitet war, heute nur noch in halbwilden Herden in Reservaten: Drei davon gibt es in Polen, das bedeutendste ist neben der Borkener Heide der außerhalb Masurens gelegene Bialowieski-Nationalpark.

Urwald im Osten Masurens
*In diesem sumpfigen, dichten Waldgelände
ist die Natur sich selbst überlassen.*

Von Rastenburg nach Heiligelinde

Das rote Rastenburg, Rössel mit seiner hübschen Altstadt und das Barockjuwel Heiligelinde (hier im Bild) zählen zu den Glanzpunkten im Nordwesten der Großen Masurischen Seen. Beklemmend wirken in dieser beeindruckenden Natur-, Kultur- und Sakrallandschaft die Betonbunker der Wolfsschanze, die bei Rastenburg an den Wahnsinnigen erinnern, der das Land in den Krieg riss, skrupellos Millionen von Menschenleben opferte, den Verlust der Heimat von Millionen von Menschen nicht nur in Masuren zu verantworten hat und sich der Verantwortung feige entzog. Diese Betonbunker erinnern zugleich daran, dass es Widerstand gegen die nationalsozialistische Schreckensherrschaft gab: Die Wolfsschanze war ein Schauplatz des gescheiterten Attentats auf Hitler vom 20. Juli 1944.

Das rote Rastenburg

Rastenburg war früher sprichwörtlich bekannt als »das rote Rastenburg«. »Glühen wie ein Rastenburger« wurde zum geflügelten Wort, denn nach einem Stadtbrand waren die Dächer mit roten Schindeln gedeckt worden. Näherte man sich der auf einer Anhöhe gelegenen Stadt, leuchteten einem schon von weitem die roten Ziegeldächer entgegen. »Mit roten Dächern lag die kleine Stadt, mit roten Dächern über gelben Giebeln«, heißt es in dem Werk »Die Blechschmiede« von Arno Holz. Auch wenn dieses Glühen im 20. Jahrhundert verblasste, zählt Rastenburg zu den besuchenswertesten Städten in Ermland-Masuren.

Die Stadt Rastenburg an der Guber verfügt über eine der imposantesten Deutschordensburgen.

Der deutsche Name der Stadt leitet sich von der alten prußischen Siedlung »Rast« (= Pfahl) ab, die hier vor der Ankunft der Kreuzritter bestand. Ihren heutigen Namen (Kętrzyn) erhielt die Stadt, die am Ende des Zweiten Weltkriegs zu mehr als 50 Prozent zerstört wurde, 1946: Namenspatron wurde der masurische Historiker und Ethnograf Wojciech Kętrzyński (1838–1916), der im 19. Jahrhundert zahlreiche Abhandlungen über Masuren verfasst und sich für ein »polnisches Masurentum« stark gemacht hatte. Nach ihm ist auch das Kętrzyński-Institut benannt, ein bedeutendes Forschungszentrum in Allenstein.

Äußere und innere Feinde

Der Deutsche Orden gründete um 1329 die Rastenburg von Balga am Frischen Haff aus. Die Holz-Erde-Befestigung auf einer Anhöhe über der Guber diente dem Schutz vor Einfällen der Litauer und war zugleich eine der Ordensbastionen am Rand der »Wildnis«, die sich von Ragnit über Insterburg bis Allenstein und Osterode hinzogen.

Nach der Zerstörung durch die Litauer 1345/47 wurde die Rastenburg um 1360 in zehn Jahren neu errichtet – diesmal aus Stein. Die im Schatten der Burg errichtete Siedlung erhielt bereits 1357 Stadtrechte und wuchs derart rasch, dass schon um 1370 eine Neustadt gegründet werden musste.

Während des Städtekriegs im 15. Jahrhundert kämpften die Bürger auf der Seite des Preußischen Bunds gegen den Orden. Die Kreuzritter verschanzten sich in der Rastenburg. Als der Pfleger Wolfgang Sauer im Winter 1454 einen Ausfall gegen die Stadt wagte, wurde die Burg erobert, der Ordensrepräsentant gefangen genommen und ertränkt: Der Pöbel schlug ein

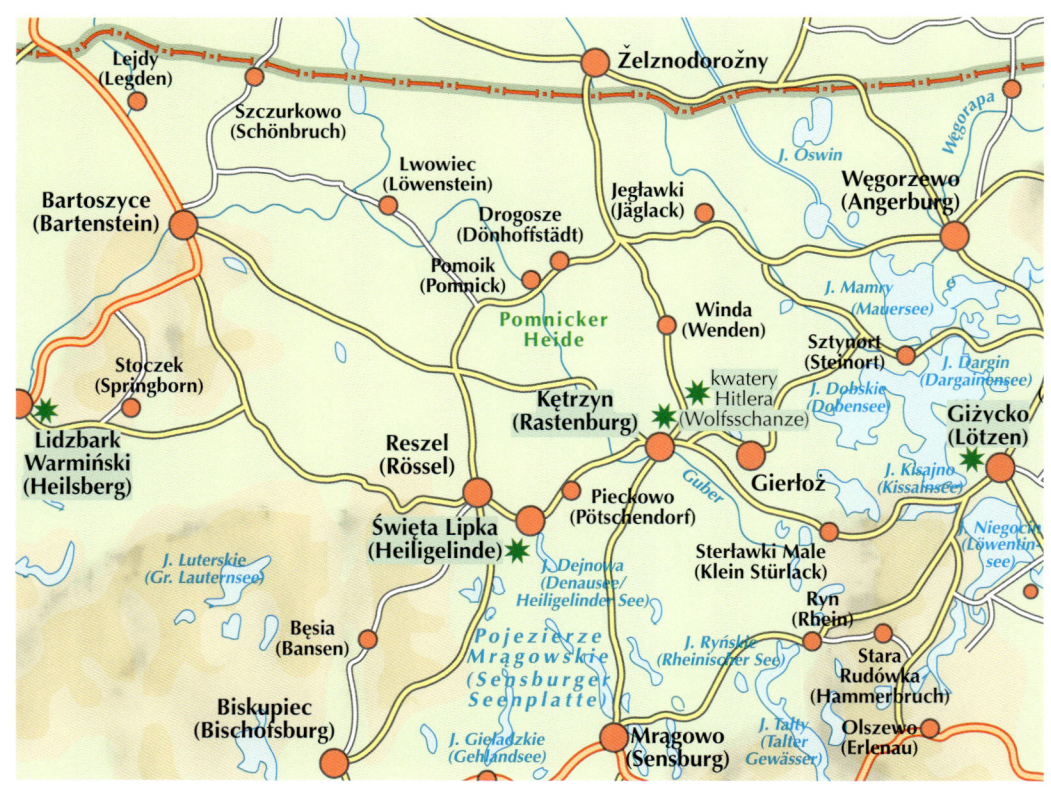

Wehrkirche als Teil der Stadtmauer
Die in die Rastenburger Stadtmauer integrierte gotische Wehrkirche zählt zu den Prunkstücken der Deutschordensarchitektur.

Loch in das Eis auf dem Mühlenteich und schob den Pfleger unter die Eisschicht. 1461 schlossen Stadt und Orden Waffenstillstand, und am Ende des Städtekriegs fiel Rastenburg im Frieden von Thorn wieder an den Orden zurück.

In preußischer Zeit war Rastenburg bis Mitte des 17. Jahrhunderts die drittreichste Stadt Ostpreußens nach Königsberg und Memel. Doch Naturkatastrophen, Stadtbrände, Plünderungen und die Pest ließen diesen Wohlstand rasch dahinschmelzen. Im Verlauf des 19. Jahrhunderts setzte ein grundlegender Strukturwandel ein, der das Gepräge der Stadt bis heute bestimmt: Rastenburg ist eine bedeutende Industriestadt mit Betrieben der Nahrungsmittel-, Elektro-, Bekleidungs- und Holzindustrie.

Arno Holz –
Sehnsucht nach der
Stadt der Kindheit

Zu den berühmtesten Söhnen Rastenburgs zählt der Jugendstildichter Arno Holz (1863 – 1929). Anlässlich der 600-Jahrfeier Rastenburgs erhielt der sprachgewaltige Romantiker und Realist 1929 die Ehrenbürgerwürde verliehen und der Alte Markt wurde in Arno-Holz-Platz umbenannt. Seine Geburtsstadt, so bekannte der Dichter kurz vor seinem Tod, habe ihm »das köstliche Idyll des deutschen Kleinstadtlebens« geschenkt.

In der programmatischen Schrift »Die Kunst, ihr Wesen und ihre Gesetze« (1891/92) zitiert Holz den Anfang seines Romanfragments »Goldene Zeiten«, das die unheimlichen Erlebnisse eines kleinen Apothekerjungen zum Thema haben sollte. Dabei entwirft er folgendes Bild seiner Heimatstadt: »Seine Kindheit! Immer, wenn er sich in sie zurückdachte, tauchte, schimmernd wie ein Perlmutterstückchen, das Miniaturbild einer alten, kleinen Stadt vor ihm auf: hochrote Dächer über mattgelben Giebeln, stille,

lange Straßen, in denen das Gras wuchs, Hähne, die verschlafen in den schwülen Nachmittag krähten, Rosenstöcke, die über grün gestrichene Blumenbretter weg blutrot durch den stillen Sommer funkelten, Wetterfahnen, die sich kohlschwarz in den blauen Himmel drehten, und vor allen Dingen Sonne, viel, viel Sonne! Am liebsten aber hatte er doch das Haus seines Vaters. Es war das stattlichste aus der ganzen Stadt, warf nachts, wenn der Vollmond in seine Schornsteine schien, seinen dunkelblauen, scharf gezackten Schlagschatten unten mitten

Oberteich in Rastenburg
Der Oberteich war ein beliebtes Ziel für den Sonntagsspaziergang und ein Treffpunkt für Verliebte.

auf den stillen Markt und hatte überdies zwei grüne, ganz mit Moos bewachsene Dächer.«

Rastenburger Geburtshausgedicht
Arno Holz wurde am 26. April 1863 als viertes von zehn Kindern des Apothekers Hermann Holz in Rastenburg geboren. Der Vater hatte 1858 die damals einzige Apotheke in Rastenburg gekauft, den »Schwarzen Adler«. Sie versorgte etwa 6000 Einwohner und die Garnison. An der Stelle, wo die Apotheke »Zum schwarzen Adler« stand, ließ die Arno-Holz-Gesellschaft 1997 eine deutsch-polnische Gedenktafel anbringen, die an das Geburtshaus des Dichters erinnert. Über seine Geburt dichtete Holz folgende Verse, die die Atmosphäre der damaligen Kleinstadt einfangen:

Wilhelmsplatz
Alte Aufnahmen von Rastenburg lassen nachempfinden, warum Arno Holz seine Heimatstadt so liebte.

*»An einem ersten, blauen Frühlingstag
in einer Königlich preußischen, privile-
gierten Apotheke zum Schwarzen Adler,
bin ich geboren.
Vom nahen Georgenturm,
über den alten Markt der kleinen,
weltentlegenen Ordensritterstadt,
zwischen dessen buntlichem, holprigem
Pflaster noch Gras wuchs,
durch die geöffneten Fenster,
läuteten die Sonntagsglocken.«*

Das Rastenburger Geburtshausgedicht variierte Holz in seinem lyrischen Zyklus »Phantasus« (1898/99) über mehrere Seiten hinweg, wobei er detailversessen auch Gardinen und die scheinbar banalsten Dinge beschrieb. Auch das Essen kam nicht zu kurz: »Zu Mittag, feiertagsfürsorglich, selbst zubereitet, gab es köstlichen, knusperigen, knaftigen, krustigen, saftigen, schwartigen Schweinsschinken und schwarzblänkerige und kraftbraunsoßige und fruchtfleischige, geschmorte Backpflaumen.«

Sinnbild der Geborgenheit

Holz verbrachte die meiste Zeit seines Lebens im fernen Berlin, doch die Heimat blieb ihm stets Quelle der Inspiration und ein Sinnbild der Geborgenheit, nach der sich der Dichter aus der Großstadt zurücksehnt:

*»Spann deine Flügel weit,
fern allem Tagesstreit,
schwing dich durch Raum und Zeit
über dein Leid!
Jenseits des letzten Blaus
blitzt deiner Heimat Haus,
hinter dir Tod und Graus,
halt durch, harr aus!«*

Einige seiner mit viel Liebe zum Detail ausgestalteten Gedichte des »Phantasus«-Zyklus bezeichnete er ausdrücklich

Georgskirche
Im 48 Meter hohen Wehrturm sind Schießscharten erkennbar; links der Glockenturm.

als »Kindheits- und Heimaterinnerungen«. Holz soll nie müde geworden sein, von seiner Mutter und seinen Rastenburger Kindheitseindrücken zu erzählen. »Noch heute«, sagte er im Alter, »sind meine Kindheitserinnerungen an Rastenburg ungeheuer stark.« Gleichzeitig betonte er: »Ich habe mein Erlebnis der Kleinstadt nicht idealisiert, nur stilisiert.«

1994 wurde in Rastenburg die Arno-Holz-Gesellschaft für polnisch-deutsche Verständigung gegründet. Ziele der Gesellschaft sind laut Satzung: »Im Sinne der deutsch-polnischen Aussöhnung gute Bedingungen zu schaffen für die Zusammenarbeit Kętrzyner Bürger mit deutschen Organisationen. Beizutragen zur Erhöhung des Bildungs- und Wissensniveaus der Kinder und Jugendlichen. Alle zu Kultur- und Gedankenaustausch beitragenden Tätigkeiten zu unterstützen; besonderer Wert wird dabei auf die Förderung von Kontakten zwischen polnischer und deutscher Jugend gelegt. Aktivitäten zu unterstützen, die zur Förderung von Bildungs- und Kulturwesen sowie Sport beitragen.«

Sommerlicher Anziehungspunkt
Der Lieblingsort aller Kinder an heißen Tagen: das Rastenburger Freibad in einer Aufnahme vor dem Zweiten Weltkrieg

Mahnmal Wolfsschanze

Die gewaltigen Ruinen der Wolfsschanze erinnern an die mörderische national-sozialistische Politik, die letztendlich zur Vertreibung der Deutschen aus ihrer masurischen Heimat führte.

Leben bei künstlichem Licht
Die prunkliebende NS-Führung erwartete in den Bunkern der Wolfsschanze ein vergleichsweise spartanisches Leben. Göring zog es vor, in seinem luxuriösen »Reichsjägerhof« zu residieren.

Die Wolfsschanze bei Görlitz östlich von Rastenburg ist das bekannteste unter den zahlreichen Hauptquartieren, die Hitler während des Zweiten Weltkriegs benutzte. Mit mehr als 300000 überwiegend deutschen Besuchern jährlich ist sie eines der meistbesuchten Mahnmale zur Erinnerung an die Terrorherrschaft eines Regimes, das mehr als 60 Millionen Menschen in den Tod trieb, Deutschland und Europa in Schutt und Asche legte und Millionen von Menschen die Heimat raubte.

Zugleich erinnern die Betonbunker und Ruinen der Wolfsschanze daran, dass nicht alle Deutschen Mittäter und Mitläufer waren. An der Stelle des missglückten Attentats vom 20. Juli 1944 wurde 1992 eine Gedenktafel in deutscher und polnischer Sprache angebracht: »Hier stand die Baracke, in der am 20. Juli 1944 Claus Schenk Graf von Stauffenberg ein Attentat auf Adolf Hitler unternahm. Er und viele andere, die sich gegen die nationalsozialistische Diktatur erhoben hatten, bezahlten mit ihrem Leben.«

Zwangsarbeiter und Häftlinge

Die Einrichtungen auf dem 2,5 Quadratkilometer großen Gelände der Wolfsschanze wurden ab 1940 durch die Organisation Todt (OT) errichtet. Die militärisch strukturierte OT war nach dem Reichsminister für Bewaffnung und Munition Fritz Todt benannt, der ab 1933 als Generalinspektor für das deutsche Straßenwesen fungierte.

Neben dienstverpflichteten Kräften wurden bei den Baukolonnen der OT im Zweiten Weltkrieg zunehmend KZ-Häftlinge und Kriegsgefangene in Zwangsarbeit eingesetzt.

Der Bau des Führerhauptquartiers in einem Waldgelände bei Rastenburg erfolgte unter dem Tarnnamen »Chemische Werke Askania«. Errichtet wurden mehr als 70 Objekte, darunter sieben Bunker mit Deckenstärken zwischen sechs und acht Metern. Ein Minengürtel umgab das Gelände (nach dem Krieg wurden 55000 Minen entschärft), in dem alle Wege und auch die kleinsten unbewaldeten Stellen mit Tarnnetzen überspannt waren.

Der Aufenthaltsbereich Hitlers war durch drei Sperrkreise noch einmal besonders gesichert. Die Wolfsschanze besaß eigene Stromversorgung und Telekommunikationseinrichtungen sowie ein eigenes Bahngleis mit Anschluss an die Linie Rastenburg – Lötzen. Flakstellungen dienten dem Schutz vor Luftangriffen.

Der 20. Juli – gescheitert

Das von Oberst Claus Graf Schenk von Stauffenberg ausgeführte Bombenattentat auf Hitler am 20. Juli 1944 markierte den Höhepunkt des Widerstands militärischer und bürgerlich-konservativer Kreise gegen die Terrorherrschaft des Nationalsozialismus. Ab September 1943 im Oberkommando des Heeres tätig, arbeitete Schenk von Stauffenberg einen detaillierten Umsturzplan aus. Die Verschwörer wollten nach dem Tod Hitlers eine Regierung an die Macht bringen, die den Krieg beenden und ein demokratisches Staatswesen aufbauen sollte. Als Reichskanzler war Carl Goerdeler, der Kopf des zivilen Widerstands, vorgesehen, als Oberbefehlshaber der Wehrmacht der 1942 von Hitler verabschiedete Generalfeldmarschall Erwin von Witzleben.

Als Schenk von Stauffenberg am 1. Juli 1944 als Oberst im Generalstabsdienst zum Stabschef beim Befehlshaber des Ersatzheeres ernannt wurde, gewann er unmittelbaren Zugang zu Hitler und entschloss sich, sowohl das Attentat durchzuführen als auch den Staatsstreich in Berlin zu leiten. Nach zwei missglückten Versuchen am 11. und 15. Juli deponierte er am 20. Juli eine Aktentasche mit einer Bombe in dem Bunker, in dem üblicherweise die Lagebesprechungen statt-

Totenstadt: Gesichert gegen 500-Kilo-Bomben
Die meterdicken Decken der Bunker erhielten 1944 eine zusätzliche Ummantelung.

fanden. Er verließ die Besprechung vorzeitig, um nach Berlin zu fliegen. Da die Lagebesprechung jedoch nicht im Bunker, sondern in einer Baracke stattfand, überlebte Hitler leicht verletzt, als die Bombe um 14 Uhr 42 detonierte.

Noch am selben Tag und in der darauffolgenden Nacht ließ das NS-Regime mehr als 1000 mutmaßlich am Umsturzversuch Beteiligte verhaften, mehr als 200 Menschen wurden standrechtlich erschossen bzw. nach entehrendem Prozess hingerichtet. Auf persönlichen Befehl Hitlers wurden alle Namensträger der Hauptbeteiligten in Sippenhaft genommen und in Konzentrationslager gebracht. Ihr Eigentum und ihr Grundbesitz wurden eingezogen. Der Bendlerblock, das Lagezentrum der Verschworenen in Berlin, ist heute »Gedenkstätte Deutscher Widerstand«.

Im November 1944 verließ Hitler die Wolfsschanze. Die Menschen in Ostpreußen mussten bleiben: Auf den Einmarsch der Sowjets völlig unvorbereitet, wurden sie von den NS-Bonzen geopfert – ein Genozid am eigenen Volk.

Ruinenfeld
Am 20. Januar 1945 wurde die Schanze, deren Reste heute besichtigt werden können, von den abziehenden Deutschen gesprengt.

Stilles Gedenken
Eine Tafel an Bunker 3 erinnert an das gescheiterte Attentat vom 20. Juli 1944.

Barockjuwel Heiligelinde

Bei Rössel westlich von Rastenburg fließt ein Bächlein aus dem Wirbelsee durch das von bewaldeten Höhen eingerahmte Tal der Linde dem Denausee zu. Dort befindet sich im Wald seit Menschengedenken das Heiligtum Heiligelinde, der wichtigste masurische Marienwallfahrtsort. Die Kirche wurde 1687 bis 1730 von dem gebürtigen Tiroler Georg Ertly erbaut, der zeitlebens im katholischen Wilna tätig war. 1983 wurde sie in den Rang einer Basilika erhoben wurde, ist der bedeutendste Barockbau Masurens. Alljährlich pilgern mehr als 200 000 Wallfahrer aus Polen, Deutschland, Litauen und anderen Ländern zu diesem Glanzpunkt inmitten tiefer Wälder und an einem sagenumwobenen See.

Schon in vorgeschichtlicher Zeit hatten die Prußen hier einen ihrer heiligen Orte. Wie bei allen Lindenheiligtümern stand der Baum mit den hübschen herzförmigen Blättern für eine als weiblich gedachte Gottheit, die nach der Christianisierung unter dem Namen Maria weiter verehrt wurde, wenn auch mit einem anderen Kultus.

Der einst berühmteste Wallfahrtsort Ostpreußens ist auch heute das Ziel vieler Pilger.

Ausbau zur Wallfahrtsstätte

Der Volksglauben hatte seine eigenen Geschichten über die Anfänge dieses wundertätigen Ortes. Die Propaganda des Deutschen Ordens verlegte den Beginn der christlichen Wallfahrt in das Jahr 1311: Damals, so heißt es, entführten heidnische Litauer unschuldige Christen und fesselten Mädchen und Jungfrauen auf ihre Pferde, um sie zu opfern. In fast aussichtsloser Lage befreite der Ordensmarschall Heinrich Plötzke die Gefangenen in der Gegend der Wildnis bei der heiligen Linde.

Ein erstes Kapellchen mit einem Marienbild auf einem Baumstumpf wird im Jahr 1482 erwähnt, doch während der Reformation wurde es zerstört. Obwohl der Herzog von Preußen den Besuch des verwüsteten Orts verbot, riss der Strom der Menschen, die oft nachts die heilige Stätte aufsuchten, nicht ab. 1605 gelangte der Grundbesitz um die Linde an den evangelischen Landvogt Otto von der Groeben, der als Vertreter eines toleranten Miteinanders der Religionen die Wallfahrten nicht unterband und schließlich sogar förderte.

1618 erwarb der Sekretär des katholischen polnischen Königs Sigismund III., Stephan Sadorski, das Gut an der Linde und ließ eine neue Wallfahrtskapelle auf den Fundamenten der zerstörten Kapelle errichten. Als Sadorski das Gut 1636 dem Domkapitel des Ermlands vermachte, begann während der Gegenreformation die Renaissance der Wallfahrt, deren Organisation den Rösseler Jesuiten übertragen wurde.

Der belgische Maler Bartholomäus Pens schuf in Wilna eine Marienikone, die 1640 in der Kapelle ihren Platz fand.

Großzügige Anlage
Die Wallfahrtskirche ist von einem Kreuzgang umgeben, dessen Eckpunkte je eine Kuppelkapelle markiert.

Barockorgel von Johann Josua Mosengel
Alle zwei Stunden, vorausgesetzt, es sind genügend Zuhörer anwesend, wird die Orgel einschließlich ihrer zwölf beweglichen Figuren vorgeführt.

In den folgenden Jahrzehnten schwoll der Strom der Wallfahrer aus Preußen, Polen und Litauen derart an, dass die Kapelle die Pilger nicht mehr fassen konnte. 1687 wurde der Grundstein der heutigen Wallfahrtskirche gelegt, die Ertly aus Wilna im so genannten Jesuitenstil in romantischer Lage zwischen dem Heiligelinder See und dem Wald errichtete.

Vor dem Betreten der Basilika sollte man einen Blick auf die gewaltige Westfassade mit den beiden Spitztürmen werfen: Über dem Mittelportal zeigt sich zwischen zwei Bogenfenstern eine Säulenfigur Marias mit dem Kind, umgeben von einem Laubgebilde, der »heiligen Linde«. Zu den Höhepunkten des reich ausgestatteten Inneren zählen die Deckenfresken sowie der Hochaltar (1712), der die ganze Vorderfront ausfüllt. Über dem Tabernakel befindet sich die Marienikone; Silberflächen lassen nur Gesichter und Hände der Madonna und des Kindes frei.

Heilige Linde
An der Nordseite des Hauptschiffs befinden sich am legendären Platz der heiligen Linde ein Holzstumpf mit Metallblättern, eine Marienfigur (1728) und zahlreiche Votivgaben.

Hochzeitsgesellschaft
Die große Freitreppe vor dem Hauptportal lädt zum Fototermin ein.

Rössel – katholische Hochburg im evangelischen Preußen

Das beschauliche 4000-Seelen-Städtchen Rössel wartet mit einer Bischofsburg und einer schönen Altstadt auf.

Rössel an der Zaine wartet seit dem Wiederaufbau der 1945 zu 30 Prozent zerstörten Altstadt mit einem der schönsten historischen Ortskerne in Ermland-Masuren auf. Die ehemalige Burg ist ein Musterbeispiel mittelalterlicher Wehrarchitektur. Heute beherbergt sie ein Heimatmuseum und eine Kunstgalerie.

Das Zentrum des gitterförmigen, fast rechteckigen Stadtgrundrisses bildet der Marktplatz mit dem Rathaus. Im Jahr 1806 brannte das alte Rathaus nieder, der Nachfolgebau wurde von 1815 bis 1816 errichtet, der Innenausbau im Jahr 1820 beendet. Trotz des Stadtbrands von 1806 und der Zerstörungen von 1945 sind zahlreiche

Häuser des 18. und 19. Jahrhunderts erhalten. Die gotische Peter-und-Paulskirche wurde in den Jahren 1360 bis 1381 als dreischiffige Hallenkirche errichtet und erhielt als bischöfliche Kirche eine pompöse Ausstattung. Nach der erwähnten Feuersbrunst wurde das Innere im Empirestil erneuert.

Rössel war ab dem 13. Jahrhundert der nordöstliche Eckpfeiler des katholischen Bistums Ermland und als solcher jahrhundertelang eine Insel im lutherisch bzw. evangelisch geprägten Preußen. Die Stadt verdankte ihre Blüte und ihren Wohlstand unter anderem den Wallfahrern, die von hier aus nach Heiligelinde pilgerten. Die

Hohe Warte
*Vom Turm der ehemaligen Burg der Bischöfe
von Ermland fällt der Blick hinab auf die Stadt
mit der dreischiffigen gotischen Hallenkirche.*

Wallfahrt wurde von Jesuiten von Rössel aus organisiert.

Bis zum Beginn der preußischen Herrschaft war die Stadt ein Zentrum der Kunsttischlerei, des Goldschmiedehandwerks und der Kunstschlosserei. Das Rösseler Jesuitenkolleg stellte ein bedeutendes Bildungszentrum dar. Als Rössel bei der ersten Teilung Polens (1772, siehe Seite 67) zusammen mit dem Ermland von Preußen annektiert wurde, begann der Niedergang. Das berühmte Rösseler Jesuitenkolleg wurde 1780 aufgehoben.

Der Name der Stadt geht auf eine prußische Siedlung »Resel« zurück, die vier Kilometer nördlich der heutigen Stadt lag und bei der Ankunft des Deutschen Ordens bereits seit Jahrhunderten bestand. Sie lag an der vom Frischen Haff über Heilsberg und weiter nach Süden führenden alten Handelsstraße genau an der Stelle, an der aus der Sicht des Ordens die »Wildnis« begann.

Zum Schutz vor den Angriffen der Ordensritter errichtete die prußische Bevölkerung auf der Rösseler Anhöhe eine Befestigungsanlage, nach deren Eroberung im Jahr 1241 der Orden eine Wachburg anlegte. 1273 wurde die Burg der Verwaltung der Bischöfe in Heilsberg unterstellt. Am 12. Juli 1337 erhielten die Neusiedler ihre Handfeste (Stadtrecht) nach Culmer Recht. In ihrer heutigen Form wurde die Rösseler Burg in den Jahren 1350 bis 1401 im Auftrag der ermländischen Bischöfe erbaut. Die zwei Hauptflügel umschließen einen quadratischen Innenhof, in dessen Mitte sich der Burgbrunnen befindet. Heute finden hier regelmäßig Kunsttage und Ausstellungen statt.

Der Großbrand von 1806 vernichtete die Stadt fast völlig. Als Brandstifterin wurde gegen eine Zugereiste namens Barbara Zdunk ermittelt: Sie hatte ihren Geliebten in einer Scheune in den Armen einer Einheimischen entdeckt und kurzerhand die Scheune angezündet. Was für Barbara Zdunk folgte, war die letzte Hexenverbrennung in Europa. Die als geistesgestört Beschriebene wurde der Brandstiftung und der Hexerei bezichtigt, angeklagt und 1807 zum Tod verurteilt.

Bischöfliche Burg, Zuchthaus und Kirche
Bis 1772 residierte hier ein bischöflicher Burggraf, nach der Annexion durch Preußen fungierte der Prachtbau bis 1806 als Zuchthaus. Später erhielt ihn die evangelische Gemeinde, die im Südflügel eine Kirche einrichtete.

Am Markt in Rössel
Auf dem nahezu quadratischen Marktplatz standen das Rat- und das Brauhaus. Geradeaus zeigt sich der Wehrturm der Kirche.

Abstecher nach Danzig und Königsberg

Die glanzvolle Tausendjahrfeier 1997 markiert für Danzig die Wiederentdeckung als eine der bedeutendsten Kunst-, Kultur-, Freizeit-, Handels- und Hafenstädte im Norden Europas. Waren bis dahin Polnisch und Deutsch die in den Sommermonaten dominierenden Sprachen, so erfüllt die Stadt seit der Tausendjahrfeier ein Sprachengewirr mit Besuchern aus aller Welt (im Bild: Mottlau-Kai). Einen herben Kontrast zum aufblühenden Danzig bildet Königsberg in der russischen Exklave Kaliningrad: Noch zu Beginn des 3. Jahrtausends trägt die einstige Kulturmetropole Ostpreußens den stalinistischen Namen »Kaliningrad« – er steht geradezu stellvertretend für jahrzehntelangen Verfall und für eine Art Stillstand seit dem Fall des Eisernen Vorhangs.

Ausflug nach Danzig

*Hervorragende Altstadt-
sanierung, zahlreiche attraktive
Geschäfte, weltoffene Kulturmetropole – Danzig sichert
sich als Ziel von Städtereisen
einen Platz ganz vorn.*

Wappen von Danzig
*Zwei silberne Kreuze werden von
der polnischen Krone überhöht.*

Rechte Seite: Goldenes Tor in der Langgasse
*Das Langgasser Tor wurde 1612 bis 1614 errichtet
und erinnert eindeutig an römische Triumphbogen.*

Rechtstadt
*Der stumpfe Backsteinturm der Oberpfarrkirche
Sankt Marien und der schlanke, 82 Meter hohe
Rathausturm, der 1556 durch den Holländer
Dirk Daniels den berühmten frühbarocken Helm
erhielt, überragen die Rechtstadt.*

Keine andere Großstadt an der Ostsee vereinigt in einer derart bezaubernden Atmosphäre Welt- und Lokalgeschichte, Seebäder, Großindustrie und Häfen sowie im Binnenland relativ unberührte Ausflugsziele wie die Kaschubische Schweiz. Die neue Internationalität hat auch erheblichen Einfluss auf das Selbstverständnis der »Königin der Ostsee«, die sich nach dem Ende des Zweiten Weltkriegs bis in die 90-er Jahre hinein als rein polnisch verstand.

1997, am Ende des Jubiläumsjahrs, wählten Jugendliche in Danzig unter zahlreichen Prominenten die drei »bedeutendsten Danziger«: Jan Hevelius, Günter Grass und Lech Wałęsa. Zwei Jahre später wurde Grass mit dem Literaturnobelpreis ausgezeichnet. Der tief greifende Wandel Danzigs in den 90-er Jahren war mit der Tausendjahrfeier keineswegs abgeschlossen, noch immer wird die Stadt von Kontrasten geprägt: Dem internationalen Flair, den chicen Einkaufsmeilen und dem aufblühenden Handel steht weiterhin große Armut gegenüber.

Castrum Gydansk

Erstmals erwähnt wird das seit der Jungsteinzeit besiedelte Danzig in der um 999 entstandenen Lebensgeschichte des böhmischen Missionsbischofs Adalbert von Prag als »urbs Gyddanzyc«. Dieser Name weist große Ähnlichkeit auf mit dem gotischen Gaunamen »Gothiscandza«, den der Geschichtsschreiber Jordanes in seiner Gotengeschichte »De origine actibusque Getarum« 551 nach Christus nennt. Am 27. März 997 soll Adalbert in Gyddanzyc eingetroffen sein, und – wie sein Chronist Jan Kanapariusz vermerkt – »große Mengen Menschen ließen sich taufen«. Dieses Datum gilt als Geburtsstunde des christlichen Danzig, die 1000-Jahrfeier 1997 erinnerte daran.

In der Marienkirche
Meister Hinrich Hetzel führte 1499–1502 die
eindrucksvolle Einwölbung der Kirche durch.
Das Mittelschiff hat eine Höhe von 27 Metern.

Marienfigur der astronomischen Uhr
Hans Düriger aus Thorn schuf 1464 bis 1470 die
astronomische Uhr der Marienkirche. Sie besteht
aus dem Kalendarium, der Himmelsscheibe
und darüber einem Figurenwerk mit Aposteln,
die zu jeder vollen Stunde hervortreten.

Während Adalberts Missionsreise war der Ort eine slawische Burg- und Hafensiedlung mit rund 1000 Einwohnern, darunter zahlreiche Fischer, Handwerker und Händler. Die Burg, deren Name auch als »castrum Gydansk« überliefert ist, wurde im 11. und 12. Jahrhundert von einem slawischen Fürsten bewohnt, dessen Herrschaftsraum weit über Danzig und die Kaschubische Schweiz hinausreichte und fast den ganzen östlichen Teil des pommerschen Höhenrückens zwischen Weichsel und Netze umfasste: Dieses Gebiet bezeichnete man als Pommerellen.

Ab dem Jahr 1234 trug der Fürst von Danzig den Titel eines Herzogs von Pommerellen, die Hauptstadt Danzig war zu diesem Zeitpunkt mit ihren rund 10000 Einwohnern eine Großstadt für damalige Verhältnisse. Den Danziger Seehafen fuhren Schiffe aus den Wikingerreichen, aus Byzanz, Persien, Arabien, England, Flandern und Wallonien an.

Blühende Handelsstadt

In dieser weltoffenen Stadt ließen sich schon in früher Zeit viele Deutsche nieder. Um das Jahr 1240 verlieh der Herzog von Pommerellen der neu entstandenen deutschen Marktsiedlung deutsches Stadtrecht. Eine dritte Siedlung beim heutigen Langen Markt erhielt Anfang der 60-er Jahre des 13. Jahrhunderts lübisches Stadtrecht. Die Zuwanderung Lübecker Kaufleute schuf die Verbindung zur Hanse. Auf diese Weise entstand unter dem Schutz der Herzöge von Pommerellen eine bedeutende Handelsstadt mit selbstständigen städtischen Gemeinden.

1308 besetzte der Deutsche Orden das Herzogtum Pommerellen einschließlich der Hauptstadt Danzig: Die Ordensritter zerstörten fast völlig die blühende Handelsstadt und annektierten sie gegen den Widerstand ihrer Bewohner. Unter der Herrschaft des Deutschen Ordens wurde Danzig neu errichtet. Die polnischen Bewohner wurden bei der Deutschordensburg in Hackelwerk angesiedelt. Die Kaufleute wohnten in der Rechtstadt, die 1343 die Stadtrechte nach culmischem Recht erhielt und sich unter den insgesamt

Restaurierung der Pietà
Von der reichen Ausstattung der Marienkirche wurde 1945 viel vernichtet bzw. in Museen oder nach Warschau verbracht. Restaurierungsarbeiten sind bis heute im Gang.

vier städtischen Gemeinden zum Zentrum Danzigs entwickelte.

1361 trat die Rechtstadt der Hanse bei, bereits um 1370 hatte sie Elbing als See- und Handelsstadt überflügelt. Aufstände gegen die Herrschaft der Ordensritter, die den Handel erschwerten und selbstständiges Unternehmertum mit drückenden Abgaben belasteten, wurden vom Orden blutig niedergeschlagen (1361, 1378, 1416). Als Hansestadt blieb Danzig gleichwohl ein herausragender Umschlagplatz für Getreide, Bernstein, Honig, Holz und Pech, für englische Wolle, flandrische Tuche, Wein und Salz. Bis zum Ausbruch des Städtekriegs (1454–1466), des Unabhängigkeitskriegs gegen den Deutschen Orden, wuchs die Zahl der Einwohner auf 20000.

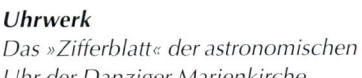

Uhrwerk
Das »Zifferblatt« der astronomischen Uhr der Danziger Marienkirche

Schiff als Kerzenhalter
Kerzenhalter in Form eines Danziger Handelsschiffs in der Marienkirche

Größter Hafen Europas

1454/57 unterstellte sich Danzig der Schutzherrschaft des polnischen Königs. Der König erhielt minimale Hoheitsrechte, faktisch wurde Danzig ein eigener Staat: Die Stadt verfügte über ein eigenes Territorium auf der Danziger Höhe und in den Weichselniederungen und regelte selbstständig die wirtschaftlichen, inneren und auswärtigen Angelegenheiten. Zwar versuchte Polen, die Durchführung der Reformation (1526) zu verhindern, jedoch vergeblich.

Mit der wirtschaftlichen Freiheit unter der nominellen Oberherrschaft Polens begann für Danzig ein goldenes Zeitalter. 1650 zählte der »Speicher Europas« bereits 73 000 Einwohner. Der Danziger Hafen hatte längere Kais als der Londoner, das Danziger Krantor blieb bis ins 19. Jahrhundert der größte Hafenkran Europas.

Danzig war während seiner Blütezeit eine dynamisch wachsende Stadt, in der Deutsche, Polen, Holländer, Flamen, Schotten, Engländer, Skandinavier, Russen, Tschechen, Slowaken, Ungarn, Franzosen und Italiener ansässig wurden. Prägende Elemente waren Toleranz und Weltoffenheit. Die Stadt wurde ein Zufluchtsort für Menschen, die in anderen Gebieten Europas wegen ihrer Gesinnung verfolgt wurden und ihr Know-how nach Danzig brachten. Diese Weltoffenheit und der auf selbstständigem Handel basierende Reichtum förderten die kulturelle, wissenschaft-

Sopot – Seebad vor den Toren Danzigs
Zusammen mit Sopot und Gdingen bildet Danzig eine »Dreistadt« genannte Städte-ballung an der Westseite der Danziger Bucht.

liche und künstlerische Entwicklung der Metropole an der Danziger Bucht.

Zu den berühmtesten Danziger Bürgern zählen der Astronom und Instrumentenbauer Johannes Hevelius (1611–1687), der Physiker Daniel Gabriel Fahrenheit (1686–1736, »Fahrenheitskala«), der Maler, Zeichner und Radierer Daniel Chodowiecki (1726–1801), der Reiseschriftsteller Georg Forster (1754–1794), die Schriftstellerin und Salonniere Johanna Schopenhauer (1766–1838) und ihr Sohn, der Philosoph Arthur Schopenhauer (1788–1860), sowie der Dichter der polnischen Nationalhymne »Noch ist Polen nicht verloren«, Józef Wybicki (1747–1822).

Preußisches Intermezzo

Durch die polnischen Teilungen von 1772 und 1793 änderten sich die Verhältnisse in Danzig, das vom Königreich Preußen annektiert wurde, grundlegend: Preußen nahm der Stadt die Selbstverwaltung und zerstörte damit eine der Grundlagen ihrer wirtschaftlichen Blüte, die ökonomische Selbstständigkeit. Im Tilsiter Frieden errichtete Napoleon 1807 den Freistaat Danzig, nach der Kapitulation im Jahr 1814 wurde der Freistaat wieder Preußen eingegliedert. Erst mit der Industrialisierung begann um 1850 ein neuer Wirtschaftsaufschwung, 1878 wurde Danzig Hauptstadt der Provinz Westpreußen.

Nach der Niederlage des preußisch-deutschen Kaiserreichs und der Wiedererrichtung des polnischen Staats wurde Danzig durch den Versailler Vertrag (1919) ein Freistaat unter dem Schutz des Völkerbunds. Ausgerechnet dieser Freistaat diente der NS-Diktatur als Vorwand, um in Polen einzumaschieren: Auf Befehl Hitlers feuerte die Besatzung des deutschen Schiffs »Schleswig-Holstein« am 1. September 1939 ab 4 Uhr 45 auf das fes-

Straßenkünstler
Die historischen Bauten zwischen Frauen- und Brotbänketor sind ein beliebtes Motiv.

tungsartig ausgebaute polnische Munitionsdepot auf der Wester-platte nördlich von Danzig. Da-mit begann der Zweite Weltkrieg, an dessen Ende das historische Danzig zu 90 Prozent in Trüm-mern lag.

Zentrum des Wiederaufbaus

Neben Warschau bildete Danzig von den 50-er Jahren an das zweite Zentrum des staatlich ge-lenkten Wiederaufbaus im kom-munistischen Polen. Fast jedes Bauwerk in der Rechtstadt (die keine Adels-, sondern eine Bür-gerstadt gewesen war) wurde mit historisch getreuer Fassade re-konstruiert, wobei vor allem der Wiederaufbau kunsthisto-risch bedeutender Bauten eine wichtige Rolle spielte.

Ziel dieses Wiederaufbaus war keine Stadt mit Museen und Konzertsälen in his-torischen Prunkbauten: Hinter den Fassa-den sollte »das Proletariat« wohnen. Der Fehler dieses Konzepts wurde bald deut-lich. In den Wohnungen hinter den Fassa-den lebten Zehntausende von Menschen, die hier nicht arbeiteten und auch zu we-nig Geschäfte und Dienstleistungsbetriebe fanden. »Das Proletariat« wohnte zwar in einer schönen Fassadenstadt, arbeiten und einkaufen musste es jedoch woanders. Erst in den 90-er Jahren änderte sich diese Struktur, als kapitalstarke Investoren »das Proletariat« aus der restaurierten Stadt mehr und mehr verdrängten und eine mo-derne Infrastruktur aufbauten.

Alte Sternwarte
Der Turm der Alten Sternwarte bietet einen besonders schönen und weiten Blick auf das Häusermeer von Danzig, auf das bewegte Treiben auf und an der Mottlau und weit hinaus in das Land bis Weichselmünde und Neufahrwasser.

Altstadtvögel
*Die gut genährten Danziger Tauben sind
schon fast handzahm geworden.*

Demokratischer Aufbruch

Der Wandel Polens vom totalitär regierten Staat zu einer freiheitlichen Demokratie wurde in den 80-er Jahren ausgerechnet vom Danziger »Proletariat« getragen: Mit einem Sprung über den Zaun der Danziger Leninwerft setzte sich der Elektromonteur Lech Wałęsa im Sommer 1980 an die Spitze einer Streikbewegung, die das Land während einer neuen Preis- und Inflationswelle bei unzulänglichem Warenangebot überrollte.

Am 14. August legten die 17 000 Beschäftigten der Leninwerft die Arbeit nieder und stellten politische Forderungen. Der betont katholische Wałęsa rang der kommunistischen Regierung am 31. August als Vorsitzender des überbetrieblichen Vereinigten Streikkomitees sensationelle Zugeständnisse ab: Im »Danziger Abkommen« wurden das Streikrecht und das Recht zur Gründung unabhängiger, sich selbst verwaltender Gewerkschaften vereinbart.

Millenniumsbaum
*Diese Skulptur wurde 1997 anlässlich
der 1000-Jahrfeier aufgestellt.*

Die von Wałęsa geführte Gewerk-
schaftsorganisation schien unaufhaltsam
auf dem Vormarsch. Am 17. September 1980 wurde die Gewerkschaftsorga-
nisation Solidarność offiziell gegründet.
Ihre Mitgliederzahl überschritt bald die
10-Millionen-Grenze. Doch noch war es
nicht so weit: In dieser Aufbruchsituation
trat der polnische Ministerpräsident und
Verteidigungsminister Wojciech Jaruzelski am 13. Dezember 1981 an die Spitze eines »Militärrats der Nationalen Rettung«,
verhängte das Kriegsrecht, verbot Solidarność und ließ Massenverhaftungen
vornehmen.

Damit stoppte Jaruzelski den Demo-
kratisierungsprozess und beugte zugleich
einer militärischen Intervention der Sowjets vor. Erst unter dem Eindruck der von
Michail Gorbatschow ab 1985 eingeleite-
ten Reformen in der UdSSR setzte auch in
Polen die unaufhaltsame Demokratisie-
rung ein: Am 19. Februar 1987 rief Wałęsa
in Danzig zu Reformen nach dem Vorbild
von Gorbatschows Perestroika und Glas-
nost auf. Am 9. Dezember 1990 wurde er
zum ersten Staatspräsidenten Polens nach
dem Ende des Kommunismus gewählt.

Heute ist das Verhältnis der Bevölkerung zu Wałęsa eher zwiespältig: Einerseits wird sein mutiger und wirksamer

Einsatz als Gewerkschaftsführer gewür-
digt, doch hat ihn sein oft plumpes und
wenig diplomatisches Auftreten viele
Sympathiepunkte gekostet. Fast wie ein
Symbol wirkte es, als die in »Danziger
Werft« umbenannte Leninwerft 1996 den
Bankrott erklärte – 1995 war Wałęsa als
Präsident abgewählt worden.

Souvenirs, Souvenirs
*Straßenhändler in Danzig mit Andenken,
die die Nähe zu Russland erkennen lassen*

Moderne Hafenkulisse
*Danzig besitzt heute zwei Industriehäfen, einen
im Stadtteil Neufahrwasser und den Nordhafen.*

191

Giebelhäuser in der Frauengasse
In den unteren Geschossen dieser Danziger Pracht-
straße befinden sich heute Geschäfte, in denen
kunstvoll verarbeiteter Bernstein angeboten wird.

Nordseite der Marienkirche
Die große Damm-Uhr von Hans Konnath stammt
aus dem 17. Jahrhundert.

Großartiges historisches Erbe

Die kunstgeschichtlichen Hauptattraktionen Danzigs sind die monumentale Marienkirche, eines der bedeutendsten Werke der Backsteingotik, und die südlich der Marienkirche verlaufende Straßenachse Langgasse – Langer Markt – Mottlaubrücke, die zu einer der prachtvollsten Magistralen des mittelalterlichen Europa ausgebaut wurde.

Der mittelalterliche Stadtkern Danzigs liegt auf dem linken Ufer der Mottlau dicht oberhalb ihrer Mündung in die Tote Weichsel. Er besteht – von Nord nach Süd – aus der Altstadt mit Hakelwerk, der Rechtstadt und der Vorstadt, während auf dem rechten Ufer der Mottlau die Speicherinsel liegt. Östlich der Speicherinsel befindet sich jenseits der Neuen Mottlau die Niederstadt. Obwohl nach dem Zweiten Weltkrieg nur die Rechtstadt rekon-

struiert wurde, verteilen sich die Hauptsehenswürdigkeiten auf alle »Städte« am linken Ufer. Als städtebaulicher Komplex bildete jedoch die Rechtstadt mit der Marienkirche und dem Langen Markt schon vor dem Zweiten Weltkrieg die herausragende Sehenswürdigkeit.

Das gesamte Areal mehrerer »Städte« war durchzogen und umgeben von einem System aus Mauern und Gräbern. Auch die Rechtstadt war als Stadt in der Stadt durch Mauern gesichert. Das 1442 bis 1444 gegen den Widerstand des Deutschen Ordens als Teil der Rechtstadt-Stadtmauer errichtete Krantor wurde 1961 wieder aufgebaut und beherbergt heute das Meeres- und Schifffahrtsmuseum.

Königliche Kapelle hinter der Marienkirche
Die Streitigkeiten um die Ausübung des katho-
lischen Kultus in der lutherischen Marienkirche
führten 1678 zum Bau der Königlichen Kapelle.

Neptunsbrunnen vor dem Artushof
Der von einer 1613 modellierten Figur des
italischen Gottes des fließenden Wassers bekrönte
Brunnen ist ein beliebter Treffpunkt.

Weitere wieder aufgebaute Tore sind das Hohe Tor mit dem Kerkerturm und dem Vorturm, das Marien-, das Bäcker-, das Grüne und das Goldene Tor sowie das Frauentor, von dem die Frauengasse – mit den typischen Beischlägen vor den Häusern – zur Marienkirche führt, dem bedeutendsten Sakralbau Danzigs. Die Beischläge sind erhöhte Plattformen, die bei Überschwemmungen Schutz bieten. Während der Renais-

Ulica Mariacka – die Frauengasse
Die erhöhten Plattformen vor den Häusern wurden im späten 19. Jahrhundert entfernt, jedoch vor dem Zweiten Weltkrieg wieder aufgebaut, um dann erneut zerstört und in den 50-er Jahren rekonstruiert zu werden.

Rechtstädtisches Rathaus
Hier ist heute das Historische Museum der Stadt Danzig untergebracht.

sance erreichten sie höchste künstlerische Ausprägung: Die terrassenartig erhöhten Plattformen waren der Hausfassade in ganzer Breite straßenseitig vorgelagert. Auf die offene oder von einer Balustrade umgebene Erhöhung führte eine Freitreppe. Die in den Straßenraum hineinragenden Beischläge und die langen Reihen schmaler Giebel prägen wesentlich das Bild der Rechtstadt.

Wahrzeichen der Rechtstadt sind der 79 Meter hohe, stumpfe Backsteinturm der Marienkirche und der benachbarte schlanke, 82 Meter hohe Turm des gotischen Rathauses, das 1379 bis 1382 errichtet und von 1486 bis 1492 umgebaut wurde. Heute beherbergt das reich ausgestattete Rechtstädtische Rathaus das Historische Stadtmuseum. Das erneuerte Glockenspiel läutete das Jahr 2000 ein.

Der Artushof am Langen Markt

Ebenfalls als Museum zugänglich ist der 1481 vollendete Artushof am Langen Markt. Er ist das künstlerisch bedeutendste Beispiel der europaweit vom 14. Jahrhundert an errichteten »Artushöfe«. In Anlehnung an die Sagen von der Tafelrunde des Königs der britannischen Kelten entstanden ritterliche und patrizische Vereinigungen, die Gralsspiele, Feste, fröhliche Geselligkeit und die Pflege von politischen und geschäftlichen Beziehungen zum Inhalt ihrer Versammlungen machten. Die Gebäude, in denen die Versammlungen stattfanden, wurden Artushöfe genannt.

Artushof am Langen Markt
Das Gebäude ist ein Symbol für die Macht und den Reichtum der Danziger Bürger. Ein Vergleich mit der alten Ansicht (unten) zeigt, wie konsequent der Wiederaufbau Danzigs durchgeführt wurde.

Während in anderen Regionen Europas ritterliche Artusrunden überwogen, waren die Artusvereinigungen im Bereich der Hanse vom patrizischen Bürgertum geprägt. Kaufleute ließen den ersten Artushof in Danzig um das Jahr 1350 errichten. 1476 brannte er nach einem Trinkgelage ab, wurde bis 1481 im spätgotischen Stil neu errichtet und im Jahr 1552 in Formen der Renaissance umgebaut. In diesem dreischiffigen Saalbau trafen sich unter Sterngewölben die Kaufleute und empfingen Gesandtschaften und Könige. Ab 1742 wurde der Arthushof als Börsengebäude genutzt.

Die prachtvolle Innenausstattung des Artushofs wurde im Zweiten Weltkrieg zu 80 Prozent zerstört. Ein großer Teil der Gemälde befindet sich heute im Nationalmuseum, welches in den Gebäuden des Franziskanerklosters in der alten Vorstadt untergebracht ist. Das Kloster war 1555 während der Reformation aufgehoben worden.

Zu den berühmtesten Exponaten des Nationalmuseums zählt das Triptychon »Altar des Jacopo Tani/Das Jüngste Gericht« (1471/72) von Hans Memling. Es ist eines der bedeutendsten Gemälde der Spätgotik und zugleich eines der bekanntesten Beispiele für Beutekunst: Der Danziger Kapitän Paul Beneke stahl den schon damals berühmten Weltgerichtsaltar 1473 auf einer Kaperfahrt dem florentinischen Auftraggeber Jacopo Tani, brachte die Beute nach Danzig und schenkte sie der Marienkirche. Trotz einer päpstlichen Drohung, die Stadt mit dem Kirchenbann zu belegen, beließen die Danziger das »Jüngste Gericht« in der Marienkirche.

»Das Jüngste Gericht« von Hans Memling
In der Mitte des Flügelaltars wiegt der Erzengel Michael die Seelen. Hier entscheidet sich, ob sie zum Himmel aufsteigen (links) oder der ewigen Verdammnis (rechts) preisgegeben werden.

Ausdruck von Reichtum und Wohlstand: der alte Danziger Hafen

An der Mottlau
Heute wie vor 400 Jahren bieten die alten Häuser und Tore einen prachtvollen Anblick.

D ie Schaufassade Danzigs ist die Wasserflanke der Rechtstadt. Alle Prunkstraßen beginnen an den prachtvollen Toren vor den Kais der Mottlau; die acht Wassertore zählen zu den Hauptattraktionen Danzigs. Davor lag Danzigs Reichtum: die an den Kais ankernden Hochseeschiffe und die Speicherinsel jenseits des Flusses. Heute ankern hier Ausflugsschiffe, doch noch immer bekommt man eine Ahnung vom früheren Hafentreiben – das Krantor schaut wie vor Jahrhunderten in die Mottlau.

Da die Tore kaum Wehrfunktion hatten, wurden sie ab dem Spätmittelalter zu Visitenkarten für den Reichtum der Stadt umgestaltet, die älteren Tore wurden abgerissen. So trat an die Stelle des mittelalterlichen Koggentors (vor dem die Koggen ankerten) im 16. Jahrhundert das Grüne Tor als repräsentative Unterkunft für den polnischen König; genutzt wurde es als Fest- und Theatersaal. Das gotische Brotbäcker- oder Brotbänkertor aus der Mitte des 15. Jahrhunderts ist das älteste Wasser-

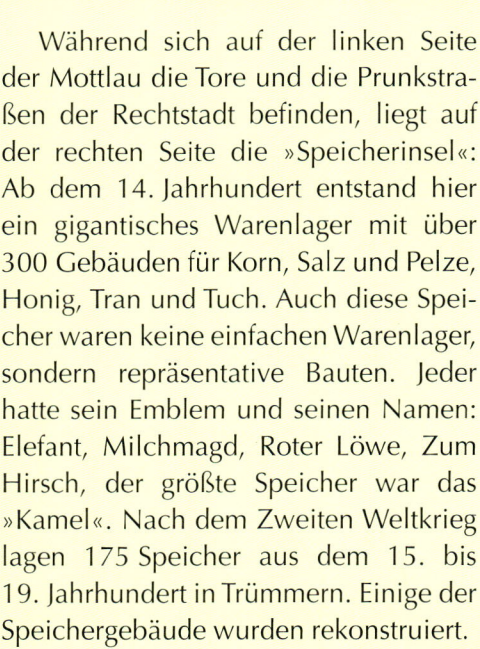

tor. Die Brotbänkergasse hinter dem Tor wurde mit einer Umladebrücke abgeschlossen, an der Schiffe mit ausländischen Waren anlegten. In den Häusern der reichen Kaufleute befanden sich Läden. Die Mietzinsen erbrachten so große Einkommen, dass die Brotbänkergasse oft als »Goldenes Land« bezeichnet wurde. Der Name kommt von den Brotbänken (Verkaufsständen), die sich einst entlang der Straße hinzogen.

Das Krantor symbolisiert den technischen Fortschritt: In den 27 Meter hohen Torbau wurde im 15. Jahrhundert einer der größten Lastenaufzüge seiner Zeit eingebaut. Der Kran diente vor allem dem Einsetzen von Schiffsmasten, im Inneren des Krans befinden sich große Trommelräder, die durch Muskelkraft bewegt wurden.

Grünes Tor
Links eine aktuelle Ansicht; das Bild rechts zeigt das Grüne Tor vor dem Zweiten Weltkrieg.

Während sich auf der linken Seite der Mottlau die Tore und die Prunkstraßen der Rechtstadt befinden, liegt auf der rechten Seite die »Speicherinsel«: Ab dem 14. Jahrhundert entstand hier ein gigantisches Warenlager mit über 300 Gebäuden für Korn, Salz und Pelze, Honig, Tran und Tuch. Auch diese Speicher waren keine einfachen Warenlager, sondern repräsentative Bauten. Jeder hatte sein Emblem und seinen Namen: Elefant, Milchmagd, Roter Löwe, Zum Hirsch, der größte Speicher war das »Kamel«. Nach dem Zweiten Weltkrieg lagen 175 Speicher aus dem 15. bis 19. Jahrhundert in Trümmern. Einige der Speichergebäude wurden rekonstruiert.

Ausflug nach Königsberg

Königsberg zählt zu den bedeutendsten Städten im Bannkreis Masurens. Ein Idyll sollte in der harten Realität der russischen Exklave freilich niemand erwarten.

An die Stelle des alten Königsberg ist nach dem Zweiten Weltkrieg eine neue Stadt getreten, die mit der ehemaligen ostpreußischen Metropole nur die geografische Lage gemeinsam hat: Kaliningrad. Anders als Danzig ist Königsberg, dessen Universität ein Kulturzentrum von europäischem Rang war, heute bestenfalls eine Stätte der Erinnerung – die einstige Pracht und Größe der Stadt lässt sich kaum mehr erahnen.

In den Nächten vom 26. auf den 27. und vom 29. auf den 30. August 1944 wurde das vom Kriegsgeschehen bis dahin kaum berührte Königsberg durch britische und US-amerikanische Luftangriffe fast völlig zerstört: Der Dom und zwölf weitere Kirchen, die alte und die neue Universität, Schloss, Börse und Oper, Kliniken, Staatsbibliothek usw. waren vernichtet. 200 000 Menschen wurden obdachlos, 4000 kamen ums Leben.

Die eigentliche Katastrophe begann im Januar 1945. Der Vormarsch der Roten Armee traf die Zivilbevölkerung wie ein Blitz aus heiterem Himmel, da »Führer« und Partei gebetsmühlenartig versichert hatten, Ostpreußen sei sicher. Niemand wusste, dass sich der »Führer« und die NS-Führungsspitze längst feige abgesetzt hatten und eine Evakuierung verhinderten. Die sowjetischen Truppen gingen mit ebensolcher Brutalität vor wie Wehrmacht und SS nach dem Einmarsch in die UdSSR. Ein Flüchtlingstreck setzte sich in Bewegung, wie ihn Deutschland noch nie in seiner Geschichte gesehen hatte: Hunderttausende flohen aus dem Landesinneren nach Königsberg, für viele blieben als einzige Fluchtwege das Eis des Frischen Haffs und die Nehrung. Am 9. und 10. April 1945 fiel Königsberg.

Namenspatron von Stadt und Oblast ist seit 1946 Michail Iwanowitsch Kalinin. Als Vertrauensmann Lenins wurde der Bolschewik 1919 Staatsoberhaupt Sowjetrusslands und 1922 der neu gegründeten UdSSR. Dieses Amt behielt er auch unter Stalin bis zu seinem Tod 1946. Zu Ehren dieses Genossen erhielt das zerstörte Königsberg im Jahr 1946 den Namen Kaliningrad.

Auch mehr als ein Jahrzehnt nach dem Ende des Kalten Kriegs steht der stalinistische Name Kaliningrad geradezu als Symbol für den Zustand der Stadt: Verfall, organisierte Kriminalität, Armut, Umweltverschmutzung, Rauschgifthandel sowie die höchste Aidsrate in der Russischen Föderation.

Wer heute nach Königsberg reist, gelangt nach Kaliningrad, ein Erlebnis, das schockartig wahrgenommen werden kann. Angesichts der Verhandlungen über die Osterweiterung der Europäischen Union zeichnet sich zwar unter der Präsidentschaft Vladimir Putins ein Lichtblick über der verwahrlosten Stadt ab, doch noch ist das Kapitel des Wiederaufblühens nicht aufgeschlagen.

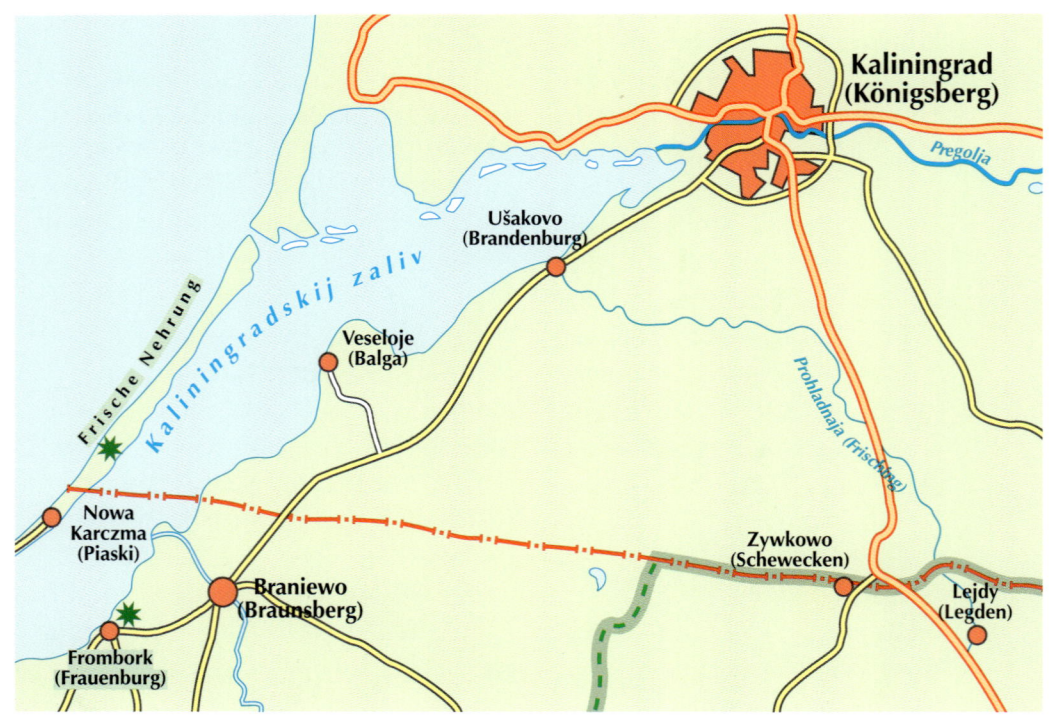

Exklave im Stillstand

Kaliningrad mit seinen 420000 Einwohnern ist die Hauptstadt der russischen Oblast Kaliningrad, eines unmittelbar der Zentralgewalt der Russischen Föderation unterstellten Gebiets, das 400 Kilometer von Russland entfernt liegt und im Norden an das polnische Masuren grenzt.

Mit 15000 Quadratkilometern ist die Oblast etwa so groß wie Schleswig-Holstein. Sie umfasst den nördlichen Teil des ehemaligen Ostpreußen und bildet eine Exklave, die landseitig allseits von litauischem und polnischem Staatsgebiet umschlossen ist und sich gegenüber diesen Reformländern weitgehend abgeschottet hat. Die politische, wirtschaftliche und kulturelle Isolation könnte nach der EU-Osterweiterung durchbrochen werden, da für die EU-Staaten der Europäische Binnenmarkt als Raum ohne innere Grenzen mit freiem Verkehr von Waren, Personen, Dienstleistungen und Kapital eine Grundlage bildet.

Während des Kalten Kriegs war die Oblast ein strategisch wichtiger Vorposten des Sowjetimperiums und hatte eine entsprechend hohe militärische Bedeutung. Nach dem Ende der Blockkonfrontation erwies sich die einseitige Ausrichtung als schwere Hypothek: Die in diesem Gebiet angesiedelte Rüstungsproduktion kam zum Erliegen. Von den mehr als 200000 Soldaten, die noch zu Beginn der 90-er Jahre hier stationiert waren, sind 20000 geblieben.

Nachdem Russland das Kaliningrader Gebiet 1992 zur Freihandelszone »Jantar« (Bernstein) erklärt und für den internationalen Reiseverkehr geöffnet hatte, wurde über die Schaffung einer Art EUREGIO nachgedacht, wobei Königsberg als uraltem Kulturland eine Art Brückenfunktion zwischen Russland und Europa zugedacht wurde.

Doch die Euphorie verflog rasch. Die 90-er Jahre waren für die Oblast ein Jahrzehnt des Stillstands unter der Verwaltung postkommunistischer Seilschaften und korrupter Apparatschiks. Während Stadtumbenennungen wie Leningrad inzwischen rückgängig gemacht wurden, behielt Kaliningrad auch unter der Präsidentschaft von Boris Jelzin seinen stalinistischen Namen. Das Thema Kaliningrad machte nur noch Negativschlagzeilen im Zusammenhang mit Kriminalität, Korruption, Umweltverschmutzung und Armut.

Willkommen in Kaliningrad!
Die Nüchternheit des Stadtbilds am Ortseingang ist auch für die Innenstadt kennzeichnend.

Annäherung an die Stadt
Während der Fahrt ins Stadtzentrum fällt in einem der Vororte das kleine Häuschen mit dem Holzzaun um das Gärtlein auf. Selbst in Kaliningrad lassen sich Oasen schaffen.

Roßgärter Tor
Abgesehen vom Steindammer Tor, das 1913 abgerissen wurde, sind die Stadttore des neugotischen Königsberger Festungsrings erhalten.

Denkmal für Kaliningrader Kosmonauten
Alexej Leonow führte 1965 als erster Mensch ein Ausstiegsmanöver in den freien Weltraum durch, Viktor Patsajew verglühte 1971 in seiner Kapsel, und Jurij Romanenko leitete als Kommandant drei Raumflüge 1977/78, 1980 und 1987, wobei er auf eine Gesamtflugzeit von mehr als 430 Tagen im All kam. Alle drei wohnten in Kaliningrad, wurden hier aber nicht geboren.

Erst seit der Debatte über die EU-Osterweiterung steht Kaliningrad wieder auf den Agenden. Russland, Polen, Litauen und die Europäische Kommission erarbeiten Neuregelungen für das Verhältnis der Exklave zu den Nachbarstaaten. Dazu zählen Maßnahmen zur Verbesserung der Verwaltung der Grenzübergänge und zur Erleichterung der zermürbend langen Abfertigungsverfahren an der Grenze ebenso wie Initiativen im Verkehrs- und im Energiesektor.

Erörtert werden gemeinschaftliche Rechtsvorschriften für den kleinen Grenzverkehr und die Durchreise, sodass das lästige Beantragen von zwei Visa für Reisende entfällt, die von Masuren aus einen Abstecher in die Oblast und nach Litauen unternehmen. Erleichtert und verbilligt werden soll die Erteilung von Visa. Außerdem wird die Einrichtung von Konsulaten der EU-Staaten in Kaliningrad erwogen. Überlegt werden ferner Strategien zur Eindämmung der unvorstellbaren Umweltbelastung, da die Luftverschmutzung ein grenzüberschreitendes Problem ist. Schließlich soll auch dem Gesundheitswesen auf die Sprünge geholfen werden.

Dieser Wandlungsprozess ist derzeit in der Vorbereitungsphase, die genannten

Probleme bestehen weiterhin. Dass der Wandlungsprozess überhaupt in Gang gekommen ist, lässt Hoffnung aufkeimen für Veränderungen, die aus heutiger Sicht jedoch reine Spekulation sind. Kaliningrad ist eine Exklave des Verfalls und wird es noch jahrelang bleiben.

Das alte Königsberg

Benannt ist das 1255 gegründete Königsberg nach einem der berühmtesten Könige des mittelalterlichen Böhmen: König Premysl Otakar II., der zugleich Herzog von Österreich war. Er unternahm zu diesem Zeitpunkt gemeinsam mit den Ordensrittern und dem deutschen Markgrafen Otto von Brandenburg einen Kreuzzug gegen die Prußen im Samland. Am Pregel, auf einer der höchsten Erhebungen des samländischen Hügellands, dem Tuwangste, eroberten die von Missionseifer erfüllten Kreuzritter eine prußische Burg und gründeten auf diesem »Königsberg« eine christliche Burg.

Im Schatten der Deutschordensburg entwickelten sich drei selbstständige Städte: Altstadt (1286), Löbenicht (1300) und Kneiphof (1327), die 1340 Mitglied der Hanse wurden. Der um 1325 als basilikaler Wehrbau begonnene Dom bildete den

Im Bann des Doms
Angler vor der Dominsel in Königsberg. Der Dom wird seit den 90-er Jahren mit wesentlicher finanzieller Beteiligung aus Deutschland wieder hergerichtet. 1998 erhielt er ein neues Dach; jetzt konzentriert man sich intensiv auf den Innenausbau.

Königsberger Schloss
Hier ließ sich Königin Luise einmal von Mädchen aus Masuren in ihren Volksstrachten bedienen.

Blick in die Erste Laakspeicher-Querstraße
Die Aufnahme aus der Zeit vor dem Zweiten Weltkrieg zeigt einen Straßenzug im Speicherviertel – Zeugnis einer einst wohlhabenden Handelsmetropole.

Mittelpunkt eines eigenen geistlichen Bezirks, in der Burg residierte ab 1457 der Deutschordenshochmeister. Nach der Umwandlung des Deutschen Ordens in das Herzogtum Preußen wurde Königsberg Residenz der Herzöge (bis 1618).

Die Gründung der Universität, der »Albertina«, ließ die Stadt ab 1544 zu einem bedeutenden Kulturzentrum werden. Im ausgehenden 16. Jahrhundert erweiterte man die Deutschordensburg und baute sie zum Schloss um. Am 18. Januar 1701 krönte sich hier Herzog Friedrich zum König »in Preußen«. 1724 wurden die Dreistädte zu einer einzigen Stadt vereinigt.

Ab dem 16. Jahrhundert entstanden auch die Fachwerkspeicher am inneren Hafen. Neben denen von Danzig stellten sie bis ins 20. Jahrhundert den größten geschlossenen Komplex dieser Art in Europa dar. Die Bewohner dieser weltoffenen Handelsstadt bildeten ein buntes Gemisch aus Deutschen, Polen, Litauern, Salzburgern, Masuren, Holländern und Juden.

Herbstvergnügen
Kastanien-Sammeln in den angrenzenden Grünanlagen

Der Torso der ursprünglich doppeltürmigen gotischen Kathedrale erhebt sich auf der von Pregelarmen umflossenen Kneiphofinsel, die früher außer der gotischen Kathedrale Wohnhäuser, Speicher, Kontore und andere Einrichtungen der Fernhandelskaufleute trug. Heute finden sich anstelle der 1944 zerstörten alten Bebauung Grünanlagen in der Art eines Skulpturenparks.

Die Sicherung der Ruine dieser dreischiffigen Hallenkirche nahm man vor 30 Jahren in Angriff, 1990 begann der Wiederaufbau, seit 1995 misst eine Nachbildung der Siemens-Uhr aus dem Jahr 1924 wieder die Zeit am Domturm, und 1998 erhielt das Schiff eine Bedachung. Das Dommuseum präsentiert Funde und informiert über die Baugeschichte.

Das Grabmal des Königsberger Philosophen Immanuel Kant (1724–1804), des bedeutendsten Lehrers der Königsberger Universität, blieb unzerstört, und ein Gedenkstein der Grafikerin und Bildhauerin Käthe Kollwitz (1867–1945), der berühmtesten Tochter der Stadt, erinnert an ihren Großvater Julius Rupp, der 1846 in Kö-

Königsberger Dom
Die Königsberger Dichterin Agnes Miegel hat ihm das Gedicht »Der Dom« gewidmet; es beginnt mit den Worten: »Als euch der Feuersturm verschlungen hat, / Da starbst du, Dom, mit deiner alten Stadt…« Den Wiederaufbau tragen die Stadtgemeinschaft und die Stiftung Königsberg.

Spaziergang in Kaliningrad

Um einen ersten Eindruck vom modernen Kaliningrad und den Überbleibseln des alten Königsberg zu erhalten, spaziert man vom Dom am Schlossteich vorbei zum Bernsteinmuseum am Festungsring und unternimmt einen Abstecher zur Neuen Universität.

nigsberg die erste Freie Evangelische Gemeinde gründete. Bemerkenswert ist auch der Gedenkstein mit der Inschrift: »Hier stand das Gebäude, in dem am 17. August 1544 die Königsberger Universität Albertina eingeweiht wurde.«

Über eine der beiden Brücken (die verkehrsreiche Hochbrücke bietet einen exzellenten Blick auf die Dominsel) gelangt man nordwärts zur Placa Centralnaja. Auf diesem Platz stand früher das aus einer Deutschordensburg hervorgegangene Schloss, dessen Reste im Jahr 1969 gesprengt wurden. Heute erheben sich hier das »Hotel Kaliningrad«, das größte Hotel der Stadt, und die gigantische Ruine eines »Haus der Räte« genannten Baukomplexes.

Wenige Schritte nördlich davon beginnen die vom lang gestreckten Schlossteich durchzogenen Parkanlagen, die sich bis zum Bernsteinmuseum im Dohnaturm erstrecken. Östlich des Teichs ist im rekonstruierten Gebäude der Stadthalle, ursprünglich in den Jahren 1910 bis 1912 im Stil des Wilhelminismus errichtet, das

Kant-Grabmal am Dom
Kant und Königsberg sind ein festes Begriffspaar. Nie soll der Philosoph, der hier 1724 geboren wurde und hier 1804 starb, die Stadt verlassen haben. Rechts: Kant-Denkmal vor der Neuen Universität.

Museum für Geschichte und Kunst untergebracht, und ein Gedenkstein erinnert an den Königsberger E. T. A. Hoffmann (1776–1822).

Schlossteich und sowjetisches »Haus der Räte«
Hier befand sich mit dem Schloss einst das Zentrum Königsbergs.

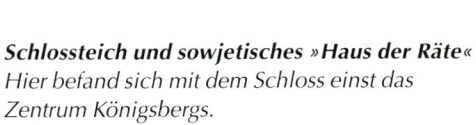

203

Gut gefüllter Gemüsestand
*Dank Marktwirtschaft
und Eigeninitiative
klingelt endlich
wieder die Kasse.*

»Ewig jung ist nur die Fantasie«
*Dieses Schiller-Wort stand über dem Eingang
des von Wilhelm Kuckuck 1911/12 errichteten
Neuen Schauspielhauses (Luisentheater).
Der Neubau nach dem Zweiten Weltkrieg
erfolgte auf dem alten Grundriss.*

1850 in gotisierenden Formen erbaut. Die meisten Stadttore sind erhalten, darunter das Roßgärter Tor (Café) in unmittelbarer Nachbarschaft des Dohnaturms. Vom Dohnaturm geht es durch die Parkanlagen auf der Westseite des Schlossteichs zurück.

Nach Passieren des »Parkhotels« (Büros) kann man kurz vor der Schlossteichbrücke rechts einen Abstecher zur Universität am ehemaligen Paradeplatz unternehmen. Der von August Stüler 1844 bis 1846 errichtete Neorenaissance-Bau der Neuen Universität wurde 1944 und 1945 stark beschädigt, die Universität selbst 1945 aufgelöst. Seit 1967 befindet sich hier die Staatliche Universität Kaliningrad. Sie beherbergt seit 1974 unter anderem ein Kantmuseum. Kant wurde von den Sowjets zum Vorläufer des Marxismus-Leninismus instrumentalisiert und fiel somit

Der am Oberteich errichtete und heute als Museum genutzte Dohnaturm ist eine der Bastionen der neuen Stadtmauer. Dieser Festungsring wurde in der Zeit um

Bernsteinmuseum

Im Dohnaturm, einer der Bastionen im Königsberger Festungsring, ist das Bernsteinmuseum untergebracht.

nicht durch das ideologische Raster. Seit 1992 steht die 1945 verschollene Kant-Statue wieder vor der Universität. Es ist eine von Marion Gräfin Dönhoff gestiftete Nachbildung des von Christian Daniel Rauch geschaffenen Standbilds.

Legende Bernsteinzimmer

Friedrich I., der sich im Jahr 1701 in Königsberg zum ersten König in Preußen gekrönt hatte, ließ im Jahr 1709 die besten Bernsteinschschnitzer seiner Zeit die Wandverkleidungen für sein »Tabakskollegium« im neuen Berliner Stadtschloss in Bernstein ausführen: 22 Wandtafelmosaike sowie eine Vielzahl kleinerer Tafeln, alles in allem eine Bernstein-»Tapete« von zehn mal zehn Quadratmetern Fläche und sieben Metern Höhe. Das von damaliger Wirtschaftskraft auf heutige Verhältnisse umgerechnet 130 Millionen Euro teuere Rokokozimmer versetzte den König und seine Höflinge in helle Begeisterung: Es leuchtete, »als sei es aus Sonnenstrahlen gemacht«.

Friedrichs Nachfolger, der vergleichsweise spartanisch lebende »Soldatenkönig« Friedrich Wilhelm I., überließ das Bernsteinzimmer im Jahr 1717 Peter dem Großen, um die Beziehungen zum Zarenreich zu festigen. 1755 bis 1760 wurde es, durch Spiegel vergrößert, im Katharinenpalais in Zarskoje Selo (heute Puschkin) bei Sankt Petersburg eingebaut. Während des Zweiten Weltkriegs (1941/42) brachte die deutsche Wehrmacht das als »achtes Weltwunder« apostrophierte Zimmer nach Königsberg, seit 1945 ist es verschollen. Die Suche nach dem Bernsteinzimmer führte zu abenteuerlichen Legenden, zahlreiche Schatzsucher aus aller Welt einschließlich diverser Geheimdienste beteiligten sich ergebnislos an der »Jagd nach dem Bernsteinzimmer« (Filmtitel). 1979 begann die von einem deutschen Konzern gesponserte Rekonstruktion. Anlässlich des 300-jährigen Gründungsjubiläums von Sankt Petersburg im Mai 2003 sollen Besucher aus aller Welt das legendäre Bernsteinzimmer im Katharinenpalais wieder als das erleben können, was es ist: das bedeutendste Werk der Bernsteininkrustation aller Zeiten.

Bernsteinzimmer

Detail der Nachbildung im Bernsteinmuseum

Reisehinweise

Das Wichtigste auf einen Blick

Informationen von A bis Z

Angelparadies
Angler an der Kruttinna. Einige Reisebüros organisieren kombinierte Camping- und Angelreisen.

Vorsicht Grünpfeil!
Seit 2001 sind in Polen die alten Blech-Grünpfeile ungültig (sie werden nach und nach demontiert). Bei Rot darf nur noch dann abgebogen werden, wenn der Pfeil als Teil des Ampelsystems aufleuchtet. Fehlt eine solche Zusatzampel, muss der abbiegende Kraftfahrer warten, bis die Ampel Grün zeigt.

Angeln

Masuren ist ein Paradies für Angler. Sowohl die Seen als auch die forellenreichen Flüsse zählen zu den attraktivsten Angelrevieren Europas. Fast 70 Fischarten bevölkern die Binnengewässer, Hechte, Aale, Zander, Maränen, Karpfen, Plötzen, Lachse und Forellen sind die begehrtesten. In den Großen Masurischen Seen lassen sich schwere Hechte und Barsche fangen.

Nationale und regionale Angelscheine sind in den Woiwodschaftszentren des Polnischen Anglerverbandes (PZW) erhältlich. Diese erteilen auch Auskünfte über Schonzeiten und andere aktuelle Fischereibestimmungen. Die Adressen sind beim Polnischen Fremdenverkehrsamt sowie bei den örtlichen Touristen-Informationszentren erhältlich. Dort erfährt man auch die jeweils gültigen Preise, insgesamt gilt: große Fische – kleine Preise.

Ärztliche Versorgung

Die ärztliche und zahnärztliche Versorgung in Polen ist gut. Da es kein Sozialversicherungsabkommen mit Deutschland gibt, müssen alle Kosten zunächst vor Ort gezahlt werden, nur die Erste Hilfe ist kostenfrei. Da Kosten von deutschen Versicherungen meist nicht zurückerstattet werden, empfiehlt es sich, eine private Auslandskrankenversicherung abzuschließen. Für Kaliningrad ist sie Voraussetzung für die Erteilung eines Visums; wichtig ist für Kaliningrad auch der Impfschutz gegen Diphtherie.

Das Apotheken-Netz ist in Polen relativ dicht. Häufig benötigte (Spezial-)Medikamente sollten jedoch mitgenommen werden.

Auskunft

Das Polnische Fremdenverkehrsamt ist der offizielle Ansprechpartner für touristische Informationen über Reisen nach Masuren. Es verschickt deutschsprachiges Informationsmaterial. Träger des Fremdenverkehrsamts ist die im Jahr 2000 gegründete Polnische Organisation für Touristik (POT). Die Anschrift:

Polnisches Fremdenverkehrsamt
Marburger Straße 1
10789 Berlin
Tel.: 030-2100920
Fax: 030-21009214
Internet: www.polen-info.de

Auto

Einreise Autofahrer benötigen bei der Einreise nach Polen den nationalen Führerschein sowie die grüne Versicherungskarte. Letztere ist bei den jeweiligen Haftpflichtversicherungen erhältlich. Wer keine gültige Versicherungskarte vorweisen kann, muss am Grenzübergang in den Wechselkassen des Polnischen Motorverbands (PZM) für die Dauer des Aufenthalts eine Haftpflichtversicherung abschließen.

Ohne grüne Versicherungskarte riskiert man eine hohe Geldstrafe und die Stilllegung des Kraftfahrzeugs. Für Wohnwagenanhänger wird eine zusätzliche Versicherungskarte benötigt. Generell ist die Mitnahme eines Warndreiecks sowie eines Verbandskastens vorgeschrieben.

Promillegrenze Sie liegt bei 0,2 Promille, in Russland besteht absolutes Alkoholverbot. Bei Überschreitung kann der Führerschein eingezogen und das Fahrzeug sicher gestellt werden.

Gurtpflicht Gurtpflicht besteht für alle Sitzplätze. Kinder bis zu zwölf Jahren müssen hinten sitzen.

Abblendlicht In der Zeit vom 1. Oktober bis 1. März müssen Pkw tagsüber mit Abblendlicht fahren, Motorräder ganzjährig.

Unfälle Bei Unfällen ist grundsätzlich die örtliche Polizei zu benachrichtigen (Tel.: 997). Für die Schadensregulierung ist unbedingt ein Exemplar des Polizeiprotokolls zu verlangen. Telefonieren per Handy ist während der Fahrt verboten, das Telefonieren mit Freisprechanlage ist erlaubt. Strafen in bar dürfen nur bis 100 Złoty verlangt werden. Bei höheren Strafen erhält man ein »Kredit-Mandat«, das innerhalb einer Woche zu begleichen ist.

Tanken Das Tankstellennetz in Polen ist sehr gut ausgebaut, Kraftstoff ist deutlich billiger als in Deutschland. Alle Tankstellen bieten bleifreies Benzin, erkennbar an den durchgestrichenen Buchstaben Pb. Diesel ist mit ON gekennzeichnet. Die meisten Tankstellen haben im Sommer zwischen 6 und 22 Uhr geöffnet, sonntags von 7 bis 17 Uhr, an wichtigen Fernverkehrsstraßen und in Großstädten auch rund um die Uhr.

Pannenhilfe Die Pannenhilfe des Polnischen Motorverbands (PZM) ist landesweit unter der Rufnummer 981 erreichbar.

Vermietung An den Flughäfen und in den Zentren der Großstädte sind internationale Autovermieter wie Avis, Budget, Europcar und Hertz vertreten.

Diebstähle Auch wenn das Thema Autodiebstahl in den Medien gelegentlich übertrieben wird, sollte man die nötige Sicherheit walten lassen und bewachte Parkplätze benutzen. Diese befinden sich bei den meisten Hotels. In den Städten und Ferienzentren gibt es flächendeckend Parkplätze, die rund um die Uhr bewacht werden. Die Parkgebühren sind in der Regel niedrig. Grundsätzlich greift die Kaskoversicherung auch bei Diebstählen in Polen. Da es bei einzelnen Versicherungen und Fahrzeugtypen Ausnahmen gibt, sollte man vorher die genauen Konditionen mit der eigenen Versicherung klären.

Straßennetz Polen und damit auch Masuren verfügt über ein weit verzweigtes Straßennetz. Der Zustand der Hauptverbindungsstraßen ist überwiegend gut. Auf Nebenstraßen kann es vorkommen, dass Radfahrer, landwirtschaftliche Fahrzeuge oder Pferdefuhrwerke mit schlechter Beleuchtung unterwegs sind.

Höchstgeschwindigkeit in Polen

Straßenart	Pkw/Motorrad	Pkw mit Anhänger
Landstraße mit 1 Fahrbahn	90 km/h	70 km/h
Landstraße mit 2 Fahrbahnen	100 km/h	80 km/h
Schnellstraße mit 1 Fahrbahn	100 km/h	80 km/h
Schnellstraße mit 2 Fahrbahnen	110 km/h	80 km/h
Autobahnen	130 km/h	80 km/h
Geschlossene Ortschaften	60 km/h	60 km/h

Baden/FKK

Die meisten Seen in Masuren haben eine gute Wasserqualität. An belebten Stränden sollte man mit Rücksicht auf die Sitten und Gebräuche des Gastlands Badekleidung tragen. FKK ist unüblich.

Bahn

Die Polnischen Staatsbahnen (PKP) verfügen über ein gut ausgebautes Streckennetz, auf dem in Masuren alle größeren Orte erreichbar sind. In den Sommermonaten verkehrt ein Autoreisezug zwischen Hannover und Iława (Deutsch-Eylau), ein Eisenbahnknotenpunkt ist Olsztyn (Allenstein). Vor allem in der Hauptferienzeit empfiehlt sich eine Platzreservierung. Die PKP bietet für Bahnreisen in Polen den preisgünstigen Polrailpass für 8, 15, 21 Tage oder einen Monat. Er ist gültig für beliebig viele Fahrten in allen Personen-, Schnell- und Expresszügen der PKP sowie in einigen städtischen Bahnen. Auskünfte erteilen die Deutsche Bahn AG (Internet: www.bahn.de) und die Polnischen Staatsbahnen (Internet: www.PKP.pl):

Vertretung der Polnischen
Staatsbahnen PKP
Schillerstraße 20
60313 Frankfurt am Main
Tel.: 069-294366
Fax: 069-283697
Oder:
Panoramastraße 1
10178 Berlin
Tel.: 030-2423453
Fax: 030-24729999

Textilfreies Baden
Nehmen Sie beim textilfreien Baden Rücksicht auf die Gewohnheiten des Landes. An einsamen Plätzen ist es ohnehin viel schöner.

Ausgemusterte Dampflok bei Suwałki
Für spielende Kinder ist diese nostalgische Lok immer noch der Renner.

Bushaltestelle in Thurau bei Hohenstein
Erwarten Sie bitte von den Busfahrern nicht, dass sie Deutsch sprechen!

Wohn- und Campingmobile
Das Nächtigen in freier Landschaft ist in Polen generell nicht erlaubt.

Behinderte

Zwar gibt es immer mehr öffentliche Gebäude und Hotels mit behindertengerechten Aufgängen und Einrichtungen, doch die Reise mit öffentlichen Verkehrsmitteln ist weiterhin problematisch. Deshalb wird Rollstuhlfahrern die Anreise mit dem eigenen Pkw empfohlen.

Busreisen

In Polen betreibt der Staatliche Autoverkehr (PKS) ein weit verzweigtes Liniennetz auf Normal- und Schnellverkehrsstrecken. Fahrkarten gibt es an den Busbahnhöfen, in Orbis-Büros, anderen Reisebüros sowie – falls noch Plätze vorhanden – beim Busfahrer. Kinder bis zum vierten Lebensjahr ohne eigenen Sitzplatz reisen gratis, Kinder von vier bis zehn Jahren erhalten 50 Prozent Ermäßigung.

Regelmäßige Busverbindungen von Deutschland aus bietet die Deutsche Touring GmbH (Europabus) in Kooperation mit anderen Veranstaltern, unter anderem auf folgenden Strecken:

- Aachen – Köln – Düsseldorf – Essen – Warschau
- Hamburg – Warschau
- Frankfurt (Main) – Breslau – Warschau
- Ulm – Kattowitz – Krakau
- Köln – Kattowitz – Krakau
- Bremen – Olsztyn/Allenstein – Giżycko/Lötzen
- Mannheim – Breslau – Warschau
- München – Warschau – Olsztyn

Von Warschau und Krakau gelangt man nach Masuren mit der Bahn. Auskunft erteilt die

Deutsche Touring GmbH
Am Römerhof 17
60486 Frankfurt am Main
Tel.: 069-7903288
Fax: 069-7074904
Internet: www.deutsche-touring.com

Von Berlin aus gibt es regelmäßige Linienverbindungen nach Warschau, Danzig, Opole und Masuren. Auskunft erteilt die

Bayern Express & P. Kühn
Berlin GmbH
Tel.: 030-860960
Fax: 030-86096299

Campingplätze

Die Preise für Campingplätze sind im Vergleich mit Deutschland sehr niedrig. Die Campingsaison dauert vom 15. Mai bis 30. September. Camper müssen sich bei den Behörden der jeweiligen Gemeinde anmelden. In der Regel übernimmt das die Campingplatzverwaltung. Weitere Informationen erteilt der Polnische Campingverband:

Polska Federacja Campingu
i Caravaningu
ul. Grochowska 331
03-838 Warszawa
Tel./Fax: 022-8106050

Im Bereich der Woiwodschaft Ermland-Masuren können folgende Campingplätze empfohlen werden:

- Elbing (Kategorie II):
ul. Panienska 14
82-300 Elbląg
Tel.: 055-2324307
- Lötzen (Kategorie II):
ul. Moniuszki 1
11-500 Giżycko
Tel.: 087-4283410
- Deutsch Eylau (Kategorie II):
ul. Sienkiewicza 9
14-200 Iława
Tel.: 089-6487730
- Sensburg (Kategorie II):
ul. Jaszczurcza Gora 1
11-700 Mrągowo
Tel.: 089-7412533
- Allenstein (Kategorie I):
ul. Sielska 12
10-800 Olsztyn
Tel.: 089-5278208
Fax: 089-5271253

Figurenpark im Klostergarten von Wigry
Im ehemaligen Kloster lebende Künstler schufen diese archaisch anmutenden Heiligenfiguren.

Land der Feste
Auf dem Folklorefestival in Sensburg

Oldtimer
*Ein Rundflug im historischen Doppeldecker
wird zu einem unvergesslichen Erlebnis.*

Biking am Wigrysee
*Masuren ist ein traumhaftes Land für Radtouren,
Fahrräder können vor Ort ausgeliehen werden.*

Diplomatische Vertretungen

◆ Deutsche Botschaft in Polen
ul. Dabrowiecka 30
03-932 Warszawa
Tel.: 022-6173011
Fax: 02261-6173582
◆ Deutsches Konsulat in Danzig
Al. Zwyciestwa 23
80-219 Gdánsk
Tel.: 058-3414366
Fax: 058-3412245
◆ Deutsche Botschaft in Russland
pr. Leninskij 95A
117313 Moskau
Tel.: 095-9334311
Fax: 095-9362143

Einreise

Für die Einreise nach Polen ist auch seit dem EU-Beitritt des Landes 2004 ein gültiger Personalausweis erforderlich. Da Polen zwar ein EU-, aber kein Schengenstaat ist, kontrolliert der Bundesgrenzschutz in gut sichtbarer Präsenz, um kriminellen Schleuserbanden »Stopp« zu signalisieren.

Für die Einreise in die Russische Föderation ist ein gültiges Visum erforderlich, das in einem russischen Konsulat mindestens vier Wochen vor der Einreise beantragt werden muss. An der polnisch-russischen Grenze werden keine Visa ausgestellt. Das Visum gilt maximal 30 Tage und berechtigt nur zur einmaligen Ein- und Ausreise in die Oblast Kaliningrad. Individualreisende benötigen für die Einreise nach Russland außerdem eine Reisebestätigung, zum Beispiel die Einladung eines russischen Gastgebers oder einen Hotelgutschein mit Lizenznummer (»Referenznummer«).

Fahrrad

Das gering besiedelte Masuren mit seinen verkehrsarmen Nebenstraßen und Wirtschaftswegen ist eines der landschaftlich attraktivsten und wegen des überwiegend flachen Geländes leichtesten und familienfreundlichsten Radroutengebiete in Polen. Gute Hotels verfügen meist über einen Fahrradverleih. Trotz der idealen Bedin-

gungen gibt es im Vergleich zu Deutschland bislang nur wenige markierte und ausgeschilderte Radwanderrouten, sodass man auf gutes Kartenmaterial und Routenbeschreibungen angewiesen ist.

Zahlreiche deutsche und polnische Reiseveranstalter bieten mehrtägige geführte Touren an, die in der Regel auch für wenig trainierte Fahrer geeignet sind. Auch kombinierte Rad- und Kajaktouren werden angeboten.

Bei der Einreise nach Polen darf pro Person ein Fahrrad zollfrei eingeführt werden. Innerhalb Polens dürfen Fahrräder in Zügen mit Gepäckwagen oder -abteil mitgenommen werden. Der Preis des Radtickets liegt bei 50 Prozent des Erwachsenenfahrpreises.

Feiertage

Gesetzliche Feiertage in Polen sind der 1. Januar (Neujahr), Ostermontag, der 3. Mai (Verfassungstag), Fronleichnam, der 15. August (Mariä Himmelfahrt), der 1. November (Allerheiligen) und der 11. November (Unabhängigkeitstag) sowie der 25./26. Dezember (Weihnachten).

Gesetzliche Feiertage in Russland sind der 1. Januar (Neujahr), der 8. März (Internationaler Frauentag), der 1. Mai (Tag der Arbeit), der 2. Mai (Frühlingsfest), der 9. Mai (Tag des Sieges im Zweiten Weltkrieg), der 12. Juni (Unabhängigkeitstag) und der 7. und 8. November (Gedenktage für die Opfer des Stalinismus).

Flugverkehr

Masuren direkt In der Sommersaison bietet die DNV-Touristik GmbH Direktflüge nach Masuren (Szczytno/Ortelsburg). Vom 27. Mai bis 9. September gibt es einmal wöchentlich samstags Flüge ab Hannover. Vom 27. Mai bis 15. Juli gibt es Flüge ab Köln und vom 22. Juli bis 9. September ab Stuttgart, jeweils mit Zwischenstopp in Hannover. Auskunft:
DNV-Touristik GmbH
Heubergstraße 21
70806 Kornwestheim
Tel.: 07154-131830

Auskünfte über Flüge von Deutschland nach Polen erteilen die LOT-Büros:

- ◆ LOT-Büro Berlin
  Budapester Straße 18
  10787 Berlin
  Tel.: 030-2611505
  Fax: 030-2650806
- ◆ LOT-Büro Frankfurt a. M.
  Wiesenhüttenplatz 26
  60329 Frankfurt am Main
  Tel.: 069-24001010
  Fax: 069-24001029
  Internet: www.lot.com
  (in englischer Sprache)

Lufthansa Regelmäßige Linienflüge von Deutschland nach Polen bietet die Deutsche Lufthansa AG auf den folgenden Strecken an:

- ◆ von Düsseldorf, Frankfurt am Main, Hamburg, Köln, München und Stuttgart direkt nach Warschau
- ◆ von Düsseldorf und Frankfurt am Main direkt nach Kattowitz. Jeweils mit Anschluss ab/bis Augsburg, Bonn, Bremen, Dortmund, Friedrichshafen, Hamburg, Hannover, Kiel, Köln, Münster, Nürnberg, Paderborn, Saarbrücken und Stuttgart. Auskünfte: bundesweite Service-Nummer 01803-803803 und im Internet unter www.lufthansa.de.

Weiterreise in Polen LOT und ihre Tochtergesellschaft Eurolot verbinden die großen polnischen Städte. Der für Masuren wichtigste Flughafen ist neben dem Danziger der von Szczytno-Szymany bei Szczytno (Ortelsburg).

Fotografieren

Während es in Masuren ebenso wenig wie in Deutschland Beschränkungen gibt, ist das Fotografieren in der Oblast Kaliningrad eine sensible Angelegenheit, was Objekte betrifft, die eine tatsächliche oder potenzielle militärische Bedeutung haben. Für alle Einrichtungen dieser Art besteht absolutes Fotografierverbot. Dies betrifft nicht nur das Grenzgebiet oder Kasernen, sondern auch vermeintlich rein zivile Objekte wie Brücken, Bahnhöfe, Schienenwege, Fabrikanlagen, Flughäfen etc.

Geschäftszeiten

In Polen gibt es kein Ladenschlussgesetz. Supermärkte in Städten und Fremdenverkehrszentren haben oft werktags von 6 bis 22 Uhr und an den Wochenenden bis 13 Uhr geöffnet, manchmal auch länger. Kaufhäuser öffnen in der Regel werktags von 9 bis 20 Uhr. Souvenirläden sind meist werktags von 9 bis 19 Uhr geöffnet.

Haustiere

Mitgeführte Haustiere müssen mindestens drei Wochen und maximal zwölf Monate vor der Einreise gegen Tollwut geimpft worden sein. Außerdem ist eine »Amtliche tierärztliche Gesundheitsbescheinigung« erforderlich.

Jugendherbergen

In Polen gibt es zahlreiche Jugendherbergen (auf Polnisch: schronisko młodzieżowa), die meist ganzjährig geöffnet sind. Die Polnische Gesellschaft für Jugendherbergen ist Mitglied der International Youth Hostel Federation (IYHF). Reisende mit einem IYHF-Ausweis erhalten Preisermäßigungen.

In Ermland-Masuren gibt es rund zwei Dutzend Jugendherbergen. Sie haben eine aus westlicher Sicht recht spartanische Ausstattung. Die Übernachtung kostet ungefähr 5 Euro, ein Zwei-Monats-Abonnement nur 10 Euro. Auch in den Pilgerhäusern der katholischen Kirche kann man preiswert übernachten. Einen gehobenen Standard hat die in Kategorie II (»gut«) eingestufte Jugendherberge in Allenstein:

> Schronisko młodzieżowa
> Olsztyn
> ul. Kopernika 45
> 10-512 Olsztyn
> Tel.: 089-527665

Informationen erteilt auch der Polnische Wanderverein (PTTK), zum Beispiel in Allenstein:

> ul. Staromiejska 1
> 10-950 Olsztyn
> Tel.: 089-273442

Einkaufen ohne Ladenschluss
Faktisch heißt das, dass die Ladenöffnungszeiten fast ebenso frei gehandhabt werden wie bei einer Reise durch abgelegenere Gegenden in Deutschland: Der eine hat geschlossen, der andere geöffnet.

Verdienter Ruhesitz
Dieser nostalgische Kutschenwagen dient heute nur noch dekorativen Zwecken.

Paddler auf dem Wigrysee
In den Touristikzentren können Boote und Ausrüstung geliehen werden.

Hilfreiche Polen
Tatkräftige Hilfe leistete dieser Trecker, als der deutsche Kleinbus in Reicherts-walde (bei Mohrungen) auf dem völlig aufgeweichten Grünstreifen stecken blieb.

Kanutouren

Dank der guten touristischen Infrastruktur entlang der Wasserwanderwege und des oftmals kaum merklichen Gefälles ist Masuren ein ideales Gebiet für ruhige, erholsame Touren in einer grandiosen Natur. Die Unterkünfte längs der Wasserwege sind meist einfach und preiswert. Dies gilt auch für die Campingplätze.

Anstelle von westlich standardisierten Marinas mit Hotels, Klubhäusern und Swimmingpools finden sich am Rand der Seen meist nur kleine Steganlagen mit Plumpsklo, einer Feuerstelle und einem einsamen Wasserhahn. Manchmal kommt jemand vorbei und kassiert ein paar Złoty für die Nacht. Ob mit Kanu, Kajak, Jolle oder kleinem Kajütkreuzer: Die maximale Länge liegt bei Booten bei etwa sieben Metern, was für Masuren schon die Oberklasse bildet. Zu den empfehlenswertesten Streckentouren zählen:

- Kruttinna (siehe Seite 130)
- Große Masurische Seen (siehe Seite 114)
- Czarna Hańcza – Augustówkanal (siehe Seite 160)

Alle Touren lassen sich als Eintagestouren planen, aber auch als mehrtägige und sogar mehrwöchige Wanderungen durchführen.

Auskünfte erteilen das Polnische Fremdenverkehrsamt in Berlin und der polnische Kanutenverband sowie diverse Touristikanbieter, die organisierte Kanutouren in Masuren durchführen.

Kriminalität

Die in allen touristischen Zentren Europas üblichen Sicherheitsmaßnahmen sollten auch in Masuren, vor allem in Städten beachtet werden: Keine Wertsachen offen im Auto liegen lassen, auch nicht für kurze Zeit. Grundsätzlich einen bewachten Parkplatz ansteuern. Bei Gedränge, etwa auf Märkten, in Bussen und Bahnen, auf Handtasche und Portemonnaie achten.

Mücken

Ein guter Mückenschutz sollte im seen- und moorreichen Masuren zur Standardausrüstung gehören. Mückenhauptsaison ist die Zeit während und nach der Schneeschmelze. Es gibt Naturöle (vorzugsweise auf Harzbasis), die die Mücken hervorragend fern halten.

Notrufe

Die Notrufnummern sind in ganz Polen gleich. Sie sind kostenlos von den öffentlichen Telefonzellen anzuwählen:

- Polizei: 997
- Feuerwehr: 998
- Rettungsdienst: 999
- Pannendienst: 981

Post

Postämter haben in der Regel montags bis samstags von 8 bis 20 Uhr geöffnet, einige Ämter in großen Städten sind rund um die Uhr offen. Sie verfügen über Kartentelefone und verkaufen Telefonkarten. Das Porto für Standardbriefe und Postkarten nach Deutschland beträgt 1,90 Złoty.

Restaurants und Cafés

Verglichen mit Deutschland sind die Preise in Restaurants und Cafés in der Regel sehr günstig. Ein Hauptgericht in gehobenen Restaurants kostet rund 10 Euro. In den Städten und Ferienzentren reicht die Spannbreite von Fastfood über traditionelle polnische Speisen bis zur internationalen Küche. Die Speisekarten sind dort häufig mehrsprachig. Unterschieden wird zwischen folgenden Begriffen:

- *Restauracja* [reßtaurátzja]: Restaurant mit meist internationaler Küche
- *Gościniec* [goschtschínjetz] und *Zajazd* [sájasd]: Gasthäuser an Landstraßen und Autobahnen
- *Bar mleczny* [bar mlétschni]: wörtlich Milchbar, preiswerte Selbstbedienungsgaststätten mit einfachem Essen
- *Gospoda* [goßpóda]: Wirtshaus
- *Kawiarnia* [kawjárnja]: Café
- *Lody* [lódi]: Eisdiele

Ferien auf dem Bauernhof
Das ehemalige Filipponenkloster in Eckertsdorf gehört zu über hundert Höfen, die Agrartourismus anbieten. In den Wirtschaftsgebäuden der Klosteranlage werden Zimmer vermietet.

Segeln auf dem Beldahnsee
Ein riesiges Netz miteinander verbundener Seen macht die Masurische Seenplatte für passionierte Segler so attraktiv.

Häufig verfügen Restaurants über eine Garderobe. Es ist üblich, dort die Jacken und Mäntel gegen eine geringe Gebühr abzugeben. Restaurants haben in der Regel von 9 bis 23 Uhr geöffnet, in Großstädten zum Teil auch länger. Cafés sind meist zwischen 7 und 19 Uhr geöffnet.

Trinkgelder sind normalerweise in den Preisen enthalten. Eine aufmerksame Bedienung sollte mit einem Trinkgeld bedacht werden, das bei etwa zehn Prozent der Rechnungssumme liegt.

Segeln

Deutsche Segelscheine werden in Masuren anerkannt. Das Befahren der Gewässer ohne amtlichen Bootsführerschein ist verboten. Die bedeutendsten Segelzentren sind die Großen Masurischen Seen und die Eylauer Seenplatte. Segeln ist in Masuren eine Angelegenheit für Naturfreunde, die auf den gewohnten Komfort verzichten können.

Auf den Kanälen, die die Seen miteinander verbinden, muss wegen niedriger Brücken häufig der Mast gelegt werden. Rund 250 Euro pro Woche kostet das Mieten eines kleinen Kreuzers von 6,50 Metern Länge. Es lohnt sich also nicht, das eigene Boot auf dem Trailer nach Masuren zu schleppen.

Strom

Die Netzspannung beträgt 220 Volt, die Steckdosen entsprechen der Euronorm. In Kaliningrad beträgt die Netzspannung 230 Volt; da die Steckdosen meist nicht der Euronorm entsprechen, ist für Elektrogeräte ein Adapter erforderlich.

Telekommunikation

Das polnische Telefonnetz wird derzeit weiter ausgebaut und modernisiert. Die Telefonauskunft hat landesweit folgende Nummern:

* 913 für das Ortsnetz
* 912 für Fernverbindungen

Für Telefonzellen sind Telefonkarten mit 25, 50 oder 100 Einheiten in Postämtern, bei Tankstellen sowie in Hotels und an Kiosken erhältlich. Vor der ersten Benutzung der Karte muss eine perforierte Ecke abgebrochen werden, erst dann nimmt das Gerät sie an.

Die digitalen Funktelefonnetze sind fast flächendeckend aufgebaut. Mobiltelefone für die D- und E-Netze können fast überall in Polen genutzt werden, allerdings gibt es vor allem in abgelegenen Gegenden weiterhin Funklöcher, hierzu zählt auch Masuren abseits der Städte.

Für Verbindungen von Deutschland nach Polen lautet die Landesvorwahl: 0048. Von Polen nach Deutschland muss die Landesvorwahl 0049 gewählt werden. Die Vorwahl für Russland ist aus Deutschland die 007, für Kaliningrad die 007-0112. Um von Kaliningrad nach Deutschland zu telefonieren, wählt man die 81049 vor.

Auch in Kaliningrad sind Handys mittlerweile stark verbreitet. Jetons für das Telefonieren in Telefonzellen sind an Kiosken erhältlich. Internationale Telefonate werden von Telegrafenämtern aus geführt. In großen Hotels stehen Kartentelefone zur Verfügung, von denen aus direkt durchgewählt werden kann. Samstags und sonntags ist das Telefonieren halb so teuer wie wochentags.

Toiletten

Bei öffentlichen Toiletten steht ein Kreissymbol für Damen und ein Dreieck für Herren. Für die meisten öffentlichen Toiletten, auch in Restaurants, ist eine kleine Gebühr zu zahlen.

Wintersport

Die schneereichen Winter machen das überwiegend flachwellige Masuren zu einem faszinierenden Skiwandergebiet mit Hunderten Kilometern von (ungespurten) Loipenmöglichkeiten. Vor allem die Gegend bei Goldap hat sich in den letzten Jahren zu einem bedeutenden Skizentrum entwickelt. Auch Abfahrtski ist hier möglich. Die Masurischen Seen wiederum bilden traditionell ein exzellentes Terrain zum Eissegeln.

Zahlungsmittel

Die polnische Währung ist der Złoty. Ein Złoty entspricht 100 Groszy. Es gibt Münzen zu 1, 2, 5, 10, 20, 50 Groszy sowie 1, 2 und 5 Złoty, ferner Banknoten zu 10, 20, 50, 100 und 200 Złoty.

Die Ein- und Ausfuhr von polnischer Währung ist ebenso wenig gestattet wie die Ein- oder Ausfuhr von Rubel bei einem Abstecher nach Kaliningrad. Bei der Einreise nach Kaliningrad ist die Höhe der eingeführten Euro zu deklarieren, damit das Geld auch wieder ausgeführt werden kann; Umtauschbelege müssen aufbewahrt werden.

Reisende können bei Banken, in Wechselstuben (Kantor) sowie in größeren Hotels und Reisebüros Geld wechseln. Banken in Masuren haben in der Regel montags bis freitags von 7.30 bis 17 Uhr und samstags von 7.30 bis 14 Uhr geöffnet. Dort kann auch mit Euroschecks oder Kreditkarten Geld gewechselt werden. In allen größeren Städten und Feriengebieten gibt es Geldautomaten, die auch ec-Karten akzeptieren. Gängige Kreditkarten werden in Masuren in den großen Hotels, in vielen Restaurants sowie in Geschäften in Großstädten akzeptiert.

Zeit

In Polen gilt wie in Deutschland die mitteleuropäische Zeit (MEZ). In Kaliningrad gehen die Uhren um eine Stunde vor.

Zoll

Seit dem EU-Beitritt Polens 2004 gelten prinzipiell dieselben Ein- und Ausfuhrbestimmungen wie bei Reisen in bzw. von Italien, Frankreich usw. Da Polen andere Steuersätze bei bestimmten Waren hat, ist es sinnvoll, sich nach den bisherigen Bestimmungen zu richten. Dies gilt z. B. für die Einfuhr von Zigaretten und anderen legalen Drogen aus Polen nach Deutschland. Hier überlegt die Politik derzeit, die

»alten« Bestimmungen (vor dem EU-Beitritt) wieder einzuführen. Damals galt unter anderem:

◆ Lebens- und Genussmittel für den persönlichen Gebrauch bis zu bestimmten Höchstmengen (zum Beispiel ein Kilogramm Schokolade, zwei Kilogramm Fleisch, fünf Liter Bier, 250 Zigaretten)

◆ Gegenstände des persönlichen Bedarfs, zum Beispiel ein(e) Fernglas, tragbares Musikinstrument, Schreibmaschine, Videokamera, -recorder, Personal Computer, Plattenspieler, Kassettenrecorder, Radio, Fernseher, zwei Fotoapparate, je zehn Filme, Kassetten, CDs, Schallplatten

◆ Sportausstattung: je ein Surfbrett, Boot oder Kanu (max. 5,5 Meter lang), Fahrrad, Zelt, Skier und zwei Tennisschläger

◆ Schmuck aus Gold, Platin, Edelsteinen und Perlen bis zu einem Gesamtgewicht von 50 Gramm

◆ Geschenkartikel bis zum Gegenwert von 100 US-Dollar. Wird dieser Wert überschritten, sind die Artikel pauschal mit zehn Prozent des Warenwerts zu verzollen.

Für die Einfuhr von Waren aus Polen in die Bundesrepublik gelten die EU-Bestimmungen. Danach dürfen zum Beispiel 200 Zigaretten, ein Liter hochprozentiger Alkohol oder zwei Liter Wein pro Person über 18 Jahren zollfrei eingeführt werden. Pilze dürfen nur mit polnischem Ausfuhrzeugnis nach Deutschland eingeführt werden.

Anders als bei der Einreise nach Polen kann die Einreise in die Oblast Kaliningrad mit erheblichem bürokratischem Aufwand und entsprechenden Zeitverlusten an der Grenze verbunden sein. Kraftfahrzeug, elektronische Geräte, Autotelefon, Fotoapparat, Videokamera, Fahrräder, Surfbretter usw. müssen deklariert werden. Bei der Ausreise sollte für alle in der Oblast gekauften Gegenstände eine Quittung vorgelegt werden können.

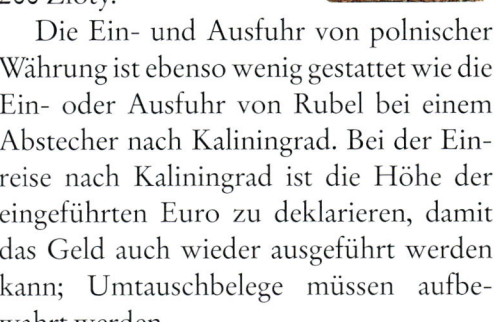

Giebeluhr am Frauenburger Dom
Wenn es in Frauenburg und Berlin 9 Uhr ist, schlägt es in Kaliningrad 10 Uhr.

Für Bernstein haben auch die Zöllner Augen
Vergessen Sie nie, sich eine Quittung geben zu lassen beim Kauf von Gegenständen, bei denen auch nur die geringste Unsicherheit besteht, ob es an der Grenze Komplikationen geben könnte.

Kleiner Sprachführer: wichtige Wörter auf Polnisch

Zu den wichtigsten Unterschieden zwischen dem Polnischen und dem Deutschen zählt die Geschlechtsgebundenheit von Aussagen auch in der Ich- und der Du-Form. Während das Deutsche die Geschlechtsgebundenheit nur in der dritten Person Einzahl kennt (er/sie geht), verwendet das Polnische sie auch in der Ich- und der Du-Form.

Allgemeines

Guten Morgen/Tag dzień dobry [dschjen dóbri]

Guten Abend dobry wieczór [dóbri wjétschur]

Gute Reise szczęśliwej podróży [schtschenschlíwej podrúschi]

Hallo! halo! [hálo]

Wie geht's? co słychać [tzo ßwíchatsch]

Ich bin … jestem [jéßtem]

Ich verstehe … rozumiem [rosúmjem]

Ich habe das nicht verstanden
   Mann: nie zrozumiałem tego [nje srosumjáwem tégo]
   Frau: nie zrozumałam tego [nje srosumjáwam tégo]

Auf Wiedersehen do widzenia [do widsénia]

Tschüss/Servus (Begrüßung und Abschied) Cześć [tschéschtsch]

Bitte proszę [prósche]

Danke dziękuję [dschjenkúje]

Danke, gleichfalls dziękuję, nawzajem [dschjenkúje nawsájem]

Ja, gerne tak, chętnie [tak, chéntnje]

Sehr gern! bardzo chętnie [bárdso chéntnje]

Nein, danke nie, dziękuję [nje, dschjenkúje]

Sehr gut! bardzo dobrze [bárdso dóbsche]

In Ordnung w porządku [fposchóntku]

Entschuldigung! przepraszam [pschepráscham]

Das tut mir Leid przykro mi [pschíkro mi]

Heute dzisiaj [dschíschjai]

Morgen jutro [jútro]

Übermorgen pojutrze [pojútsche]

Hilfe! pomocy! [pomótzi]

Polizei policja [polítzja]

Ausweis dowód [dówud]

Zoll cło [tzwo]

Straße und Verkehr

Wo ist …? gdzie jest [gdschje jéßt]

Straße ulica [ulítza]

Dort tam [tam]

Links na lewo [na léwo]

Rechts na prawo [na práwo]

Geradeaus prosto [próßto]

Richtung kierunek [kjerúnek]

Hafen port [port]

Fähre prom [prom]

Bahnhof dworzec [dwóschetz]

Flughafen lotnisko [lotnísko]

Haltestelle przystanek [pschißtánek]

Taxi taksówka [taksúfka]

Parkplatz, Parkhaus parking [párking]

Werkstatt warsztat [wárschtat]

Fahrrad rower [rówer]

Auto samochód [ßamóchud]

Autobahn autostrada [autoßtráda]

Unfall wypadek [wipádek]

Bus autobus [autóbus]

Busbahnhof dworzec autobusowy [dwóschetz autobußówi]

Unterkunft

Anmeldung zameldowanie [sameldowánje]

Rezeption recepcja [retzéptzja]

Hotel hotel [hótel]

Campingplatz kemping [kémping]

Erdbeerfeld
Eine Riesenerdbeere macht am Rand der Fernstraße auf eine der süßesten Früchte aufmerksam.

Tante Emma auf Rädern
Verkaufsstand auf dem Russenmarkt in Lyck

Zelt namiot [námjot]
Übernachtung nocleg [nótzleg]
Schlüssel klucz [klutsch]
Doppelzimmer pokój dwuosobowy
 [pókuj dwu-oßobówi]
Einzelzimmer pokój jednoosobowy
 [pókuj jedno-oßobówi]
Bett łóżko [wúschko]
Kinderbett łóżko dla dziecka [wúschko
 dla dschjétzka]
Bad łazienka [waschjénka]
Dusche prysznic [príschnitz]
Balkon balkon [bálkon]
Strom prąd [prond]
Fernsehgerät telewizor [telewísor]
Steckdose gniazdko [gnjásdko]
Kaputt zepsuty [sepßúti]
Rechnung, Quittung rachunek
 [rachúnek]

Essen und Trinken

Guten Appetit smacznego [smatschnégo]
Zum Wohl na zdrowie [na sdrówje]
Frühstück śniadanie [schnjadánje]
Mittagessen obiad [óbjad]
Abendessen kolacja [kolátzja]
Getränke
Tee herbata [herbáta]
– mit Zitrone z cytryną [ßtzitríno]
Kaffee kawa [káwa]
– mit Milch z mlekiem [smlékjem]
– Espresso ekspresowa [ekspreßówa]
Schokolade czekolada [tschekoláda]
Limonade lemoniada [lemonjáda]
Milch mleko [mléko]
Wasser woda [wóda]
Mineralwasser woda mineralna
 [wóda minerálna]
– stilles niegazowana [njegasówána]
– mit Kohlensäure gazowana [gasowána]
Saft sok [ßok]
Apfelsaft sok jabłkowy [sok jabkówi]
Orangensaft sok pomarańczowy
 [sok pomarantschówi]
Tomatensaft sok pomidorowy [sok
 pomidorówi]
Alkohol alkohol [alkóhol]
Bier piwo [píwo]
Wein wino [wíno]
Weißwein wino białe [wíno bjáwe]

Rotwein wino czerwone [wíno tscher-
 wóne]
Glühwein grzane wino [gscháne wíno]
Punsch poncz [pontsch]
Sekt, Champagner szampan [schámpan]
Wodka wódka [wúdka]
Suppen und Vorspeisen
Eintopf Bigos [bígos]
Rote-Beete-Suppe, klar barszcz bura-
 kowy czysty [bárschtsch burakówi
 tschíßti]
Rote-Beete-Suppe, kalt chłodnik
 [chwódnik]
Pilzsuppe zupa grzybowa [súpa gschi-
 bówa]
Fischsuppe zupa rybna [súpa ríbna]
Gemüsesuppe zupa jarzynowa [súpa
 jaschinówa]
Mehlsuppe, saure żur [schur]
Wurst/-waren wędliny [wendlíni]
Würstchen parówki [parúfki]
Maultaschen pierogi [pjerógi]
Nudelauflauf łazanki zapiekane [wasánki
 sapjekáne]
Hauptgerichte und Beilagen
Kutteln flaki [fláki]
Kartoffeln ziemniaki [schjemnjáki]
Pommes frites frytki [frítki]
Reis ryż [risch]
Knödel knedle [knédle]
Frikadellen zrazy mielone [srási mjelóne]
Steak befsztyk [béfschtik]
Filet polędwica [polendwítza]
Kotelett kotlet [kótlet]
Schweinefleisch wieprzowina
 [wjepschowína]
Schweineschnitzel bryzol wieprzowy
 [brísol wjepschówi]
Wild dziczyzna [dschitschísna]
Geflügel drób [drób]
Ente kaczka [kátschka]
Brathähnchen kurczak smażony
 [kúrtschak smaschóni]
Fisch ryby [ríbi]
Aal węgorz [wéngosch]
Hecht szczupak [schtschúpak]
Forelle pstrąg [pßtrong]
Pilze grzyby [gschíbi]
Pfifferlinge kurki [kúrki]
Butterpilze maślaki [maschláki]

Kindersprache: Lachen
*Wer einige Tage Polnisch gebüffelt hat, kommt
in Masuren besser zurecht – in Geschäften und
mit Menschen.*

Zur Aussprache
In den Klammern sind die Wörter in
Lautschrift angegeben. Die Silben, die
über einem Vokal einen Akzent haben,
werden betont.

219

Orts-, Namens- und Sachregister